PADERBORNER GEOGRAPHISCHE STUDIEN
ZU TOURISMUSFORSCHUNG UND
DESTINATIONSMANAGEMENT

Herausgegeben von
A. Steinecke

Band 24

Charlotte Freitag

Urlaub aus dem Fernsehen

Eine Untersuchung über die Eignung und Zukunft des TV-Reiseshopping als touristischem Vertriebsmedium

PGS

Im Selbstverlag des Faches Geographie, Fakultät für Kulturwissenschaften
UNIVERSITÄT PADERBORN

Paderborn
2011

C. Freitag

Urlaub aus dem Fernsehen

Eine Untersuchung über die Eignung und Zukunft des
TV-Reiseshopping als touristischem Vertriebsmedium

Die vorliegende Arbeit wurde im Fach Geographie an der Fakultät für Kulturwissenschaften der Universität Paderborn als Dissertation anerkannt.

Tag der mündlichen Prüfung: 15. Dezember 2010

Umschlag: P. Blank (Fotos: C. Freitag)

Redaktion: C. Freitag

Paderborn: Selbstverlag des Faches Geographie, Universität Paderborn, 2011
(Paderborner Geographische Studien zu Tourismusforschung und Destinationsmanagement, Bd. 24)
ISSN 0935-9621
ISBN 978-3-9811108-8-3

Vorwort

In einem Promotionsratgeber las ich, dass jemand, der sich auf das Abenteuer einer Promotion einlasse, sehr unterschiedliche Herausforderungen zu meistern habe, wie z. B. die Konfrontation mit sich selbst, das Erlebnis persönlicher Grenzsituationen, Durststrecken, Selbstzweifel etc. Ich glaube, dass die genannten Selbsterfahrungen am besten unter dem Begriff der Einsamkeit, der in diesem Zusammenhang auch erwähnt wurde, treffend zu subsumieren sind. Aber in dieser Einsamkeit habe ich auch andere Erfahrungen gemacht: fähig zu sein, mich selbst zu organisieren, eigenverantwortlich zu arbeiten und ein Ziel nicht aus den Augen zu verlieren.

Die Zeit meiner Promotion war aber auch eine Zeit der Freiheit – von beruflichen Zwängen und zur Selbstbestimmung im Hinblick auf ein gewähltes Ziel. Dabei war es mir eine Hilfe, ein Thema zu bearbeiten, das mein Interesse und meine Neugier ständig von neuem wecken konnte und dem ich mich verbunden fühlte.

Forschungsinteresse und Eigenmotivation allein sind jedoch noch kein Garant für den erfolgreichen Weg zu einer Promotion, und ohne den Beistand von verschiedenen Seiten hätte ich diesen Weg als viel beschwerlicher empfunden.

An erster Stelle möchte ich meinem Erstgutachter Prof. Dr. Albrecht Steinecke danken – für seine wissenschaftliche und menschliche Unterstützung, seine Anregungen und konstruktive Kritik, seine Geduld und dafür, dass er mir das Gefühl vermittelte, bei Problemen immer nur eine E-Mail entfernt zu sein.

Auch meinem Zweitgutachter Prof. Dr. Andreas Kagermeier danke ich für seine fachkundige und persönliche Begleitung während meines Studiums und meiner Promotionszeit.

Des Weiteren danke ich Prof. Dr. Frank Göttmann, dem Vorsitzenden meiner Promotionskommission, für sein Engagement im Promotionsverfahren. Dr. Viachaslau Nikitsin danke ich für sein Mitwirken in der Promotionskommission sowie für seine fachliche und freundschaftliche Unterstützung. Frau Irmgard Saxowski danke ich für die aufgeschlossene Zusammenarbeit während der gemeinsamen Zeit an der Universität Paderborn. Ganz besonders möchte ich mich auch bei Herrn Peter Blank bedanken: Er übernahm die Gestaltung des Covers und die graphische Aufbereitung aller Abbildungen. Bei Miriam Wederz und Holger Teichler bedanke ich mich herzlich für ihre Mitwirkung bei den empirischen Untersuchungen. Meinem Freund Prasobh danke ich für seinen privaten Beistand und dafür, dass er immer an mich geglaubt hat.

Mein besonderer Dank gilt meinen Eltern. Sie haben es mir ermöglicht, frei von äußeren Zwängen zu studieren, und sie waren mir dabei stets Rückhalt und Ratgeber.

Hannover, im Mai 2011

Charlotte Freitag

Inhaltsverzeichnis

Abbildungsverzeichnis

Tabellenverzeichnis

Abkürzungsverzeichnis

Abb.	Abbildung
ADM	Arbeitskreis Deutscher Markt- und Sozialforschungsinstitute
AGOF	Arbeitsgemeinschaft Online Forschung
ALM	Arbeitsgemeinschaft der Landesmedienanstalten in der Bundesrepublik Deutschland
ARD	Arbeitsgemeinschaft der öffentlich-rechtlichen Rundfunkanstalten der Bundesrepublik Deutschland
B2C	Business to Consumer: Endkonsumentenbereich
Bd.	Band
bzw.	beziehungsweise
ca.	circa
CRS	Computer-Reservierungssysteme
DER	Deutsches Reisebüro
DRV	Deutscher ReiseVerband
dt.	deutsch
DVD	digitales Speichermedium (Digital Versatile Disc)
e. A.	eigene Anmerkung
EC/E-Commerce	Electronic Commerce
EDV	Elektronische Datenverarbeitung
etc.	et cetera: und das Übrige
eTicketing	Electronic Ticketing
e. V.	eingetragener Verein
evtl.	eventuell
FAZ	Frankfurter Allgemeine Zeitung
F. U. R.	Forschungsgemeinschaft Urlaub und Reisen e.V.
FVW	Fremdenverkehrswirtschaft
GmbH	Gesellschaft mit beschränkter Haftung
GSDZ	Gemeinsame Stelle Digitaler Zugang
Hrsg.	Herausgeber
HSE	Homeshopping Europe
HSN	Homeshopping Network
ICTs	Information and Communication Technologies (Informations- und Kommunikationstechnologien)
IPTV	Internet Protocol Television
ITS	Reiseveranstalter der REWE Touristik GmbH
IT	Informationstechnik
iTV	Interactive Television
Kap.	Kapitel
KEK	Kommission zur Ermittlung der Konzentration im Medienbereich
MER	Mitteleuropäisches Reisebüro
Min.	Minuten
Mio.	Million
MP3	Dateiformat bei Computern
Mrd.	Milliarde
MDStV	Mediendienststaatsvertrag
n	Stichprobengröße (Anzahl der absoluten Nennungen)
NS	Nationalsozialismus
NWDR	Nordwestdeutscher Rundfunk
PC	Personal Computer
PKW	Personenkraftwagen
RB	Reisebüro (stationäres)
RStV	Rundfunkstaatsvertrag

S.	Seite
SMS	Short message service (Kurznachrichtendienst)
SPSS	Superior Performing Software System
Tab.	Tabelle
TUI	Touristik Union International
TV	Television
u. a.	Und andere, unter anderem
USA	Unites States of America (Vereinigte Staaten von Amerika)
UK	United Kingdom
vgl.	vergleiche
WWW	World Wide Web
z. B.	zum Beispiel
ZAK	Kommission für Zulassung und Aufsicht der Landesmedienanstalten
ZDF	Zweites Deutsches Fernsehen
z. T.	zum Teil
%	Prozent

1 Einleitung

„Urlaub und Fernsehen –
schon für sich genommen
zwei der schönsten Hobbys."
(MILLIES 1998, S.18)

1.1 Forschungsanlass und Zielsetzung

Der touristische Vertrieb in Deutschland hat in den vergangenen Jahren zahlreiche Veränderungen erfahren. Insbesondere innerhalb der Reisebüro- und Reiseveranstalterbranchen vollzog sich ein erheblicher Strukturwandel, für den vor allem die Einführung neuer Vertriebsformen wie Direktvertriebsmaßnahmen der Leistungsträger und der Vertrieb über Call-Center verantwortlich war. Speziell virtuelle Reisebüros, so genannte Online-Reisebüros, haben die Wettbewerbssituation der stationären Reisebüros zunehmend verschärft; sie treten heute als direkte Konkurrenten auf und haben die Strukturen des gesamten Marktes grundlegend verändert (vgl. STEINECKE 2006, S. 93-94).

Dieser Strukturwandel hat dazu geführt, dass touristische Leistungsträger mittlerweile verschiedenste Vertriebswege nutzen können, um ihre Produkte abzusetzen. Dabei ist es u. a. auch möglich, Reisen generell bzw. einzelne Reiseleistungen im Fernsehen, über das so genannte TV-Reiseshopping, zu verkaufen. Allerdings ist dieser touristische Vertriebsweg bislang von der Tourismusforschung kaum untersucht worden (eine Ausnahme bildet das Jahr 2001 – ein Jahr, in dem TV-Reiseshopping, gemessen an der Berücksichtigung in der wissenschaftlichen Literatur und den Anbieterzahlen, seinen bisherigen Höhepunkt erreichte).

Die vorliegende Arbeit basiert auf der Beobachtung, dass TV-Reiseshopping in den folgenden Jahren sowohl von den touristischen Leistungsanbietern als auch von Verbrauchern als Vertriebsweg weitgehend unberücksichtigt blieb.

Ziel dieser Arbeit ist es, zu untersuchen, inwieweit das Fernsehen als touristisches Vertriebsmedium geeignet ist und wie sich TV-Reiseshopping in Deutschland zukünftig entwickeln könnte. Ausgehend von der Analyse der gesellschaftlich und technisch bedingten Umstrukturierung des touristischen Vertriebs werden zunächst die Ursachen dafür aufgezeigt, dass das Fernsehen als Buchungskanal von Reisen bislang weniger akzeptiert ist als der stationäre Vertrieb oder das Internet. Im Folgenden soll geklärt werden, ob und wie diese Ursachen beseitigt werden können.

Auf den ersten Blick sind kaum ausschlaggebende Gründe ersichtlich, warum TV-Reiseshopping nicht ebenso erfolgreich ist wie andere touristische Vertriebswege. So steht Fernsehen an der Spitze der Freizeitaktivitäten in Deutschland, und Inhalte über Urlaub und Reisen gehören zu den Themen, die regelmäßig in allen Medien auf großes Interesse stoßen. Dass die Deutschen gern und viel verreisen, ist ohnehin eine lange bekannte Tatsache. Zumindest prinzipiell ist die Ausgangslage für den Reiseverkauf im Fernsehen also gut.

Allerdings stehen TV-Reiseshoppingsender an der Schnittstelle zwischen Konsum, Unterhaltung und Information. Ihre Hauptaufgabe ist der Vertrieb von Reisen. Im Reiseentscheidungsprozess der Konsumenten wird das Fernsehen jedoch eher für Information und Anregung benutzt statt für eine Reisebuchung (vgl. FREYER 2009, S. 523). Aus diesem Sachverhalt ist bereits erkennbar, dass sich ein Unterhaltungs- und Informationsmedium nicht selbstverständlich oder zwangsläufig als Vertriebsweg eignen muss. Die Gründe dafür sind ebenfalls Gegenstand dieser Untersuchung.

Wenn man Aussagen über die Eignung und Zukunft des TV-Reiseshopping als Vertriebsmedium treffen will, so ist eine vielschichtige Analyse notwendig, welche unterschiedliche Merkmale sowohl der Medienwelt als auch der Tourismuswirtschaft berücksichtigt. Die hier vorliegende Untersuchung konzentriert sich deshalb auf verschiedene gesellschaftliche, wirtschaftliche und technische Gegebenheiten, die Einfluss auf TV-Reiseshopping nehmen. Zusammengefasst verfolgt diese Arbeit folgende übergeordnete Forschungsziele:

- Identifizierung und Beschreibung von Sachverhalten, welche die Eignung des TV-Reiseshopping als Vertriebsmedium begünstigen oder beeinträchtigen,

- Ableitung von Zukunftsperspektiven und Handlungsempfehlungen.

Zur Erreichung der Forschungsziele sind verschiedene Forschungsfragen von Relevanz:

- Welche Strukturen weist der touristische Vertrieb mittlerweile auf?
- Welche Steuerfaktoren beeinflussen den Vertrieb in seinen verschiedenen Phasen?
- Wie wirken sich Fernsehverbreitung und Mediennutzung auf das TV-Reiseshopping aus?
- Welchen Einfluss nimmt das klassische Teleshopping auf die Entwicklung?
- Inwieweit eignet sich das touristische Produkt für fernsehbasierte Verkäufe?
- Was sind Problembereiche und Erfolgsfaktoren aus Anbietersicht?
- Wie wirkt sich das Image des TV-Reiseshopping auf die Eignung als Vertriebskanal aus?
- Was sind Anreize und Hinderungsgründe für Reisebuchungen im Fernsehen?
- Wie gestaltet sich das zukünftige Buchungsverhalten?
- Wie wird sich TV-Reiseshopping in den nächsten zehn Jahren entwickeln?

Im folgenden Abschnitt werden die methodische Vorgehensweise und der Aufbau der vorliegenden Arbeit dargestellt.

1.2 Vorgehensweise und Untersuchungsaufbau

Als Ausgangspunkt dieser Arbeit werden in Kapitel 2 zunächst die Grundlagen des touristischen Vertriebs dargestellt. Daraufhin folgt eine phasenweise Beschreibung, wie sich der touristische Vertrieb seit seinen Anfängen bis in die Gegenwart entwickelt hat und welche Steuerfaktoren in den jeweiligen Phasen für die Veränderungen verantwortlich waren. Zwei Exkurse zu Fordismus, Postfordismus und Postmoderne sowie zum Ablauf von Kauf- und Reiseentscheidungen ordnen die Ausführungen außerdem in einen übergeordneten theoretischen Kontext ein.

Um das TV-Reiseshopping grundsätzlich verstehen zu können, erfolgt in Kapitel 3 zunächst eine Erläuterung der Grundlagen des T-Commerce, wobei die technische Entwicklung des Fernsehens und die Fernsehverbreitung in Deutschland, das Mediennutzungsverhalten sowie eine Begriffsabgrenzung zwischen Teleshopping und TV-Reiseshopping besondere Berücksichtigung finden. Im weiteren Verlauf des Kapitels werden zusätzliche Kriterien des TV-Reiseshopping dargelegt: Voraussetzungen für die Eignung des TV-Reiseshopping als Vertriebskanal, die Eignung des touristischen Produktes für fernsehbasierte Verkäufe und die Bedeutung von Images für TV-Reiseshopping sind hier zentrale Aspekte. Ferner erfolgen in Kapitel 3 die Analysen der Anbieter- und Nachfrageseiten des TV-Reiseshoppingmarktes, wobei erste Erfolgsfaktoren sowie Hinderungsgründe aufgezeigt werden.

Im Mittelpunkt von Kapitel 4 stehen zwei empirischen Untersuchungen, welche verschiedene Aspekte der Eignung und Zukunft des TV-Reiseshopping aus Sicht der Verbraucher behandeln:

- Zum einen wurde eine Passantenbefragung durchgeführt; sie dient dazu, das Image des TV-Reiseshopping zu untersuchen. Um Erkenntnisse zum Image des TV-Reiseshopping zu erlangen, wurden Bekanntheit, Beurteilung, Nutzung und Potential des Fernsehvertriebs erfasst und sowohl mit herkömmlichem Teleshopping als auch stationären und Internet-Reisbüros verglichen.

- Zum anderen hat eine Kundenbefragung stattgefunden; dabei stand die Analyse der Motive für TV-Reisebuchungen im Mittelpunkt. Probanden, die bereits eine Reise bei einem TV-Reiseshoppinganbieter gebucht haben, wurden zu verschiedenen Aspekte des fernsehbasierten Tourismusvertriebs befragt. Außerdem wurde das zukünftige Buchungsverhalten der TV-Reiseshoppingkunden untersucht. Eine Zusammenfassung erläutert am Ende des Kapitels die Bedeutung der Ergebnisse für TV-Reiseshopping.

Die anschließende empirische Untersuchung in Kapitel 5 beurteilt das Potential und die Zukunft des TV-Reiseshopping aus Expertensicht. Im Rahmen einer Expertenbefragung wurden verschiedene Aspekte, die im Verlauf der Arbeit bis dahin behandelt wurden, noch einmal aufgegriffen und im Hinblick auf Eignung und Zukunft des TV-Reiseshopping als touristischem Vertriebsmedium bewertet.

In Kapitel 6 werden schließlich die wichtigsten Untersuchungsergebnisse zusammengefasst und hinsichtlich der Untersuchungsziele erläutert. Zudem wird skizziert, welche Handlungsperspektiven sich für Anbieter des TV-Reiseshopping hieraus ergeben (vgl. Abb. 1).

Abb. 1: Schematischer Aufbau der Arbeit

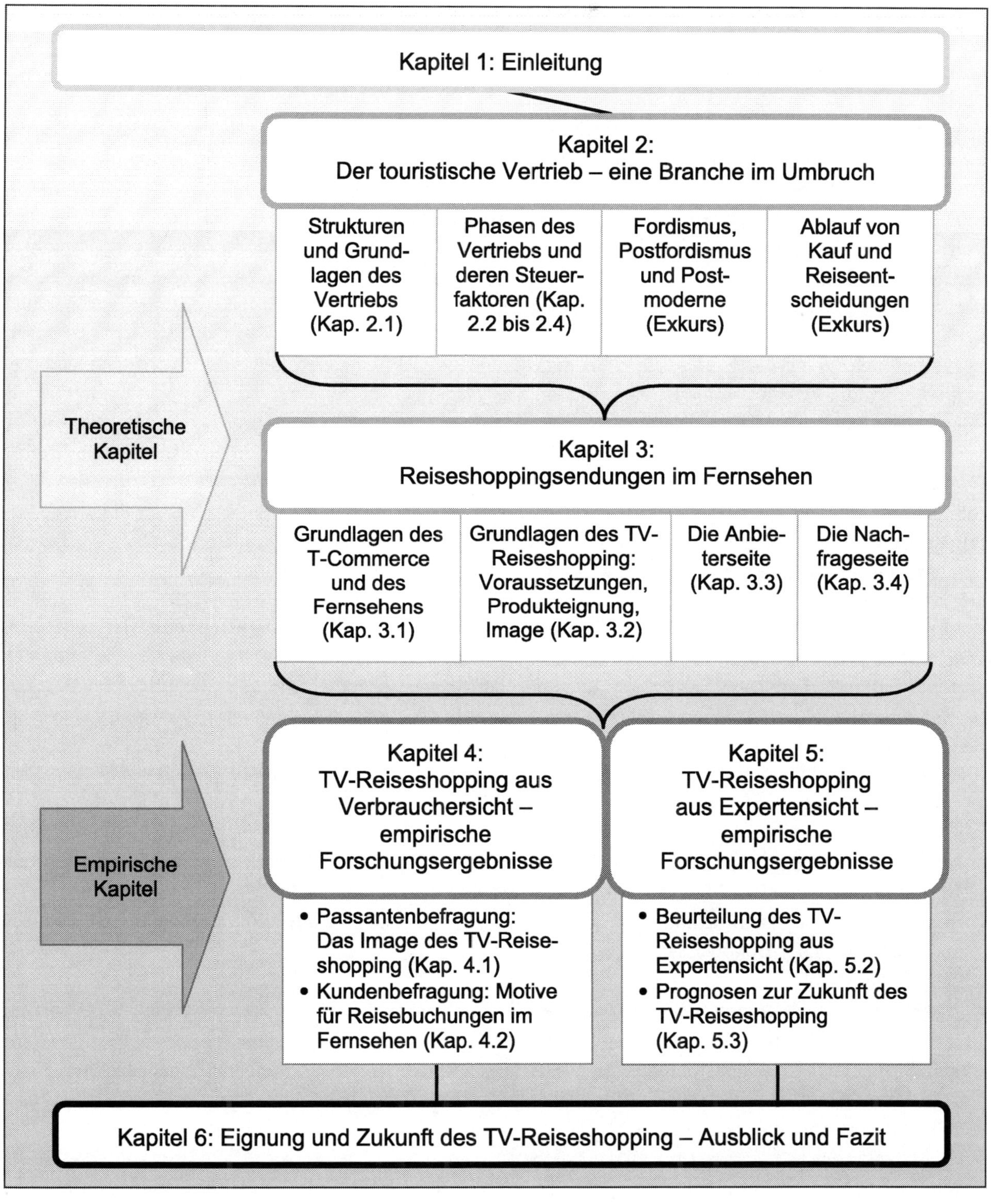

Quelle: Eigene Darstellung

2 Der touristische Vertrieb – eine Branche im Umbruch

Die Vertriebspolitik hat die Aufgabe, eine Verbindung zwischen Herstellern und Konsumenten zu gewährleisten. Im Tourismus geht es dabei in der Regel um die Bereitstellung von Dienstleistungen. Hierfür müssen Raum und Zeit überbrückt, Wege und Beziehungen zwischen Produzenten und Kunden gestaltet und bestimmte Leistungen für die Touristen zur Nutzung bereitgestellt bzw. verfügbar gemacht werden. Die eingesetzten Vertriebssysteme dienen zugleich dem Verkauf der Leistungen; dabei gibt es eine Vielzahl unterschiedlicher Vertriebswege, die sowohl von den Produzenten als auch den Konsumenten genutzt werden können (vgl. Kap. 2.1).

Das älteste Vertriebssystem ist in Deutschland das stationäre Reisebüro: Die ersten Unternehmen entstanden in der zweiten Hälfte des 19. Jahrhunderts (vgl. FREYER 2001, S. 9). Bei diesen frühen Reisebüros handelte es sich um selbstständige Vertriebsstellen, zu deren Kunden vor allem Angehörige des Adels sowie des Besitzbürgertums zählten, da das Reisen damals der gesellschaftlichen Oberschicht vorbehalten war. Im Rahmen der fortschreitenden Industrialisierung stieg die Nachfrage nach Pauschalreisen, da nun breite Kreise der Bevölkerung in die Lage versetzt wurden, über die Grundbedürfnisse hinaus zu konsumieren und auch an Freizeitaktivitäten wie Reisen teilzunehmen. Wichtige Steuerfaktoren dieser Entwicklung waren dabei gesetzliche Regelungen zur Senkung der Arbeitszeiten, die Einführung eines Urlaubsanspruchs (zunächst für Beamte, später auch für Angestellte und Arbeiter) sowie die Erhöhung des Realeinkommens. Eine explosionsartige Entwicklung erlebte der Tourismus in Deutschland allerdings erst nach dem Zweiten Weltkrieg (vgl. Exkurs Fordismus, Postfordismus und Postmoderne).

Mit einer steigenden Reiseerfahrung veränderte sich im Laufe der Jahre auch das Anspruchsniveau der Touristen – mit den anfänglich so populären Buchungen von Pauschalreisen im Reisebüro geben sich die erfahrenen Kunden inzwischen nicht mehr zufrieden. Im hochentwickelten Käufermarkt der Gegenwart sind sie vielmehr auf der Suche – zum einen nach Individualität und zum anderen nach dem besten Preis-Leistungs-Verhältnis. Darüber hinaus weisen sie eine geringe Loyalität gegenüber den Anbietern auf: So wechseln die Konsumenten häufig den Reiseveranstalter, und auch bei der Wahl der Buchungsstätte erweisen sie sich als äußerst flexibel (vgl. KARABDIC 2002, S. 105).

Vor dem Hintergrund dieses sich wandelnden Kundenverhaltens stehen die stationären Reisebüros mittlerweile in einem harten Wettbewerb mit anderen Vertriebssystemen. In den letzten Jahrzehnten haben Call-Center, Internet-Portale, Direktvertriebsmaßnahmen der Reiseveranstalter und Leistungsträger (insbesondere der Beherbergungs- und Transportunternehmen) sowie Reiseshoppingsendungen im Fernsehen eine zunehmende Bedeutung als Vertriebskanäle erlangt.

Im weiteren Verlauf dieses Kapitels wird die Struktur des touristischen Vertriebs genauer untersucht; zuvor sollen die wichtigsten touristischen Vertriebswege kurz vorgestellt werden:

- *Stationäre Reisebüros:* Bei dem stationären Vertrieb über Reisebüros handelt es sich um die traditionelle Vertriebs- oder auch Distributionsform. Obwohl die Zahl der Buchungen in Reisebüros rückläufig ist, finden gegenwärtig die meisten Reisebuchungen immer noch in Reisebüros statt: Im Jahr 2009 waren es insgesamt rund 37% der Urlaubsreisen (vgl. F. U. R. 2010, S. 5).

- *Direktvertriebsmaßnahmen der Reiseveranstalter und Leistungsträger:* Bei dieser Vertriebsform verkaufen Reiseveranstalter oder Leistungsträger ihre Produkte (z. B. Pauschalreisen oder Transportleistungen) eigenständig und direkt an den Kunden, ohne einen Reisemittler in den Vorgang mit einzubeziehen. Für den Eigenverkauf gibt es verschiedene Möglichkeiten – z. B. interne Verkaufsbüros oder Internet-Plattformen der Unternehmen (vgl. Abb. 2).

- *Internet-Portale:* Der Vertrieb über das Internet, auch Online-Vertrieb genannt, ist eine vergleichsweise neue touristische Vertriebsform. Mit dem Aufkommen neuer Kommunikationskanäle konnte sich das Internet seit Mitte der 1990er-Jahre – anfangs zögerlich, mittlerweile erfolgreich – als Distributionsplattform etablieren. Dabei werden die Produkte der Tourismusindustrie über das Internet sowohl im Direktvertrieb als auch über virtuelle Reisebüros vertrieben. Im Jahr 2009 verzeichneten diese Online-Reisebüros 12% der Buchungen – mit steigender Tendenz (vgl. Abb. 2).

- *TV-Reiseshoppingsendungen:* Neben diesen Vertriebsformen ist es auch möglich, Reisen über das Fernsehen zu verkaufen. Während es sich z. B. in Großbritannien bereits um eine etablierte Form des Absatzes handelt, konnte sich das TV-Reiseshopping in Deutschland bislang noch nicht durchsetzen. Obwohl das Fernsehen ein beliebtes Informations- und Unterhaltungsmedium ist, wird es als touristisches Verkaufsmedium gegenwärtig vergleichsweise wenig genutzt.

- *Call-Center:* Mit Hilfe eines Call-Center-Konzepts können Kunden über größere Distanzen betreut werden. Darüber hinaus ist es auch möglich, Buchungen über das Telefon vorzunehmen. Bislang nutzen die meisten Unternehmen ihre Call-Center jedoch zur Vertriebsunterstützung – die Mitarbeiter sollen den Kunden bei Problemen jeglicher Art behilflich sein (auch in Bezug auf Buchungsvorgänge).

2.1 Strukturen des touristischen Vertriebs

Die Tourismuswirtschaft ist seit mehreren Jahren durch ein verändertes Konsumentenverhalten, die Liberalisierung der Märkte, eine zunehmende Marktsättigung, einen wachsenden globalen Wettbewerb sowie die Einführung neuer Informations- und Kommunikationsmedien gekennzeichnet (vgl. STEINECKE 2006, S. 72). Als Reaktionen auf die sich wandelnden Marktbedingungen wurden auch neue, direkte Vertriebsformen entwickelt, durch die sich die generelle touristische Absatzstruktur verändert hat (vgl. Abb. 2).

Abb. 2: Touristische Vertriebsformen in Deutschland (2005 vs. 2009)

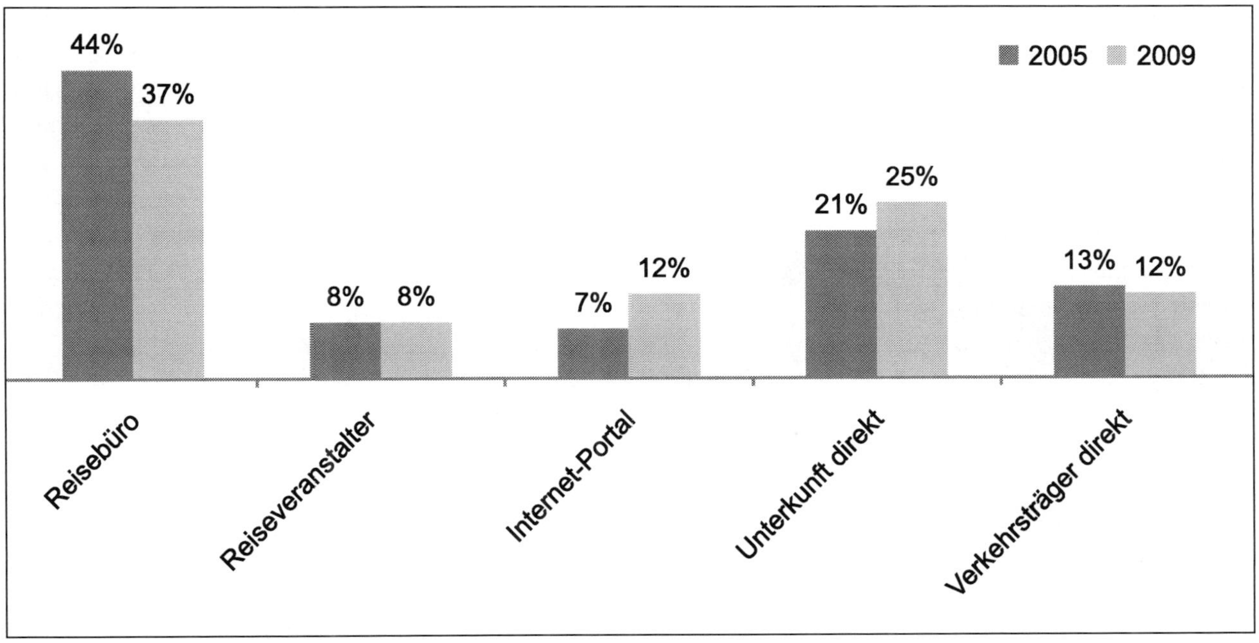

Quelle: Eigene Darstellung in Anlehnung an F. U. R. 2010, S. 5

Innerhalb der letzten drei Jahrzehnte hat sich jedoch nicht nur hinsichtlich der Buchungsstellen ein grundlegender Wandel vollzogen, sondern auch hinsichtlich der Organisationsform der Urlaubsreisen. Generell steht die Reiseorganisationsform in engem Zusammenhang mit dem Vertriebsweg: Wenn Urlauber ihre Reise selbstständig organisieren und buchen (Individualreise), dann benötigen sie keinen Reisemittler. Für den Absatz von Veranstalterreisen (hierbei handelt es sich um Pauschalreisen oder um Reisen, bei denen Angebote mehrerer Leistungsträger über ein Reisebüro gebucht werden) sind hingegen unterschiedliche Vertriebswege notwendig – stationäre Reisebüros, Online-Reisebüros, TV-Reiseshoppingsendungen etc.

Seit Anfang der 1970er-Jahre bis zum Jahr 2004 konnten die Veranstalter von Pauschalreisen ihren Marktanteil nahezu kontinuierlich bis auf 47% ausweiten (in diesem Zeitraum erlangten auch die stationären Reisebüros eine große Bedeutung als Buchungsstellen). Der Anteil individuell organisierter Reisen ist entsprechend von 87% auf 53% bis zum Jahr 2004 zurückgegangen (vgl. Abb. 3).

Abb. 3: Organisation der Urlaubsreisen in Deutschland (1970-2015)

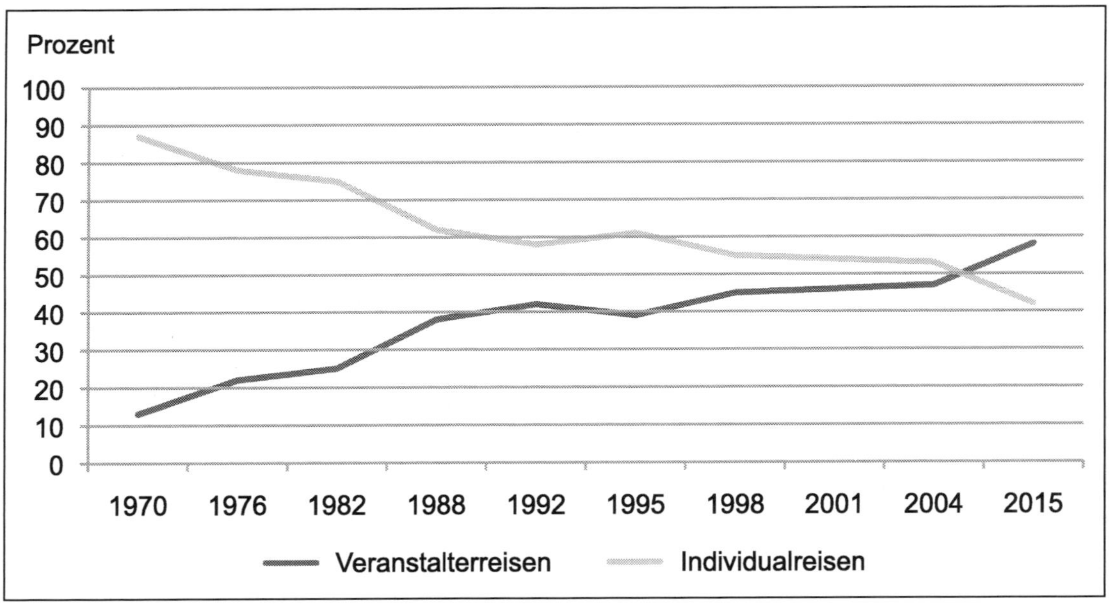

Quelle: Eigene Darstellung in Anlehnung an F. U. R. 2009c, S. 70

Hinsichtlich der künftigen Entwicklung ist laut der Reiseanalyse-Trendstudie der Forschungsgemeinschaft Urlaub und Reisen (F. U. R.) zu erwarten, dass sich der Anteil von Reisen, die mit Hilfe von stationären Reisebüros oder Reiseveranstaltern organisiert werden, bis zum Jahr 2015 auf 55% bis 60% erhöhen wird, während der Anteil der individuell organisierten Reisen weiter zurückgehen wird (vgl. F. U. R. 2009c, S. 71). Dabei ist allerdings zu beachten, dass neue, individuell gestaltete Modul-Angebote (Bausteinreisen, Dynamic Packaging; vgl. Kap. 2.3 und 2.4) die Grenzen zwischen den beiden Organisationsformen fließend werden lassen – eine eindeutige Zuordnung wird schwieriger. So ist es ebenfalls sinnvoll, nicht mehr nur zwischen Individual- und Veranstalterreisen zu unterscheiden, sondern auch die Baustein- bzw. Modulreisen gesondert als Organisationsform hervorzuheben – bei ihnen handelt es sich um eine Mischform aus Individual- und Veranstalterreisen (vgl. Abb. 4).

Abb. 4: Organisationsform der Urlaubsreisen in Deutschland (1999 vs. 2009)

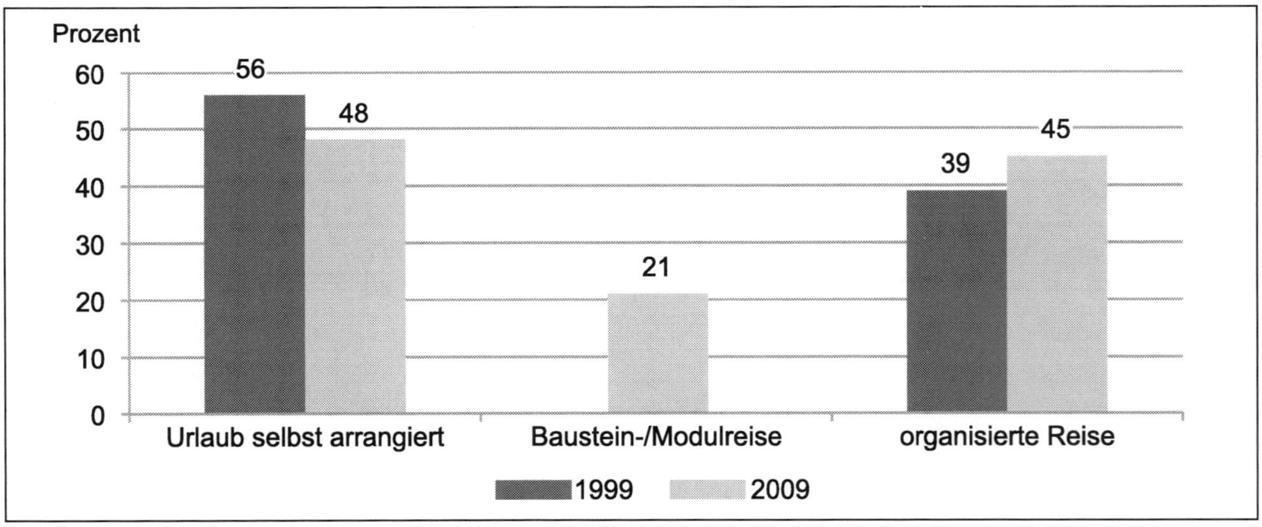

Quelle: Eigene Darstellung in Anlehnung an F. U. R. 2009c, S. 73

Obwohl es sich gegenwärtig bei der Veranstalterreise um die beliebteste Organisationsform von Urlaubsreisen handelt, sind die durchschnittlichen Buchungszahlen der stationären Reisebüros rückläufig. Insgesamt werden zwar mehr Serviceleistungen durch Reiseveranstalter und Reisebüros in Anspruch genommen (Beratung, kostenlose Reiseinformationen etc.), gleichzeitig wird jedoch Wert auf die individuelle Produktgestaltung und

Buchung einzelner Leistungen gelegt. Ein Erklärungsansatz hierfür ist, dass die neuen Modul-Angebote zunehmend im Internet und über den Direktvertrieb gebucht werden, aber nicht mehr im stationären Reisebüro.

Das veränderte Konsumverhalten und die neuen technischen Möglichkeiten haben also nicht nur einen Einfluss auf die Struktur des touristischen Vertriebs, sondern auch auf die Gestaltung der touristischen Produkte. Bevor die einzelnen Phasen dieses Wandels dargestellt werden (Kap. 2.2 bis 2.4), sollen zunächst die Grundlagen der touristischen Distribution sowie die Produzenten und deren Produkte erläutert werden.

2.1.1 Grundlagen der Distributionspolitik

Im Gegensatz zum Absatz von Sachgütern weist die touristische Distribution einige Besonderheiten auf, die eng mit den Charakteristika des touristischen Produktes zusammenhängen. Das touristische Produkt ist generell als ein Gesamtprodukt zu verstehen: Es besteht aus einer Fülle von Einzelleistungen, die zusammen erst das Produkt „Reise" ausmachen. Dabei sind viele unterschiedliche Unternehmen an der Produktion beteiligt – der Zahl von beteiligten Akteuren sind nahezu keine Grenzen gesetzt:

- Die Transportbetriebe erstellen die Beförderungsleistung,
- die Hotels sorgen für die Übernachtungsleistung,
- die Reisemittler kümmern sich um die Vermittlungsleistung,
- die Reiseveranstalter stellen die Pauschalreise zusammen (vgl. Kap. 2.1.2),
- die Souvenirindustrie produziert die Souvenirs,
- die Verlage geben Reisezeitschriften und Landkarten heraus etc.

Nach FREYER (2001, S. 113) lässt sich das touristische Produkt folgendermaßen definieren: *„Das Gesamtprodukt besteht aus allem, was für Touristen hergestellt wird oder was Touristen kaufen."*

Neben dem oben genannten Charakteristikum der Gesamtheit weisen Reisen weitere Besonderheiten auf (vgl. FREYER 2001, S. 114):

- Reisen können vom Konsumenten vor Antritt nicht getestet werden (Immaterialität und Erklärungsbedarf).

- Reisen sind etwas Abstraktes. Sie sind zusammengesetzt aus den Komponenten Zeit, Raum und dem persönlichen Empfinden. So gibt es keine allgemein gültige Definition, vielmehr handelt es sich bei jeder Form von Urlaub um ein eigenständiges Produkt, dessen Leistungen immer neu zu erläutern sind.

- Das touristische Produkt kann nicht gelagert werden. Ein erworbenes Anrecht, beispielsweise auf ein Hotelbett an einem bestimmten Tag, kann nicht aufbewahrt werden; bei Nicht-Nutzung verfällt es.

Generell beschäftigt sich die Distributionspolitik mit der Frage, wie die vielfältigen touristischen Leistungen von den Produzenten zu den Abnehmern gelangen. Da Produktionsstätte und Aufenthaltsort des Konsumenten in der Regel nicht übereinstimmen, stellt die Logistik ein zentrales Element der Distribution dar (NIESCHLAG/DICHTL/HÖRSCHGEN 1994, S. 426): *„Distributionspolitik umfasst die Regelung bzw. Festlegung aller betrieblichen Aktivitäten, die dazu beitragen, eine Leistung vom Ort ihrer Entstehung unter Überbrückung von Raum und Zeit an jene Stelle(n) heranzubringen, wo sie nach Wunsch von Anbieter und Nachfrager in den Verfügungsbereich des letzteren übergehen soll."*

Diese Definition von Distributionspolitik ist für den Tourismus jedoch nur bedingt gültig. Anders als bei Sachgütern wird bei der touristischen Distribution eine Dienstleistung, die Reise, gehandelt. Aufgrund der Immaterialität ist hier keine physische Distribution im herkömmlichen Sinne möglich (vgl. STEINECKE 2006, S. 70). Gemäß des Uno-actu-Prinzips[1] wird die Leistung erst im unmittelbaren Kontakt zwischen Dienstleister und Konsument erbracht, wobei Produktion und Distribution räumlich und zeitlich zusammenfallen.

Bevor dieser Kontakt zwischen dem Produzenten und dem Konsumenten stattfindet, erwerben die Touristen mit der Buchung jedoch ein Anrecht auf bestimmte Reiseleistungen, welche noch zu erbringen und in Anspruch zu nehmen sind. Somit wird nicht die Leistung selbst, sondern das Anrecht (aus Sicht der Käufer) bzw. eine

[1] Uno-actu-Prinzip: Produktion, Absatz und Konsum fallen im Dienstleistungsprozess zusammen.

Verpflichtung (aus Sicht der Anbieter) zur Erbringung einer Leistung gehandelt (vgl. FREYER 2009, S. 519). Sichtbar wird ein Leistungsversprechen erst durch die der Buchung nachfolgenden schriftlichen Reiseunterlagen, die den beteiligten Akteuren in materieller Form als Nachweis über die noch zu erbringende und noch in Anspruch zu nehmende Leistung dienen.

Zu den weiteren Besonderheiten der touristischen Distribution gehört die Tatsache, dass der Vertrieb immaterieller Angebote eng einhergeht mit der jeweiligen Kommunikationspolitik. Da die Leistung nicht sichtbar und zunächst auch nicht greifbar ist, nehmen Kommunikation, Information und Beratungsleistungen eine Schlüsselfunktion ein, welche neben dem Verkauf und der Buchungsabwicklung als Hauptaufgaben der Reisemittler zu sehen sind. Bei der touristischen Distribution findet die Kommunikation also nicht nur zwischen Produzenten und Konsumenten statt, sondern auch zwischen Kunden und Reisemittlern sowie Produzenten und Reisemittlern (vgl. Abb. 5).

Abb. 5: Das strategische Dreieck der touristischen Distribution

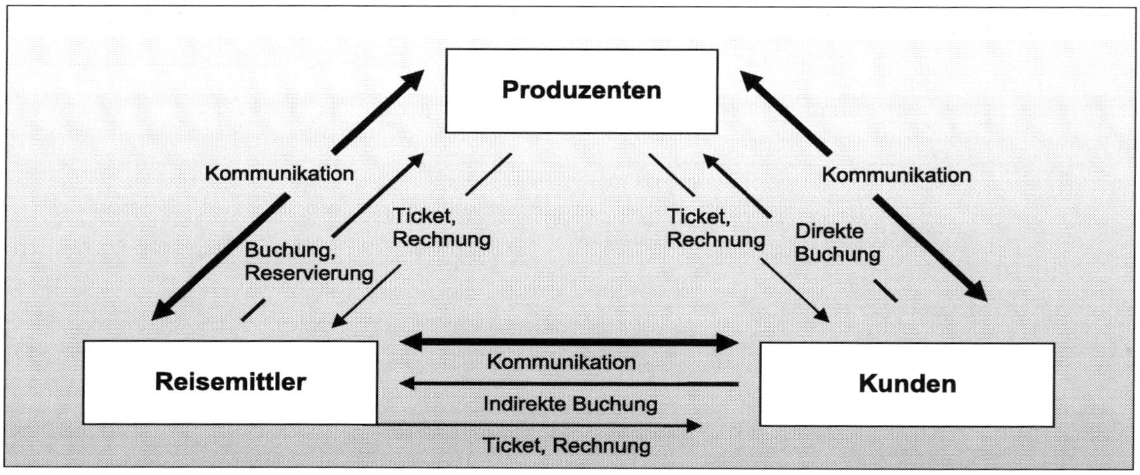

Quelle: Eigene Darstellung in Anlehnung an FREYER 2004, S. 500

Neben der Festlegung der Kommunikationswege sind auch Entscheidungen über direkte oder indirekte Buchungsmöglichkeiten wesentliche strukturelle Bestandteile der touristischen Distribution. Touristische Leistungsanbieter haben die Möglichkeit, ihre Produkte entweder direkt an den Kunden oder indirekt über Reisemittler abzusetzen (vgl. Abb. 6).

Abb. 6: Vertriebswege im Tourismus

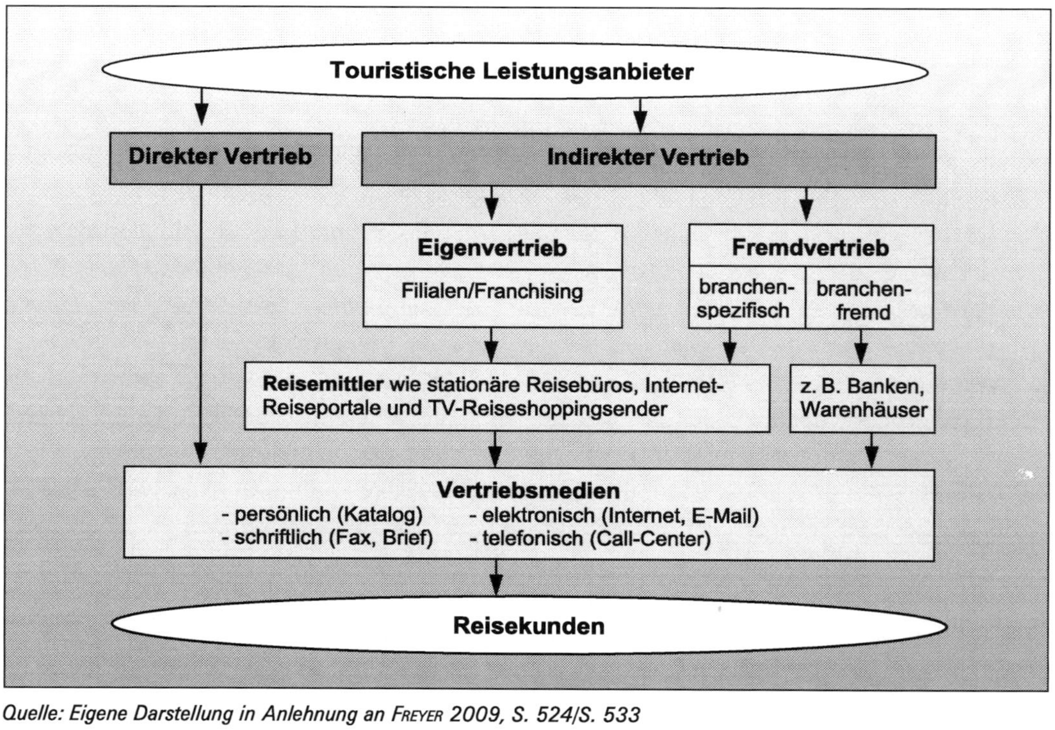

Quelle: Eigene Darstellung in Anlehnung an FREYER 2009, S. 524/S. 533

Indirekter Vertrieb

Als indirekte Distribution bezeichnet man den Vertrieb über einen Zwischenhändler. Obwohl die produzierenden Unternehmen dadurch ein gewisses Maß an Kontrolle verlieren, bietet ihnen der Absatz über einer Mittler einige Vorteile: Der Reisemittler verfügt in der Regel über spezifische Marktkenntnisse und wichtige Kontakte innerhalb der Branche. Außerdem handelt es sich bei Reisen um ein erklärungsbedürftiges Gut, das einen Beratungsaufwand erfordert. Diese Beratungsleistung kann am ehesten durch ein dichtes Netz von Reisemittlern gewährleistet werden, die eine räumliche Nähe zu den Kunden aufweisen (z. B. stationäre Reisebüros).

Als Reisemittler können – neben stationären Reisebüros – Online-Reisebüros und TV-Reiseshopping-sender genutzt werden, aber auch branchenfremde Unternehmen wie Warenhäuser, Discounter (z. B. Aldi oder Lidl), Banken oder Versicherungen.

Beim indirekten Absatz lassen sich generell zwei Distributionsformen unterscheiden – der Eigen- und der Fremdvertrieb. Soweit die Absatzorgane ausschließlich im Auftrag eines Anbieters agieren, handelt es sich um eine eigene Distribution. Ein Beispiel hierfür sind veranstaltereigene Reisebüros – z. B. Filialen von TUI oder ITS. Wenn rechtlich selbstständige Unternehmen mit der Distribution beauftragt werden (z. B. Reisebüros, die vom Inhaber geführt werden), spricht man von Fremdvertrieb (vgl. Freyer 2004, S. 505).

Direkter Vertrieb

Im Falle der direkten Distribution bewegen sich die entsprechenden Kommunikations- und Vertriebsströme (z. B. Werbung, Buchungen und Reservierungen) unmittelbar zwischen den Produzenten und den Konsumenten. Der direkte Vertrieb erfolgt also ohne Beteiligung eines Reisemittlers.

Eine mögliche Form der direkten Distribution besteht beispielsweise darin, dass ein Reiseveranstalter oder ein Hotelunternehmen seine Produkte über die eigene Homepage an den Kunden verkauft. In den letzten Jahren hat der Direktvertrieb deutlich an Bedeutung gewonnen (vgl. Kap. 2.1).

2.1.2 Die Produzenten und ihre Produkte

Wer sind nun die wichtigsten Produzenten innerhalb der Tourismusbranche? Wie sehen ihre Produkte aus und welche Absatzkanäle werden von ihnen genutzt? Diese Fragen sollen im Folgenden beantwortet werden.

Beherbergungsbetriebe

Die Beherbergungsbetriebe gehören zu den Hauptproduzenten innerhalb der Tourismusbranche. Sie bieten die Übernachtungsleistungen an, die von jedem Touristen zwangsläufig bei einer Reise in Anspruch genommen werden müssen (es sei denn, er besucht Freunde oder Verwandte).

Auch innerhalb des Beherbergungsgewerbes hat sich in den letzten Jahrzehnten ein erheblicher Wandel vollzogen (vgl. Freyer 2001, S. 116). Während es früher durch mittelständische Privatbetriebe in Familienbesitz geprägt wurde, weist es mittlerweile eine Vielzahl verschiedener Betriebsformen auf, die Übernachtungsleistungen – üblicherweise kombiniert mit Verpflegungsleistungen – anbieten. Generell können zwei Betriebsarten unterschieden werden:

- die klassische Hotellerie (Hotels, Gasthöfe, Pensionen, Hotel garni),
- die Parahotellerie (Ferienzentren, Ferienhäuser, -wohnungen, Jugendherbergen, Sanatorien, Campingplätze).

Im Bereich der klassischen Hotellerie sind ausschließlich gewerbliche Beherbergungsbetriebe tätig, die nach Betriebstyp (z. B. Kongress- oder Kurhotel) und Betriebsgröße (Anzahl der Betten) sowie Qualitäts- (Vergabe von Sternen) und Preisstandards (Ausstattung der Zimmer, Ort, Reisesaison) klassifiziert werden können. Obwohl es bislang in Europa keine einheitliche Hotelklassifikation gibt, dienen die nationalen Systeme dem Konsumenten doch als Entscheidungshilfe bei der Wahl seiner Unterkunft.

Bei den Betrieben im Bereich der Parahotellerie handelt es sich häufig um Nebenerwerbsbetriebe; sie werden deshalb auch als „zusätzliche oder ergänzende" Hotellerie bezeichnet (vgl. FREYER 2001, S. 117). Obwohl der Hotellerie mit einem Marktanteil von 45,1% generell die größte Bedeutung zukommt, sind auch Angebote der Parahotellerie wichtig für den Tourismus: Im Jahr 2009 übernachteten 25% der Bundesbürger in Ferienwohnungen/-häusern und 6,3% auf Campingplätzen (vgl. F. U. R. 2010, S. 5).

Während die Beherbergungsbetriebe traditionell die stationären Reisebüros als wichtigen Vertriebskanal genutzt haben, sind inzwischen viele Anbieter dazu übergegangen, ihre Angebote auch über den direkten Internetvertrieb und über Online-Reisebüros abzusetzen (F. U. R. 2010, S. 5): *„Vor allem die durch das Internet immer leichter und komfortabler werdenden Direktbuchungen bei den Unterkünften fördern die Tendenz zur Buchung von Einzelleistungen auf Kosten der alle Leistungen umfassenden Pauschalreisen".*

Hohe Investitionen in neue Datenbanksysteme und Buchungsstrecken haben in den letzten Jahren für ein enormes Online-Wachstum und eine Steigerung der Online-Umsatzquoten[2] von ca. 15% in der Beherbergungsindustrie gesorgt (vgl. DONNER/ROSSMANN 2006, S. 272).

Transportbetriebe

Wie die Beherbergungsbetriebe gehören auch die Transportbetriebe zu den Produzenten innerhalb der Tourismusbranche. Das Produkt dieser Unternehmen ist die Transportleistung, welche Urlauber in Anspruch nehmen, um ihre Destination, ob im Inland oder Ausland, zu erreichen. Ihren heutigen, hohen Stellenwert verdanken die Transportbetriebe der rasanten infrastrukturellen Weiterentwicklung in den vergangenen 200 Jahren. Meilensteine in der Geschichte des Transportgewerbes waren die Einführung von Dampfschiffen (seit 1807) und Eisenbahnen (seit 1814), die Expansion des zivilen Luftverkehrs (seit 1926), der Ausbau des Omnibus-Überlandverkehrs (seit 1930) und die fortschreitende Verbreitung des privaten PKW (seit 1950).

Mit der Einführung dieser Transportmittel war jeweils ein gravierenden Strukturwandel im touristischen Transportwesen verbunden; gegenwärtig werden diesen Verkehrsmitteln jeweils unterschiedliche Leistungen zugeordnet (vgl. Tab. 1).

Tab. 1: Touristische Beförderungsleistungen

Beförderungsmittel	Hauptleistung	Nebenleistung
Flugzeug (Charter, Linie)	Flugreise (privat oder geschäftlich)	Ausflug/Rundflug am Zielort
Bahn (Linie, Sonderzug)	Bahnreise (privat oder geschäftlich)	Ausflug am Zielort (z. B. mit historischen Bahnen)
Schiff (Charter, Linie bei Fähren)	Kreuzfahrt	Ausflug per Boot am Zielort (z. B. Segeltörn)
Bus (Linie, Gelegenheitsverkehr)	Busreise	Ausflug/Rundfahrt am Zielort
Pkw		Mietwagen am Zielort

Quelle: Eigene Darstellung in Anlehnung an RUDOLPH 2001, S. 35

Welches Transportmittel für eine Urlaubsreise gewählt wird, hängt von verschiedenen Kriterien ab:

- Objektive Kriterien sind unter anderem die Entfernung zum Urlaubsort, die Kosten der Reise, die Anzahl der Reisenden sowie der Besitz eines PKW.
- Zu den subjektiven Faktoren zählen u. a. Meinungen, Erfahrungen und Images (vgl. FREYER 2001, S. 127).

Im Jahr 2009 bevorzugten die Bundesbürger den PKW als Verkehrsmittel bei Urlaubsreisen (Marktanteil: 47,9%). An zweiter Stelle rangierte das Flugzeug mit einem Marktanteil von 35,8%, gefolgt von Bus (9,3%) und Bahn (5,9%; vgl. F. U. R. 2010, S. 5).

[2] Online-Umsatzquote: Anteil der Websitebesucher, die einen Online-Kauf abschließen.

Auch der Transportsektor konnte in den letzten Jahren einen deutlichen Anstieg der Zahl von Direktbuchungen (im Internet) verzeichnen. Im touristischen Online-Geschäft ist der Transportsektor sogar die dominierende Branche – obwohl dieser Sektor am meisten unter externen Störungen wie z. B. Kriegen oder Katastrophen zu leiden hat. Im Jahr 2007 war der Transportsektor für fast zwei Drittel des Online-Umsatzes im Tourismus verantwortlich (insgesamt erzielte die deutsche Tourismuswirtschaft im Jahr 2007 über das Internet 14,81 Mrd. Euro Umsatz).

Innerhalb dieses Geschäftsfeldes spielt der Flugverkehr eine herausragende Rolle. Einen besonders hohen Anteil am Online-Umsatz der Fluggesellschaften haben mittlerweile die Low-Cost-Airlines, deren Geschäftsmodell auf Kostenersparnissen basiert – nicht zuletzt durch den Direktvertrieb im Internet (vgl. ULYSSES WEB-TOURISMUS 2008).

Reiseveranstalter

Reiseveranstalter übernehmen innerhalb der Tourismuswirtschaft die Rolle der Großhändler. Sie kombinieren mindestens zwei unterschiedliche Leistungen anderer touristischer Anbieter zu einem neuen Gesamtprodukt, der Pauschal- oder Veranstalterreise (vgl. SANDER 2002, S. 30), das traditionell über einen Reisemittler an den Endkunden abgesetzt wurde.

Zu den Hauptelementen einer Pauschalreise gehören in der Regel der Transport, die Übernachtung und die Verpflegung. Als Nebenleistungen gelten Reisebetreuung, Versicherungsleistungen (wie Insolvenz- oder Reiserücktrittskostenversicherungen) sowie Kultur- bzw. Sportangebote am Urlaubsort (vgl. FREYER 2001, S. 151). Da sich diese Leistungen auf vielfältige Weise kombinieren lassen, werden von den Reiseveranstaltern zahlreiche unterschiedliche Urlaubsangebote konzipiert – z. B. Studienreisen, Städtereisen, Cluburlaube, Sportreisen, Senioren- oder Jugendreisen. Welche Einzelleistungen letztlich zu welchem Reiseangebot kombiniert werden, liegt im Ermessen des Reiseveranstalters. Die Gestaltung der Einzelleistungen liegt jedoch weiterhin im Einflussbereich der Leistungsträger. Die wesentlichen Merkmale eines Reiseveranstalters sind demnach (vgl. RUDOLPH 2002, S. 36):

- Eigenverantwortlichkeit bei der Bündelung und Erbringung der Reiseleistungen,
- Zusammenstellung der Leistungen Dritter zu einem eigenständigen touristischen Produkt,
- Angebot des touristischen Produkts im eigenen Namen und auf eigene Rechnung,
- Auftreten als eigenständiges Unternehmen.

Obwohl Pauschalreisen oftmals als typische Reiseform des massenhaften Tourismus im 20. Jahrhundert betrachtet werden, liegen ihre Wurzeln bereits im 19. Jahrhundert. Bereits im Jahr 1841 organisierte der Brite THOMAS COOK die erste Veranstalterreise (vgl. HEINE 1998, S. 615).

Einen wesentlichen Aufschwung erfuhr die Branche in den 1960er-Jahren, als – neben den Reiseveranstaltern – auch branchenfremde Unternehmen wie Warenhäuser preisgünstige Pauschalreisen auf den Markt brachten. Seit dieser Zeit ist die Reiseveranstalterbranche durch starke Konzentrationsprozesse gekennzeichnet – als Ergebnis von zahlreichen Fusionen auf nationaler und internationaler Ebene. Gegenwärtig beherrschen drei große Reisekonzerne den deutschen Markt: TUI, THOMAS COOK und die Veranstaltergruppe der REWE TOURISTIK (vgl. STEINECKE 2006, S. 87).

Gleichzeitig hat sich die Wettbewerbssituation für die Reiseveranstalter verschärft. Immer mehr Leistungsträger tendieren dazu, ihre Produkte über den Direktvertrieb zu verkaufen und selbst als Reiseveranstalter aufzutreten. Somit sind auch Reiseveranstalter heute dazu gezwungen, flexible Produkte nach dem Baukastenprinzip zu entwickeln, alternative Vertriebsformen wie Direktbuchungen auszubauen und Unternehmensstrukturen weniger starr zu organisieren (vgl. STEINECKE 2006, S. 91).

Aufgrund dieser Entwicklungen fördern auch die Reiseveranstalter selbst den eigenen Direktvertrieb über das Internet (vgl. Abb. 2). In diesem Fall werden die Reisebüros, die im klassischen Fall die Distribution der Produkte der Veranstalter übernehmen, konsequent umgangen (Disintermediation der Reisebüros). Für die Veranstalter ist die direkte Distribution ihrer Angebote über das Internet in jedem Fall kostengünstiger, da in diesem Fall die Provisionszahlungen an die Reisebüros entfallen. Zudem können die Reiseveranstalter ihre Einkaufsmacht nutzen und in Form von Preisreduzierungen direkt an die Endverbraucher weitergegeben.

Daraus ergibt sich allerdings für die Reiseveranstalter auch eine Problematik: Sie treten als direkte Wettbewerber der Reisebüros auf, obwohl Reisebüros – noch immer – die größten Umsatzträger für die Veranstalter sind (vgl. EGGER 2005, S. 139; KLEIN 1998, S. 85).

Reisemittler

Unter dem Begriff „Reisemittler" werden Handelsbetriebe zusammengefasst, die den Verkauf von Reiseangeboten der Reiseveranstalter und Leistungsträger übernehmen. Dabei treten nicht nur stationäre Reisebüros, sondern ebenso Online-Reiseportale, TV-Reiseshoppingsender oder auch branchenfremde Einrichtungen als Reisemittler auf (vgl. Abb. 6), wobei gegenwärtig stationäre und Internet-Reisebüros die Branche dominieren. Das Leistungssortiment der Reisemittler kann folgende Produkte umfassen:

- Buchungen von Pauschalreisen,
- Verkauf von Flugpassagen, Bahntickets und Schiffspassagen,
- Reservierung von Hotels,
- Mietwagenvermittlung,
- Verkauf von Eintrittskarten für Veranstaltungen,
- Verkauf von Reiseversicherungen.

Außerdem geben Reisemittler Auskünfte über Ein- und Ausreisebestimmungen sowie über Urlaubsländer und -gebiete (vgl. LUFT 1996, S. 104). Hinzu kommt die Abwicklung reisebezogener Dienstleistungen wie Geldwechsel oder Visabeschaffung sowie der Verkauf von Reiseliteratur und Fotoartikeln (vgl. STEINECKE 2006, S. 91).

Parallel zum Wachstum des touristischen Marktes und des zunehmenden Anteils an Veranstalterreisen erlebte auch die deutsche (stationäre) Reisebürobranche seit den 1970er-Jahren eine boomartige Entwicklung (vgl. STEINECKE 2006, S. 92). Auch im Jahre 2009 stand dieser Vertriebsweg mit 37% an erster Stelle (vgl. Abb. 2). Insbesondere Auslandsreisen hatten daran einen großen Anteil.

Allerdings ist auch die Reisebürobranche gegenwärtig durch verschärfte Wettbewerbsbedingungen in Folge von Konzentrationsprozessen, der Einführung neuer Vertriebswege und Direktvertriebsmaßnahmen der Leistungsträger und Reiseveranstalter gekennzeichnet: im Zeitraum 1999-2008 sank die Zahl der Haupterwerbsreisebüros von 15.700 auf 11.046 (vgl. STEINECKE 2006, S. 92; FVW 2009, S. 5).

Eine harte Konkurrenz für stationäre Reisebüros geht mittlerweile von Online-Reisebüros (Internet-Portale) aus (vgl. Abb. 2). Diese elektronischen Zwischenhändler bieten Kunden eine ebenso große Auswahl an Angeboten wie stationäre Reisebüros – mit dem Unterschied, dass eine Buchung selbstständig vom heimischen PC aus erfolgt (was den Kundenbedürfnissen nach Flexibilität, Individualität und Selbstbestimmung entspricht).

Als Folge des zunehmenden Interesses an Bausteinreisen sind Online-Reisebüros mittlerweile zudem dazu übergegangen, eigene Produkte mit Hilfe des Dynamic Packaging zu konzipieren (vgl. Kap. 2.4). Sie treten also nicht mehr nur als Reisemittler auf, sondern nähern sich einer Schnittstelle zwischen Mittler und Veranstalter.

Fazit: Als Folge einer wachsenden Popularität der Veranstalterreisen haben auch Reisebuchungen in stationären Reisebüros seit den 1960er-Jahren an Bedeutung gewonnen. Bei den Veranstalterreisen handelt es sich gegenwärtig um die beliebteste Organisationsform von Urlaubsreisen; mittlerweile werden zunehmend auch Bausteinreisen nachgefragt. Bei der Buchung der einzelnen Module dieser Bausteinreisen spielen Direktvertriebsmaßnahmen der Leistungsträger im Internet und Online-Reisebüros eine immer größere Rolle. Insgesamt hat das Internet Einfluss auf alle touristischen Produzenten und Produkte. Sowohl Beherbergungs- und Transportbetriebe als auch Reiseveranstalter und Reisemittler nutzen diese neue Technik zum Vertrieb ihrer Leistungen.

Im Folgenden sollen die einzelnen Phasen des touristischen Strukturwandels genauer erläutert werden. Im Fokus der Betrachtungen steht dabei die Vertriebsstruktur, die den einzelnen Phasen zugrunde liegt; außerdem werden die jeweilige Nachfrage, das Angebot und die Technologien untersucht.

2.2 Phase 1: Von den Anfängen bis Ende der 1980er-Jahre

Im Gegensatz zu anderen Ländern haben sich kommerzielle Reisemarkt- und Vertriebsstrukturen in der Bundesrepublik Deutschland unter maßgeblichem Einfluss der Reisemittler entwickelt. Insbesondere die stationären Reisebüros sind seit den Anfängen eines zunehmenden Reiseaufkommens ein fester Bestandteil des touristischen Vertriebs – auch das Entstehen der großen Reiseveranstalter ist auf vertriebsstrategische Interessen dieser Reisemittler zurückzuführen. Während die Reisemärkte anderer Länder seit längerem von Direkt- und Eigenvertriebssystemen der Leistungsanbieter dominiert werden, haben die Reisemittler in Deutschland immer noch eine historisch bedingte Sonderstellung (vgl. SÜLBERG 1998, S. 571).

2.2.1 Historische Entwicklung der Reisebüros und ersten Reiseveranstalter

Beschäftigt man sich mit der Geschichte des Reisens, sind den Interpretationen bezüglich der Anfänge kaum Grenzen gesetzt. Frühgeschichtliche Völkerwanderungen, Pilgerreisen, Kreuzzüge und Entdeckungsreisen sind nur einige Beispiel für historische Formen des Reisens. Für die wissenschaftliche Analyse des Tourismus spielen jedoch die Reisemotive eine zentrale Rolle: Die frühen „Reisenden" waren nicht zum Vergnügen unterwegs – vielmehr war die Reise jeweils nur ein Mittel zum Zweck (so diente sie z. B. geschäftlichen Zwecken wie dem Warentransport oder dem Fernhandel, der bereits im 14. Jahrhundert betrieben wurde).

Darüber hinaus war das Reisen bis in die Mitte des 19. Jahrhunderts sehr beschwerlich – aufgrund schlechter Straßen und einer geringen Reisegeschwindigkeit. Reisen war also eher ein unumgängliches Übel. Die meisten Menschen erfuhren zu dieser Zeit von Reisen und Reisenden durch Geschichtenerzähler und später durch Artikel in Zeitungen – die Möglichkeit oder die Motivation, selbst zu reisen, war jedoch nicht weit verbreitet.

Eine Ausnahme bildete zu dieser Zeit die so genannte Kavalierstour (auch Grand Tour genannt; vgl. LEIBETSEDER 2004, S. 18). Im Rahmen der Kavalierstouren reisten junge Adelige ab dem 16. Jahrhundert an andere europäische Höfe; Motivation und Ziel der Reisen waren zum einen der Abschluss der Erziehung und das Erlernen der höfischen „Etiquette", zum anderen Bildung durch Besichtigungen. Außerdem gehörte die Ortsveränderung zum festen Bestandteil einer standesgemäßen Lebensführung (vgl. HACHTMANN 2007, S. 44).

Im 18. Jahrhundert entstanden außerdem bürgerliche Bildungsreisen. Sie dienten in erster Linie der Horizonterweiterung; die beliebtesten Ziele waren die antiken Kulturstätten Italiens und das technologisch entwickelte England (vgl. HACHTMANN 2007, S. 49). Mit der Partizipation des Bürgertums an einer Form des Reisen, die in ähnlicher Form bis dahin dem Adel vorbehalten war, vergrößerte sich zu dieser Zeit – zwar langsam, aber dennoch kontinuierlich – die Zahl der Personen, die nicht zu konkreten Zwecken, sondern zum Vergnügen reisten, kontinuierlich (vgl. HACHTMANN 2007, S. 52).

Erst im Zeitraum 1850-1914 wurden jedoch die entscheidenden Weichen für den neuzeitlichen Tourismus gestellt. Entscheidende Neuerungen waren der Ausbau des Post- und Nachrichtenwesens, die Entwicklung und Verbesserung des europäischen Verkehrswesens (vgl. Kap. 2.1.2) und insbesondere der Ausbau des deutschen Eisenbahnnetzes in den folgenden Jahrzehnten. Weitere Gunstfaktoren waren ein höherer Wohlstand durch die Industrialisierung und die Gewährung von Urlaubstagen (vgl. FREYER 2001, S. 4-8).

Die Gründung von Reisebüros geht zurück auf den Land- und Überseeverkehr mit Gütern. In zunehmendem Maße eröffneten z. B. die Reedereien eigene Vermittlungsbüros für den Personen- und Frachtverkehr (bereits 1857 wurde der NORDDEUTSCHE LLOYD gegründet). Eine ähnliche Entwicklung war – parallel zur wachsenden Bedeutung des Schienen- und Landverkehrs – auch bei den Speditionen erkennbar. Der Engländer THOMAS COOK veranstaltete 1841 in England die erste Pauschalreise per Eisenbahn und ermöglichte damit erstmals touristische Reisen für ein breites Reisepublikum. Im Jahr 1865 eröffnete er sein erstes Reisebüro in London, in den Folgejahren Agenturen für Bahnpauschalreisen in Europa und Übersee (vgl. SÜLBERG 1983, S. 98).

Während die Reisebranche in Großbritannien, das als Vorreiter der Industrialisierung fungierte, stetig wuchs und Reisebüros bereits seit 1862 mit ersten Reisekatalogen warben, entwickelte sich die Branche in Deutschland vor einem anderen politischen und gesellschaftlichen Hintergrund erheblich langsamer:

- Zum einen wurde Deutschland erst im Jahr 1871 ein Nationalstaat und damit auch ein einheitlicher Wirtschaftsraum. Noch zu Beginn des 19. Jahrhunderts bestand „Deutschland" aus einer großen Zahl souveräner Einzelstaaten mit teilweise eigener Währung und Grenzen, die gleichzeitig Zollschranken waren.

Der Prozess der deutschen nationalen Einigung seit den napoleonischen Kriegen bis zur Reichsgründung 1871 war auch ein wirtschaftlicher Einigungsprozess. Vorstufen waren die Gründung des Deutschen Zollvereins 1834 sowie des Norddeutschen Bundes 1867. Jedoch erst nach Gründung des Deutschen Reichs 1871 stand ein großer geschlossener geographisch-politischer Raum zur Verfügung, in dem man ungehindert reisen konnte (vgl. Treue 1963, S. 336).

- Zum anderen fand die industrielle Revolution erst seit Mitte des 19. Jahrhunderts in Deutschland statt – begünstigt durch die Reichsgründung (vgl. Treue 1963, S. 355).

Erst mit einer zeitlichen Verzögerung kam es zu Einkommenssteigerungen und auch zu Maßnahmen der Sozialpolitik und Sozialfürsorge, durch die sich auch die Lage der Bevölkerung deutliche verbesserte (vgl. Born 1963, S. 237-239, S. 277). Urlaubsreisen blieben jedoch zunächst noch ein Privileg der wohlhabenden Bürger, der Angestellten und der Beamten.

Allerdings gab es bereits vor dem Ersten Weltkrieg eine zunehmende Zahl von Reiseunternehmen generell und speziell auch von Reisebüros, die Angebote für dieses kaufkräftige Publikum entwickelten:

- Zu Beginn des 20. Jahrhunderts unterhielten die Reedereien der Hamburg-Amerika-Linie und des Norddeutschen Lloyd bereits ein umfangreiches Netz an Fachbüros mit Reiseabteilungen, die in den nächsten Jahren rasch erweitert wurden.

- Die Deutschen Staatsbahnen gründeten eine Initiative zu Schaffung eines Verbundes von Reisebüros, in deren Zusammenhang die Königliche Bayerische Staatseisenbahn-Verwaltung im Jahr 1910 das Reisebüro der Speditionsfirma Schenker & Co erwarb und die Bayerische Reisebüro GmbH ins Leben rief.

- Am 17. Oktober 1917 gründete die Deutsche Regierung zusammen mit der Hamburg-Amerika-Linie und dem Norddeutschen Lloyd das Deutsche Reisebüro (DR) und später, nach Beitritt ungarischer und österreichischer Gesellschafter, das Mitteleuropäische Reisebüro (MER).

Nach dem Ersten Weltkrieg wurde in der Weimarer Republik, die aus der Novemberrevolution 1918 hervorging, eine erste Urlaubsregelung eingeführt. Nun konnten immer mehr Menschen in Deutschland eine Urlaubsreise unternehmen – und gleichzeitig stieg die Zahl der Reisebüros deutlich an. So wurde z. B. das Verkaufsnetz des MER bis zum Jahr 1939 auf 17 eigene Filialen, 336 Inlands- sowie 850 Auslandsvertretungen erweitert (vgl. Sülberg 1983, S. 98-99).

Während der Zeit des Nationalsozialismus trat der Staat als Konkurrent der privaten Reiseveranstalter und Reisebüros auf. Die NS-Organisation „Kraft durch Freude" („Kdf") bot organisierte Pauschalreisen zu niedrigen Preisen an (Freyer 2001, S. 10): *„8 Tage Ostseeurlaub inklusive Transport, Unterkunft und Verpflegung kosteten 32,- Reichsmark, bei ca. 150,- Reichsmark Monatsverdienst der Teilnehmer".*

Diese staatlich organisierten Pauschalreisen erwiesen sich für das NS-Regime als nützliches Propagandainstrument: Sie sollten zur Akzeptanz des Systems durch die Bevölkerung beitragen (speziell der Arbeiterschaft): Dazu wurden sie als besondere soziale Errungenschaften präsentiert, die von der Regierung zum Wohle der „Volksgemeinschaft" veranstaltet wurden. Innerhalb weniger Jahre stiegen die Teilnehmerzahl der „KdF"-Reisen von 2,3 Mio. (1934) auf 5 Mio. (1935) und auf 10,3 Mio. im Jahr 1938 (vgl. Freyer 2001, S. 10). Mit Beginn des Zweiten Weltkriegs wurden die „KdF"-Reisen eingestellt.

Mit dem wirtschaftlichen Aufschwung nach dem Zweiten Weltkrieg änderte sich auch das Reiseverhalten der westdeutschen Bevölkerung grundlegend (die Bevölkerung der DDR war von Reisen ins Ausland weitestgehend ausgeschlossen; nach der Wiedervereinigung passte sich das Reiseverhalten der ostddeutschen Bevölkerung jedoch rasch dem der Westdeutschen an; vgl. Steinecke 2005, S. 35). Höhere Einkommen, mehr Freizeit und entwickelte Kommunikations- und Transportmittel waren wichtige Voraussetzungen für die wachsende Teilnahme der Deutschen an organisierten Reisen. Von Bus- und Bahnreisen über Autoreisen bis hin zu den ersten Charterflügen entwickelte sich zunehmend ein massenhafter Tourismus. In dem Maße, in dem die Reiseintensität der Bevölkerung zunahm, entwickelten auch die Reisebüros neue Angebote.

Bis Anfang der 1960er-Jahre erfolgten zahlreiche Zusammenschlüsse von Einzelunternehmen zu größeren Reisebüros und Reiseveranstaltern. So entstanden zunächst die DER-Gesellschaftsreisen (1948), dann der

Reiseveranstalter SCHARNOW (1953) und im Jahr 1968 die TOURISTIK UNION INTERNATIONAL (TUI). Außerdem etablierte sich eine neue Vertriebsform auf dem Reisebüromarkt: Die Handelsunternehmen QUELLE und NECKERMANN entwickelten eigenen (Flug-)Pauschalreisen, die sie über ihre Versandkataloge und Warenhäuser anboten.

Innerhalb dieser Entwicklung wurde die Reise von einem teuren Luxusgut zu einem erschwinglichen Massenkonsumgut. Angesichts des Reisebooms, der in den 1970er-Jahren einsetzte, bestanden für diese neuen Vertriebsformen hinreichende Expansionsmöglichkeiten; der traditionelle Reisebürofachhandel wurde dadurch nicht gefährdet (vgl. SÜLBERG 1983, S. 100).

2.2.2 Vertriebsstruktur der ersten Phase

Der kurze historische Abriss macht deutlich, dass die Kunden in der ersten Phase der touristischen Entwicklung ihre Buchungen direkt bei den Leistungsanbietern tätigten: In der zweiten Hälfte des 19. Jahrhunderts wurden die Platzbuchungen für Schiffe bei den Reedereien vorgenommen und bei den Speditionen bzw. Eisenbahngesellschaften wurden z. B. Bahntickets reserviert. An dieser Grundstruktur hat sich nahezu einhundert Jahre lang wenig geändert. Selbst als die Zahl organisierter Reisen langsam anstieg, fand die Mehrzahl der Buchungen direkt bei den Transportunternehmen statt: So wurden z. B. im Jahr 1956 noch 56% der Urlaubsreisen mit der Bahn unternommen – und die Tickets überwiegend am Bahnhof erworben (vgl. FREYER 2001, S. 154). Auch im Beherbergungswesen dominierte lange Zeit die direkte Buchung vor Ort.

Mit dem generellen Wachstum des touristischen Marktes nach dem Ende des Zweiten Weltkriegs ergaben sich aber auch gute Geschäftschancen für die Reisebürobranche. Als Gunstfaktor erwies sich dabei die Tatsache, dass es in Deutschland keine staatlich geregelten Zulassungsbeschränkungen für diese Branche gibt: Jedes Unternehmen bzw. jeder Unternehmer kann auch Urlaubsreisen vertreiben.

Vor diesem Hintergrund stieg die Zahl der Reisevermittlungsstellen im Zeitraum 1970-1990 von 3.120 auf 13.200 (innerhalb dieser Expansion spielte allerdings auch die wachsende Zahl von Nebenerwerbsbetrieben eine zentrale Rolle; vgl. Tab. 2). Dabei wurde die Branche zunächst durch klassischer Einzelunternehmen geprägt: Ca. 80% der existierenden Büros waren ungebunden; sie gehörten also nicht einer Kette, einer Kooperation oder einem Franchiseunternehmen an (vgl. FREYER 2001, S. 172).

Tab. 2: Entwicklung der Reisevermittlungsstellen in Deutschland (1970-1990)

Jahr	Reisevermittlungsstellen insgesamt	davon: Haupterwerb	davon: Nebenerwerb
1970	3.120	2.520	600
1975	7.350	3.150	4.200
1980	9.500	4.800	4.700
1985	10.150	5.250	4.900
1990	13.200	7.700	5.500

Quelle: Eigene Darstellung in Anlehnung an SÜLBERG 1998, S. 593

Neben den Reisemittlern etablierten sich in Deutschland nach dem Zweiten Weltkrieg auch erste größere Reiseveranstalter; sie gingen aus den traditionellen Reisebüros hervor (vgl. SÜLBERG 1998, S. 573; Tab. 3). Auch bei den ersten Reiseveranstaltern handelte es sich, ähnlich wie bei den Reisebüros, weitgehend um selbstständige Unternehmen, die von Privatpersonen geführt wurden. Für den Vertrieb ihrer Leistungen nutzten sie hauptsächlich stationäre Reisebüros.

Einen erheblichen Aufschwung erlebte der Reiseveranstaltermarkt in den 1960er- und 1970er-Jahren, als die großen Warenhäuser als neue Konkurrenten auftraten („Kaufhaus-Tourismus"). Mit dem wachsenden Interesse an Flugreisen zu ausländischen Zielen stieg auch die Nachfrage nach Pauschalangeboten und somit auch nach den Leistungen der Reiseveranstalter (vgl. Kap. 2.2.3). Insgesamt entstanden in den 1960er- bis 1970er-Jahren einige hundert Reiseveranstalter. Seit 1980 kristallisierten sich schließlich fünf Veranstalter heraus, die rund die Hälfte des Veranstaltermarktes beherrschen (vgl. Tab. 3). Typisch für diese Großveranstalter war die beginnende Markenpolitik, bei der anstelle der früheren Einzelveranstalter länder- und zielgruppenspezifische Angebote unter dem Namen des Mutterunternehmens angeboten wurden.

Tab. 3: Entwicklung der Reiseveranstalter in Deutschland (1950-1990)

1950er-Jahre: Anfänge des Pauschaltourismus	1960er- und 1970er-Jahre: „Kaufhaus-Tourismus"	1980er- bis 1990er-Jahre: „Top Five"
1951 Touropa Zusammenschluss der Reisebüros DER, abr, Hapag Lloyd und Dr. Karl Degener (1948 unter dem Namen DER-Gesellschaftsreisen gegründet) 1951 Ameropa (Deutsche Bahn AG) 1953 Scharnow Zusammenschluss der Reisebüros Scharnow, Kahn, Bangemann, Dr. Friedrich und des Essener Reisebüros 1953 Hummel Zusammenschluss der Reisebüros Lührs, Strickrodt sowie der Verlagsreisebüros der Zeitungen Die Welt und Hamburger Abendblatt 1955 Deutsche Flugdienst GmbH (später Condor) 1955 LTU-Lufttransport GmbH und Co. KG	1962 Quelle Reisen (Quelle Schickedanz) 1968 TUI-Touristik Union International Entstanden aus den Reiseveranstaltern Touropa, Scharnow, Hummel und Dr. Tigges 1965 Neckermann Reisen (Karstadt ab 1976) 1970 ITS-International Tourist Services (Kaufhof bis 1994)	1. TUI (Touropa, Scharnow, Transeuropa, Hummel, Dr. Tigges, twen-tours, hit) 2. NUR-Touristik (1982) (Neckermann Reisen, GUT Reisen, Club 28, Club Aldiana Terramar 3. LTU Touristik (1986) THR Tours, Jajaereborg, smile & fly, Marlboro Reisen 4. ITS (1995 REWE) Club Calimera, Direct Reisen, Eurojet 5. DERTOUR (1985)

Quelle: Eigene Darstellung in Anlehnung an FREYER *2001, S. 155*

2.2.3 Steuerfaktoren der touristischen Entwicklung bis Ende der 1980er-Jahre

Die Entwicklung des touristischen Vertriebs wird vor allem durch drei Faktoren beeinflusst:

- Zum einen sind die Nachfrager – mit ihren Präferenzen, Erfahrungen und auch Möglichkeiten, an Reisen teilzunehmen – entscheidend für die Entfaltung des Tourismus.
- Zum anderen wird die touristische Entwicklung durch das Angebot bestimmt. In diesem Zusammenhang stellen sich drei zentrale Fragen: Wer sind die Hauptakteure im Vertrieb? Wer bestimmt den Markt und welche Vertriebsmedien sind relevant?
- Schließlich wird die Vertriebsstruktur durch die zur Verfügung stehenden Technologien geprägt.

Nachfrager

Die Nachfrage nach touristischen Leistungen entwickelte sich in den Anfangsjahren von 1850 bis 1914 nur zögerlich, da die breite Masse der Bevölkerung weder die finanziellen Mittel noch die Zeit hatte, zu verreisen – und ohnehin war das Reisen als Freizeitbeschäftigung, wie wir es heute kennen, nicht verbreitet. Die ersten Nachfrager waren also weitgehend reiseunerfahren. Dennoch wurden in dieser Zeit erste Weichen für einen späteren Anstieg der Nachfrage und damit der Reiseerfahrung gelegt: Vor dem Hintergrund der Industrialisierung kam es zu ersten gesetzlichen Urlaubsregelungen; außerdem entstand eine neue Mittelschicht von Beamten und Angestellten, die über einen gewissen Wohlstand verfügte.

Mit Beginn des Ersten Weltkrieges wandelte sich diese rudimentäre Nachfragestruktur jedoch bereits wieder. Angesichts einer angespannten wirtschaftlichen Lage schrumpften die Gruppen der Bevölkerung, die bisher am Tourismus teilgenommen hatten. Nach Ende des Krieges erlebte die Sommerfrische in den deutschen

Mittelgebirgen einen Boom – also eine bodenständige und bescheidene Art des Reisens (vgl. FREYER 2001, S. 9). Diese Urlaubsform wurde zunehmend von mittleren Angestellten nachgefragt, in den 1920er-Jahren gehörten auch einfache Angestellte und Arbeiter zu den Gästen.

Während der Zeit des Nationalsozialismus stieg die Zahl der Reisen in Deutschland zunächst stark (1933-1939) – als Folge der staatlich organisierten „KdF"-Reisen, durch die neue Teilnehmergruppen erschlossen wurden. Mit dem Beginn des Zweiten Weltkriegs kam der Tourismus zum Erliegen.

Nach dem Zweiten Weltkrieg kam es zu einer grundlegenden Veränderung der wirtschaftlichen und gesellschaftlichen Rahmenbedingungen. In den ersten Nachkriegsjahren mussten zunächst die Kriegszerstörungen und die allgemeine Güterknappheit überwunden werden. Bald erfolgte aber ein Anstieg der Kaufkraft. Nun stand die Deckung der Grundbedürfnisse wie Ernährung, Wohnung und Bekleidung im Mittelpunkt.

Mit wachsendem Wohlstand konnten anschließend erlebnis- und genussorientierte Funktionen des Konsums an Bedeutung gewinnen. Durch eine kontinuierliche Erhöhung der Wochen- und Jahresfreizeit stand der Bevölkerung zudem erheblich mehr Zeit für freizeitorientierte Beschäftigungen zur Verfügung (vgl. ROSENKRANZ 1998, S. 32).

Darüber hinaus gab es im Tourismus nur geringe Preissteigerungen. Durch preisgünstige Urlaubsreisen und eine bequeme Reiseorganisation haben speziell die Reiseveranstalter dazu beigetragen, dass auch untere Einkommens- und Bildungsschichten eine Urlaubsreise unternehmen konnten (vgl. STEINECKE 2006, S. 44). In der Folge wurde bereits in den 1960er-Jahren ein anhaltender Nachfrageschub ausgelöst (vgl. Abb. 7).

Abb. 7: Entwicklung der Urlaubsreiseintensität (1954-1990)[3]

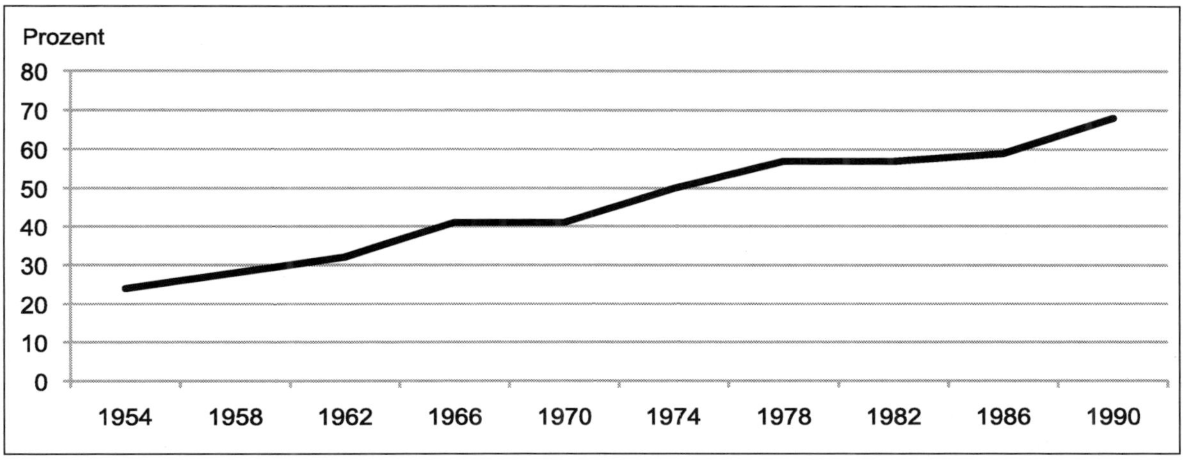

Quelle: Eigene Darstellung in Anlehnung an F. U. R. 2009c, S. 14

In den 1960er- und 1970er-Jahren konnten die Bundesbürger erste Reiseerfahrungen sammeln; dabei beschränkte sich das Reiseverhalten zunächst auf eine Urlaubsreise pro Jahr – und diese führte häufig zum gleichen Ziel. Zugleich waren die Ansprüche an das Angebot noch relativ niedrig. So gaben sich die Nachfrager zunächst mit privaten und gesellschaftlichen Besuchsreisen sowie später einer Pauschalreise im Jahr zufrieden. Erst allmählich zeichnete sich ein Trend zu zusätzlichen Reisen und einer höheren Auslandsreiseintensität ab (vgl. Abb. 8 und 9).

Abb. 8: Entwicklung der Haupturlaubsreien und der zusätzlichen Reisen (1971-1990)

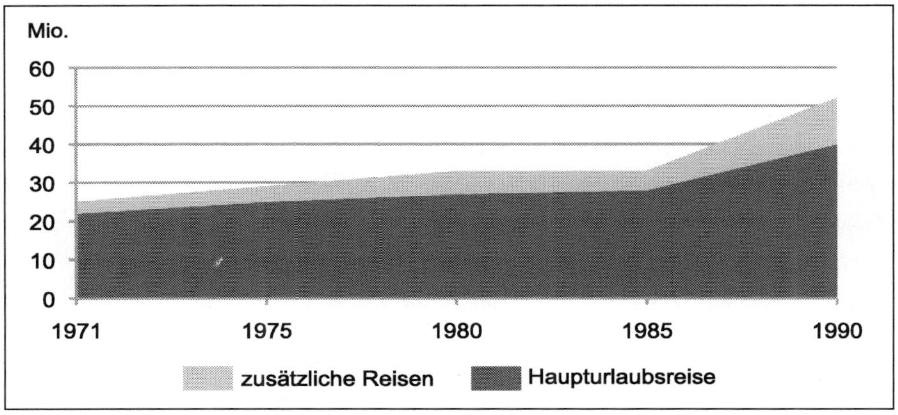

Quelle: Eigene Darstellung in Anlehnung an F. U. R. 2009c, S. 16

[3] Die Urlaubsreiseintensität bezeichnet den Anteil der Bevölkerung ab 14 Jahren, der pro Jahr mindestens eine Urlaubsreise von 5 Tagen Dauer (oder länger) unternimmt (vgl. F. U. R. 2009, S. 15).

Abb. 9: Entwicklung der In- und Auslandsreiseanteile (1954-1990)

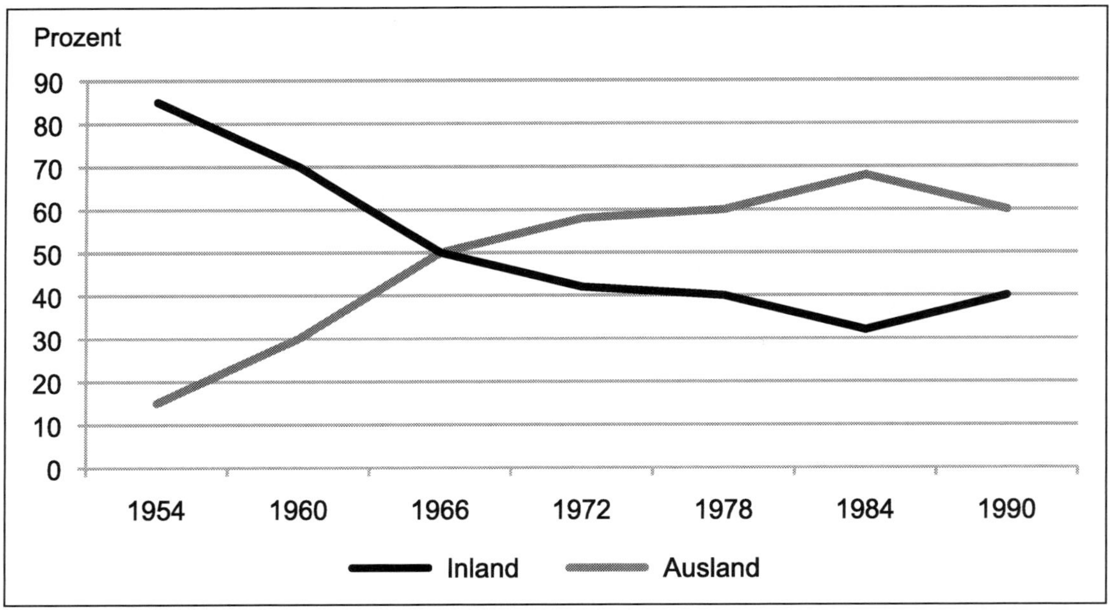

Quelle: Eigene Darstellung in Anlehnung an F. U. R. 2009c, S. 16

Angesichts der relativ geringen Reiseerfahrung und des wenig differenzierten touristischen Angebots dominierten zunächst noch einfache Reisemotive. Bis in die 1960er-Jahre waren vor allem folgende vier Motive für Urlaubsreisen bestimmend (vgl. Kolland 2006, S. 260):

- Erholungs- und Ruhebedürfnis: ausruhen, abschalten, Abwendung von Reizfülle.
- Bedürfnis nach Abwechslung und Ausgleich: Ortswechsel, neue Anregungen gewinnen.
- Befreiung von Bindungen: Befreiung von Pflichten, Ausbrechen aus alltäglichen Regelungen.
- Erlebnis- und Interessenfaktoren: Interesse an fremden Ländern, Sensationslust, Neugierde.

Mit einem weiteren Wachstum des touristischen Marktes änderten sich jedoch in den folgenden Jahren auch das Verhalten und die Ansprüche der Nachfrager (vgl. Kap. 2.3.2 und 2.4.2).

Angebot

In der ersten Phase der touristischen Entwicklung wurde die Angebotsstruktur des touristischen Vertriebs durch konkurrierende Einzelunternehmen geprägt. Außerdem herrschte bis in die 1980er-Jahre generell die Situation eines Verkäufermarkts: Einer großen Nachfrage stand eine begrenztes, wenig differenziertes Angebot gegenüber. Die Verkäufer hatten weitgehende Freiheiten, zu welchen Konditionen sie ihr Produkt anbieten wollten (das noch nicht einmal auf die Bedürfnisse unterschiedlicher Nachfrager abgestimmt sein musste): *„Die Produkte verkauften sich fast von alleine, solange das Sortiment ausreichend groß war und das Preis-Leistungsverhältnis zumindest nicht abschreckend wirkte"* (Hallerbach 2004, S. 171).

Bei den touristischen Produkten hatte es sich zunächst um einfache Fahrausweise oder Übernachtungsleistungen gehandelt. Mit dem Anstieg der Nachfrage wurden zunehmend einfache Pauschalreisen vertrieben – seit 1963 auch Flugpauschalreisen. Bei diesen Reisen handelte es sich um einfache Produkte, die von den Reiseveranstaltern aus den Standardelementen Transport, Unterkunft und Verpflegung zusammengestellt wurden. Aufgrund dieses Montage-Vorgangs werden sie auch – analog zur arbeitsteiligen Herstellung von Automobilen – als fordistische Produkte bezeichnet.

Angesichts der Verkäufermarkt-Situation, der einfachen Motivstruktur der Konsumenten und ihrer geringen Reiseerfahrung gaben sich die Abnehmer mit den standardisierten Pauschalangeboten zufrieden (vgl. STEINECKE 2006, S. 308).

Durch diese Marktbedingungen gab es sowohl für stationäre Reisebüros als auch branchenfremde Reisemittler genügend Expansionsmöglichkeiten, ohne in einen Verdrängungswettbewerb einzutreten. Aus diesem Grund existierten bis zum Jahr 1990 auch nur vier Reisebürokooperationen und ein Franchise-System. Bei der Mehrzahl der Reisebüros handelte es sich um ungebundene Einzelunternehmen (vgl. Abb. 10).

Abb. 10: Struktur der deutschen Reisebürobranche (1990)

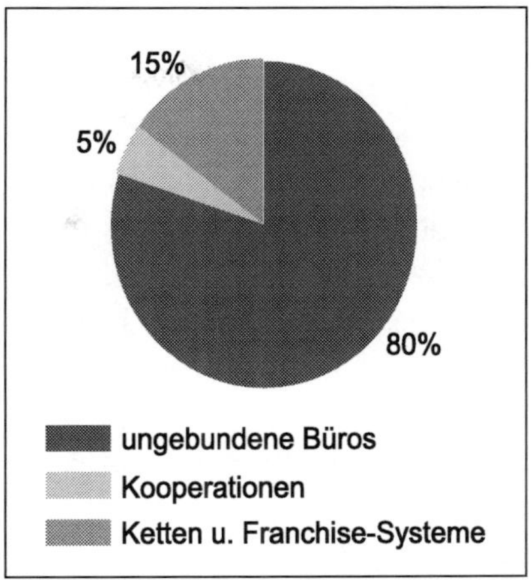

Quelle: Eigene Darstellung in Anlehnung an FREYER 2001, S. 172

Technologie

Wie die Nachfrage und das Angebot gehört auch die technologische Entwicklung zu den Steuerfaktoren, die den touristischen Vertrieb maßgeblich geprägt haben.

In der ersten Phase der touristischen Entwicklung waren die Vertriebstechnologien noch wenig entwickelt; bis Ende der 1950er-Jahre dominierten manuelle Buchungs- und Reservierungssysteme. So war z. B. die Buchung von Flügen eine zeitraubende Angelegenheit: Um sich einen Überblick über unterschiedlichen Angebote und Preise zu verschaffen, mussten die Mitarbeiter der Reisebüros auf die Tarifkataloge jedes einzelnen Anbieters zurückgreifen. Die Buchung war nur per telefonischer Anfrage möglich, die Tickets wurden handschriftlich ausgestellt.

Ähnlich kompliziert verhielt es sich mit Buchungen von Pauschalreisen. Wenn die Kunden eine Pauschalreise buchen wollten, so mussten sie gemeinsam mit den Expedienten das passende Angebot aus den Katalogen heraussuchen; anschließend wurde per Briefpost eine Anfrage an den Veranstalter geschickt. Einige Tage später traf die Antwort ein, ob der gewünschte Platz noch verfügbar sei oder nicht. Dem Brief folgten die Vakanzlisten, verschickt von den Veranstaltern. Sie beinhalteten verschiedene Reiseangebote und die zugehörigen freien Termine. Wenn diese Listen bei den Reisebüros eintrafen, waren sie jedoch zumeist schon wieder veraltet.

Eine schnellere Kommunikation wurde durch die Mikrofiche ermöglicht (auf Filmmaterial verkleinerte analoge Abbildungen von gedruckten Vorlagen), für die allerdings ein spezielles Lesegerät notwendig war. Später folgten Telex für die Fernmeldungen sowie das Telefon für die Kommunikation mit den Reiseveranstaltern (vgl. ECHTERMEYER 1998, S. 8). Seit Mitte der 1980er-Jahre wurde auch Faxgeräte zur Unterstützung des Vertriebs eingesetzt.

Eine deutliche Vereinfachung der Reservierungsphase wurde jedoch bereits Ende der 1950er-Jahre mit der Entwicklung des ersten CRS (Computer-Reservierungssystem) erreicht. Seine Aufgabe bestand zunächst darin, im schnell wachsenden Markt des Linienflugverkehrs die Auslastung der Flugzeuge zu erhöhen und den Absatz der zur Verfügung stehenden Flugkapazitäten weitgehend automatisiert abzuwickeln (vgl. MÜNZER 1998, S. 699). Mit dem System SABRE war es ab diesem Zeitpunkt zum ersten Mal möglich, einen Passagiernamen mit einem Sitzplatz im Flugzeug elektronisch zu verbinden. Mitte der 1960er-Jahre waren Reservierungsagenten der ersten SABRE-Zentrale in New York bereits imstande, pro Tag mehr als 84.0000 Telefonanrufe und Buchungswünsche elektronisch zu verwalten.

Allerdings mussten die Betreiber bald erkennen, dass ihre Idee, Buchungsmöglichkeiten für das eigene Unternehmen zu schaffen, nicht dem Wunsch der Kunden entsprach, die eine umfassendere Darstellung des Angebots verlangten. Die großen Airlines gingen deshalb bald dazu über, auch Angebote von Wettbewerbern in ihre CRS aufzunehmen. In einem weiteren Schritt wurden die Angebote von Hotels und Mietwagenunternehmen in die Systeme integriert. Schließlich ermöglichten die CRS auch den Reisebüros einen direkten Zugriff auf ihre Angebote (vgl. MÜNZER 1998, S. 700).

Die ersten CRS-Terminals wurden in den 1970er-Jahren in US-amerikanischen Reisebüros installiert. Darüber hinaus begann man mit der Entwicklung von nationalen Reisevertriebssystemen: Im Jahr 1976 wurde das deutsche System START entwickelt (vgl. ECHTERMEYER 1998, S. 11).

Für die Entwicklung von START schlossen sich die großen Reisebüroketten (AMTLICHES DEUTSCHES REISEBÜRO GmbH, DEUTSCHES REISEBÜRO GmbH, HAPAG LLOYD REISEBÜROS), die LUFTHANSA, die Bundesbahn und die TUI mit dem Ziel zusammen, ein System zu schaffen, das auf nur einem Datenterminal Verbindungen zu unterschiedlichen Reservierungssystemen von Airlines, Reiseveranstaltern und der Bahn ermöglichte. Dieses Konzept war überaus erfolgreich und hat zur schnellen Verbreitung von START bis hin zu einer nahezu monopolistischen Stellung in der deutschen Reise- und Touristikbranche geführt (vgl. MÜNZER 1998, S. 700).

Aufgrund des Erfolgs von START in Deutschland gab es bald Nachahmer, die ihre neuen Systeme jedoch auch international positionierten (gleichzeitig sollte damit auch die drohende Wettbewerbsgefahr aus den USA, die ihre Systeme aufgrund der weit fortgeschrittenen Marktabdeckung innerhalb des Landes nach Europa ausweiten wollten, abgewendet werden). So entwickelte die LUFTHANSA im Jahr 1987 zusammen mit den Partner-Airlines SAS, IBERIA und AIR FRANCE ein weiteres CRS: das globale System AMADEUS. Da AMADEUS auf die fest etablierte technische Infrastruktur von START zurückgreifen konnte, war das System in Deutschland auf Anhieb erfolgreich. Auch in anderen Ländern konnten die bestehenden nationalen Distributionssysteme für AMADEUS genutzt werden – z. B. in Skandinavien mit SMART, in Frankreich mit ESTEREL und in Spanien mit SAVIA.

Parallel zur Entwicklung von AMADEUS hatte sich Ende der 1980er-Jahre mit BRITISH AIRWAYS, KLM, SWISSAIR und ALITALIA ein weiteres Konsortium von Fluggesellschaften zusammengefunden, um ein zusätzliches internationales Reservierungssystem, GALILEO, aufzubauen. So bestanden in Europa bald zwei globale Distributionssysteme (GDS), die sich in ihren Funktionen jedoch kaum voneinander unterschieden (vgl. MÜNZER 1998, S. 701).

Durch den Einsatz und den Ausbau der Funktionen von Reservierungssystemen ergaben sich sowohl bei den Reiseveranstaltern als auch bei den Reisebüros Möglichkeiten zur Produktivitätssteigerung (vgl. FREYER/POMPL 1999, S. 53). Dadurch kam es aber zu einer Erweiterung der Kapazitäten – mit der Folge einer Überproduktion und eines zunehmendem Wettbewerbsdrucks. Um das eigene Angebot zu erweitern und zu diversifizieren, fanden seit den 1990er-Jahren sowohl in der Reisemittler- als auch Reiseveranstalterbranche Konzentrationsprozesse und Umstrukturierungen statt (vgl. Kap. 2.3).

2.3 Phase 2: 1990er-Jahre bis zum Jahr 2000

Bereits Mitte der 1980er-Jahre hatte der bisherige Reiseboom seinen Höhepunkt erreicht. Durch die fortwährende Ausweitung der Reisevertriebsstellen und den zunehmenden Wettbewerbsdruck zeichnete sich in den folgenden Jahren in der Reisebürobranche ein Trend zur Konzentration und Filialisierung ab. Gleichzeitig waren auch Konzentrationstendenzen bei den Reiseveranstaltern zu beobachten, die wiederum Auswirkungen auf die Reisebürobranche hatten. Es kam also zu weitreichenden Umstrukturierungen, die den gesamten touristischen Vertrieb betrafen und zu Neuordnungen im touristischen Markt führten (vgl. Abb. 11).

Abb. 11: Elemente der Neuordnung des touristischen Marktes

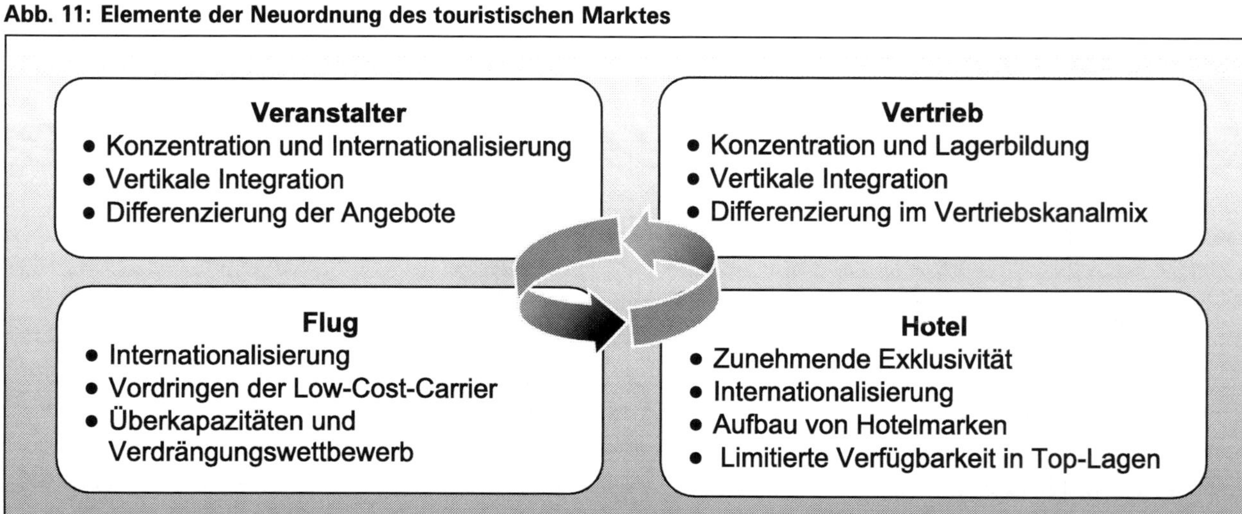

Quelle: Eigene Darstellung in Anlehnung an KLOUBERT/PICHLER 2004, S. 71

2.3.1 Vertriebsstruktur der zweiten Phase

Die selbstständigen, inhabergeführten Reisebüros waren dem Verdrängungswettbewerb, der in den 1990er-Jahren einsetzte, auf Dauer nicht gewachsen. Aus diesem Grund wurden viele Unternehmen verkauft, andere schlossen sich zu Kooperationen zusammen, um ihre Marktposition zu sichern und gegenüber der Konkurrenz von Warenhäusern, Verbrauchermärkten, Filialunternehmen und Einkaufsgemeinschaften bestehen zu können.

Mitte der 1990er-Jahre begannen große Reisebüroketten, ihre Vertriebsnetze durch Zukäufe zu ergänzen. Auf diese Weise wollten sie eine möglichst flächendeckende Präsenz erreichen (SÜLBERG 1998, S. 577): *„In einem völlig überhitzten Markt verkauften viele mittelständische Reiseunternehmer zu zum Teil völlig überzogenen Preisen ihre Unternehmen an die großen Reisebüroketten, die damit ihre Vertriebsnetze extrem ausweiteten".*

Dieser Konzentrationsprozess verstärkte sich jedoch noch, indem große Ketten kleinere aufkauften und sich auch die Reiseveranstalter und Leistungsträger um den Kauf und die Kontrolle eigener stationärer Reisebüros bemühten (vertikale Integration). Während es Anfang der 1990er-Jahre ca. 30 Reisebüroketten gegeben hatte, war ihre Zahl bis zum Jahr 2000 auf zehn zurückgegangen (die allerdings den Markt im Wesentlichen dominierten; vgl. Abb. 12).

Abb. 12: Top 10 der deutschen Reisebüroketten (1999)

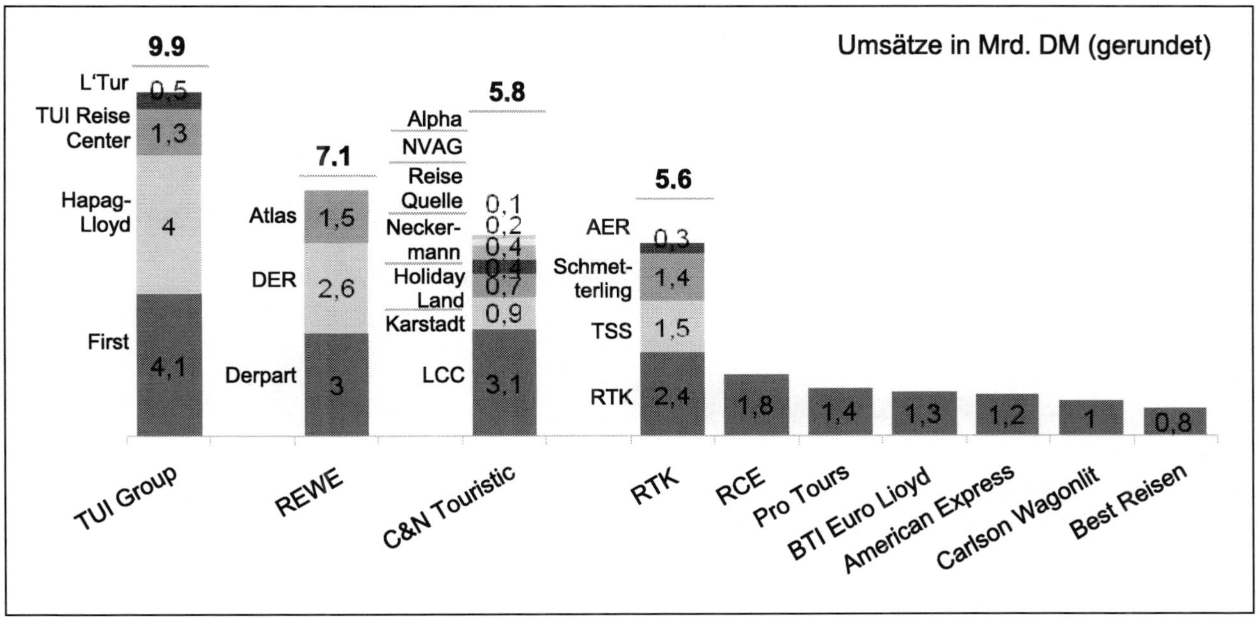

Quelle: Eigene Darstellung in Anlehnung an FREYER 2001, S. 173

Vor allem die vertikalen Integrationsstrategien der Reiseveranstalter führten dazu, dass immer weniger ungebundene Reisebüros existierten, während vor allem Ketten-, aber auch Franchiseunternehmen sowie Kooperationen deutliche Zuwächse verzeichneten: Von 1990 bis 2000 stieg der Marktanteil der Ketten, Kooperationen und Franchise-Systeme von ca. 40% auf über 70% (vgl. Abb. 13).

Ein Strukturwandel fand jedoch nicht nur auf dem Markt der Reisemittler statt: Auch die Reiseveranstalter begannen Anfang der 1990er-Jahre, ihre Vertriebsstrukturen neu zu organisieren (vgl. REGELE/SCHMÜCKER 1998, S. 422). Dabei kamen sowohl horizontale als auch vertikale Strategien zum Einsatz.

Erste Fusionen der Reiseveranstalter hatten bereits in den 1960er-Jahren stattgefunden (vgl. Tab. 3). Dieser Prozess setzte sich nun mit wachsender Dynamik fort – bis hin zu einer teiloligopolistischen Marktsituation. Im Jahr 2000 wurde die Reiseveranstalterbranche durch die Dominanz einiger großer Reisekonzerne (TUI-Gruppe, C&N-Touristik und REWE) sowie viele mittlere und kleinere Veranstalter geprägt.

Neben diesen Zusammenschlüssen, der so genannten Lagerbildung, fanden innerhalb der Reiseveranstalterbranche auch zunehmend vertikale Integrationsprozesse statt: Die Veranstalter diversifizierten ihr Angebot sowohl in vor- als auch in nachgelagerte Geschäftsbereiche, indem sie Anteile an Luftverkehrsgesellschaften, Reisebüros, Hotels und Incoming-Agenturen erwarben.

Abb. 13: Struktur des deutschen Reisemittlermarktes (1990, 1995, 2000)

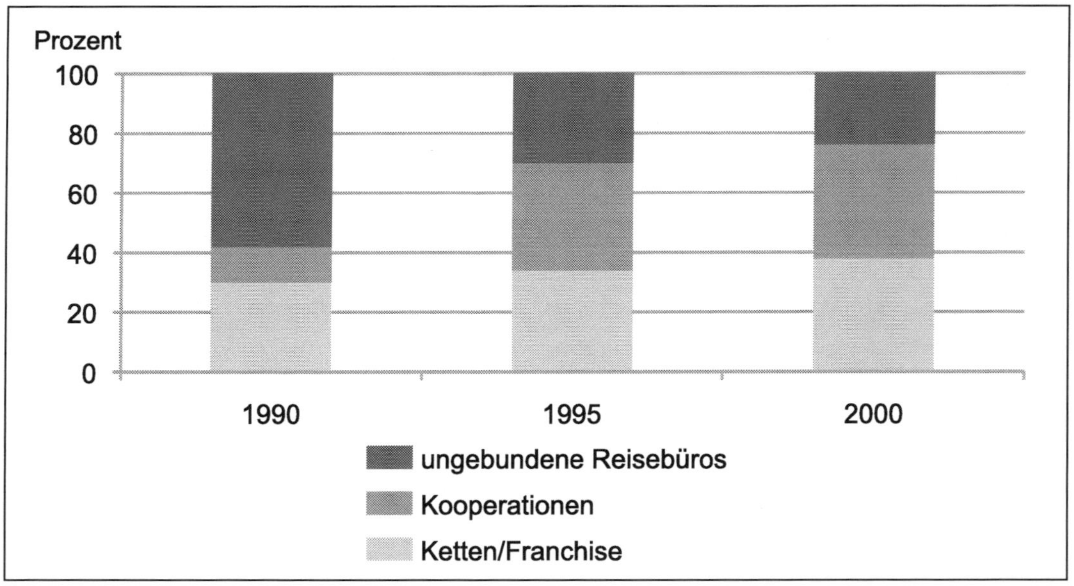

Quelle: Eigene Darstellung in Anlehnung an Sölberg 1998, S. 580; Steinecke 2006, S. 93

Mit der vertikalen Integration verfolgten die großen Reiseveranstalter mehrere Ziele (vgl. Steinecke 2006, S. 89):

- Erhöhung der Rendite durch den Erwerb mehrerer Teile der Wertschöpfungskette,
- Sicherung von Kapazitäten (vor allem in der hart umkämpften Hochsaison) durch den Besitz von bzw. die Beteiligung an Hotels,
- Erleichterung und Verbesserung des Qualitätsmanagements durch den Zugriff auf alle Stufen der touristischen Leistungskette,
- Erhöhung der Kundenzufriedenheit und -bindung durch eine einheitliche Produktqualität.

Darüber hinaus diversifizierten die Reisekonzerne auf horizontaler Ebene: im Rahmen von Internationalisierungsstrategien erschlossen sie neue Marktsegmente, wurden auf neuen (geographischen) Märkten tätig und integrierten Leistungsträger anderer Länder in ihr Portfolio (vgl. Steinecke 2006, S. 88).

Bis zum Jahr 2000 hatte sich die Struktur des touristischen Vertriebs also grundlegend geändert. An die Stelle von selbstständigen Reisebüros traten vermehrt Ketten und Kooperationen, die ursprünglich nationalen Reiseveranstalter entwickelten sich zu internationalen Touristikkonzernen. Die Konkurrenzsituation hatte sich innerhalb der gesamten Branche enorm verschärft. Steuerfaktoren hierfür finden sich in Nachfrage- und Angebotsstrukturen sowie der technologischen Entwicklung in den Jahren 1990 bis 2000.

2.3.2 Steuerfaktoren der Entwicklung von 1990-2000

Nachfrager

Anfang der 1990er-Jahre konnte in Deutschland die Mehrzahl der Bevölkerung am Tourismus teilnehmen. Die Urlaubsreise hatte sich längst vom Luxuskonsumgut der 1950er-Jahre zu einem Standardgut entwickelt. Die Reiseintensität stieg weiter an – von 68% im Jahr 1990 auf 76% im Jahr 2000 (vgl. Abb. 14).

Neben der Reiseintensität nahm in der zweiten Phase des touristischen Vertriebs auch die Reisehäufigkeit zu – wenn auch in geringerem Maße als in den Jahren zuvor: Während 1990 ca. 40 Mio. Haupt- und 12 Mio. Zweit- und Dritturlaubsreisen verzeichnet wurden (vgl. Abb. 8), stieg die Zahl bis zum Jahr 2000 auf ca. 48 Mio. Haupturlaubsreisen und 14 Mio. Zweit- und Drittreisen (vgl. F. U. R. 2009c, S. 16).

Trotz dieser erneuten Zunahme der Reiseintensität und -häufigkeit weist der deutsche Urlaubsreisemarkt seit den 1990er-Jahren deutliche Sättigungstendenzen auf: Reiseintensität, Aufenthaltsdauer, Reiseausgaben und Nachfragevolumina zeigen seit 1994 generell einen schwankenden Verlauf (vgl. Steinecke 1999, S. 61).

Abb. 14: Entwicklung der Urlaubsreiseintensität (1954-2000)

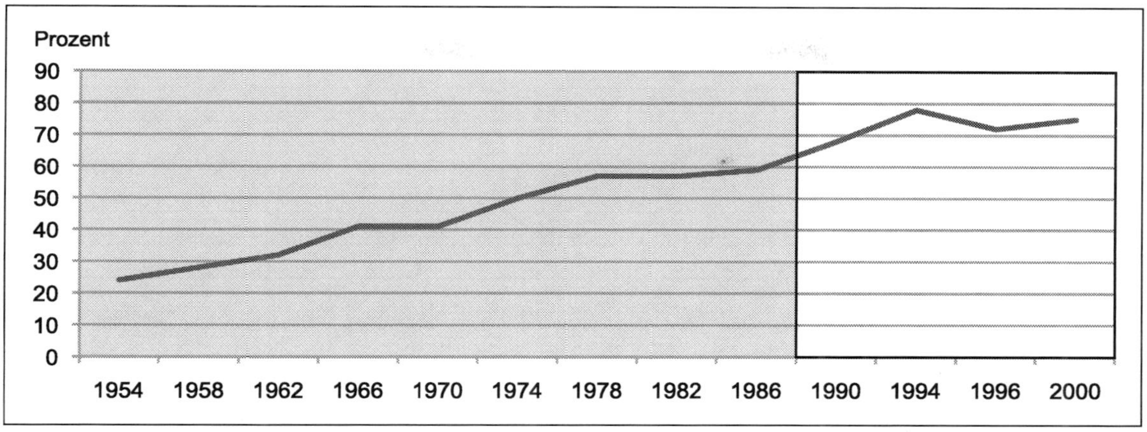

Quelle: Eigene Darstellung in Anlehnung an F.U.R. 2009c, S. 14

Aufgrund der gestiegenen (internationalen) Reiseerfahrungen verändern sich auch die Erwartungen und Werthaltungen der Konsumenten: Sie werden immer anspruchvoller und unberechenbarer. Zum einen verlangen sie ein immer differenzierteres Angebot. Gab es früher im Sommer Badeurlaub und im Winter den Skiurlaub, bestanden seit den 1990er-Jahren Familien-, Fun-, Sport-, Abenteuer-, Bildungs- und andere Arten von Urlaub nebeneinander – zum Teil sogar zur selben Jahreszeit und teilweise an denselben Orten (vgl. KOLLAND 2006, S. 258).

Zum anderen wandeln sich die Reisemotive: Während in den 1960er-Jahren noch Erholung, Abwechslung, Freiheit und der Reiz des Fremden und Neuen im Mittelpunkt der Motivstruktur standen, ist seit 1990 eine deutliche Verschiebung in Richtung selbst- und erlebnisbezogener Motive zu beobachten (vgl. KOLLAND 2006, S. 260):

- Persönlichkeitsentfaltung: Wissenserweiterung, Sozialorientierung, Lernen neuer Fähigkeiten.
- Sozialer Status/Lebensstil/Prestige: Exklusivität, Preis-Leistungs-Verhältnis, Erfüllung von Fremderwartungen.
- Erlebnissuche: Interesse an Kultur, physische Veränderung (Gesundheit, Erholung), emotionale Bedürfnisse (Spiritualität, Abenteuer, Romantik).

Angebot

Die wachsenden Ansprüche der Urlauber an das Angebot waren zugleich ein deutlicher Beleg für die steigende Souveränität der Kunden. Der Verkäufermarkt der 1960er- und 1970er-Jahre hatte sich inzwischen zu einem Käufermarkt gewandelt, der durch ein Überangebot und damit durch einen erheblichen Wettbewerbsdruck für die Unternehmen gekennzeichnet wurde (vgl. STEINECKE 2006, S. 57).

Die standardisierten Massenprodukte, die von den großen Reisekonzernen bis Ende der 1980er-Jahre angeboten wurden, entsprachen nun nicht mehr den Bedürfnissen der Nachfrager (vgl. KOLLAND 2006, S. 259). Die Konsumenten begnügten sich nicht mehr damit, aus einem überschaubaren Angebot an einfachen Pauschalreisen wählen zu können. Dieser Trend wird dadurch belegt, dass der Anteil der Veranstalterreisen am deutschen Urlaubsreisemarkt seit 1990 geringere Zuwächse verzeichnete als in den Jahren zuvor (vgl. Abb. 3).

Um ihr Angebot den veränderten Präferenzen der Nachfrager anzupassen, gingen die Anbieter in der zweiten Phase des touristischen Vertriebs dazu über, flexiblere und individuellere Formen der Pauschalreise zu entwickeln. Besonders hervorzuheben sind hier die so genannten Bausteinreisen. Bei dieser Organisationsform werden dem Kunden individuell kombinierbare Reiseleistungen zur Wahl gestellt, aus denen er sich nach seinen Wünschen eine Reise zusammenstellt – zunächst noch mit Hilfe des Reisebüros oder Reiseveranstalters, später über das Internet (vgl. Phase 3).

Im Zuge der Angebotsdifferenzierung wurden in der zweiten Phase des touristischen Vertriebs auch die Informations- und Absatztechnologien weiterentwickelt. War der Kunde bei der Wahl eines Urlaubsangebots früher auf ein Reisebüro sowie schriftliche oder telefonische Anfragen von Vakanzen angewiesen, konnte er seine Reise am Ende des 20. Jahrhunderts einfacher und selbstständiger auswählen (vgl. Echtermeyer 1998, S. 116). Insbesondere die Weiterentwicklung der CRS trug dazu bei, flexiblere und maßgeschneiderte Produkte zu liefern und damit auf Individualisierung und Marktsegmentierung zu reagieren (vgl. Kolland 2006, S. 259).

Technologie

Bis 1990 nahmen Reisehäufigkeit und Reiseintensität weiter zu, der Wettbewerb unter den Fluggesellschaften, Reiseveranstaltern und anderen Leistungsträgern wurde gleichzeitig härter. Für die Vertriebssysteme, die CRS, hatte diese Entwicklung eine deutliche Ausweitung der Kapazitäten und auch des Leistungsspektrums zur Folge – weit über die einfache Reservierung von Flugtickets hinaus. So übernehmen CRS seit den 1990er-Jahren folgende distributive Aufgaben (vgl. Echtermeyer 1998, S. 24):

- Angebotsdarstellung der Produkte,
- Tarifinformationen und Tarifrechnung,
- Informations- und Buchungsfunktion für Tickets und Vouchers,
- Informations- und Buchungsfunktion für Komplementärleistungen und -produkte,
- Verwaltungsmanagement und Yieldoptimierungs-Funktion,
- Sicherstellung der technischen Funktionalität.

Mit der funktionalen Aufwertung der CRS ging auch eine weitere Verbreitung der Systeme einher. So gab es bereits Ende der 1990er-Jahre kaum einen größeren Ort auf der Welt, der keinen direkten Zugang zu einem elektronischen Buchungs- und Reservierungssystem hatte. Bedingt durch die weltweiten Kommunikationsmöglichkeiten, die sich immer kostengünstiger darstellen, haben alle namhaften Systeme globale Zugänge zu ihren Reservierungsrechnern geschaffen.

Durch die nahezu flächendeckende Verbreitung der CRS in den hochentwickelten Industrieländern waren eine weitere Ausweitung der Systeme Ende der 1990er-Jahre kaum mehr möglich. Die Folge war ein Verdrängungswettbewerb zwischen den Systemanbietern (vgl. Münzer 1998, S. 707).

Als starker Wettbewerber für die CRS entwickelte sich ab Ende der 1990er-Jahre auch das Internet (vgl. Kap. 2.4). Angesichts der Tatsache, dass sich Kunden zunehmend selbst über Reiseangebote informieren wollten, erwiesen sich die CRS als unzureichende Hilfsmittel im touristischen Vertrieb (da sie nicht über eine direkte Verbindung zu den Endkunden verfügen). Trotz dieser Entwicklung sind CRS nach wie vor relevant: Als neue Herausforderung erweist sich allerdings die Orientierung am Endverbraucher.

Exkurs: Fordismus, Postfordismus und Postmoderne als theoretisches Konstrukt

Das Konsum- und Freizeitverhalten (und damit auch das Reiseverhalten) unterliegen einem ständigen Wandel, der durch wirtschaftliche und soziale Faktoren, aber auch durch Grundeinstellungen und Werthaltungen gesteuert wird. Von der Tourismusforschung sind unterschiedliche Paradigmen formuliert worden, um diesen Wandel begrifflich zu fassen bzw. in unterschiedliche Phasen zu gliedern (vgl. Abb. 15). Im Folgenden sollen kurz die Konzepte des Fordismus, des Postfordismus und der Postmoderne erläutert werden, die häufig als theoretische Konstrukte zur Erklärung sozioökonomischer Veränderung herangezogen werden.

Fordismus

Die Entwicklung des modernen Tourismus steht in engem Zusammengang mit den wirtschaftlichen, gesellschaftlichen und politischen Umstrukturierungen, die seit dem Ende des 18. Jahrhunderts in Deutschland stattgefunden haben. Besonders hervorzuheben sind in diesem Zusammenhang folgende Aspekte (vgl. Hachtmann 2007, S. 23-24):

- die Entstehung eines Bedürfnisses nach Reisen und Freizeit,
- der Abbau binnen- und kleinstaatlicher Grenzbarrieren,
- eine klare Abgrenzung der Bereiche Freizeit und Arbeitszeit,
- die finanziellen und rechtlichen Möglichkeiten für breite Bevölkerungsschichten, eine Reise zu unternehmen,
- eine touristische Infrastruktur mit Reisebüros, Unterbringungsmöglichkeiten etc.,
- geeignete Rahmenbedingungen im Urlaubsland.

Diese unterschiedlichen Entwicklungen vollzogen sich jedoch nicht zeitgleich. Sie sind vielmehr als Prozess anzusehen, welcher sich über einen längeren Zeitraum erstreckt hat und sukzessive einen Einfluss auf das Freizeitverhalten und die Nachfrage nach Reisen hatte.

Als Folge des Zweiten Weltkrieges und der daraus resultierenden Notlage standen in Deutschland Ende der 1940er-Jahre zunächst die Existenzsicherung und der Wiederaufbau im Vordergrund. Dieser Wiederaufbau erforderte gesellschaftliche Werte wie Leistungsbereitschaft und Pflichterfüllung („Überlebens-Gesellschaft"; vgl. Quack 2001, S. 21). Erst mit dem einsetzenden Wiederaufschwung ab 1950 erreichten Reisen und Urlaub in Deutschland einen höheren Stellenwert (vgl. Kap. 2.2). Als verantwortlich für diese neuen Entwicklungen ist der industrielle Fortschritt, der eng mit den Prinzipien des Fordismus einhergeht, zu nennen.

Trotz seiner frühen Anfänge in den USA fanden die neuen Arbeitstechniken des Fordismus[4] (Fließband, Massenproduktion) in Europa erst nach dem Zweiten Weltkrieg größere Verbreitung. Die Anwendung der Ideen Henry Fords und anderer führten nicht nur zu tiefgreifenden Änderungen in der industriellen Produktion, sondern auch auf der ökonomisch-gesellschaftlichen Ebene; dazu zählten:

- akzeptablere Arbeitsbedingungen mit einer Zunahme an freier Zeit,
- eine höhere Kaufkraft,
- eine höhere Produktivität, die zur Folge hatte, dass die Preise für Güter des täglichen Bedarfs sanken (so dass sich sogar einfache Arbeiter einen Pkw leisten konnten),
- eine stabile konjunkturelle Lage,
- eine Vollbeschäftigung,
- die Einführung einer staatlichen Daseinsvorsorge.

Diese Änderungen sorgten für eine große Akzeptanz der durch den Fordismus hervorgebrachten Verhältnisse (vgl. Naumann 2000, S. 121-123). Das zugrundeliegende Wirtschafts- und Gesellschaftsmodell wird besonders von Neo-Marxisten als Fordismus bezeichnet, seine spätere Ausprägung als Postfordismus. In der wirtschaftswissenschaftlichen Literatur werden hingegen für diese Wirtschaftsordnung die Begriffe „Neo-Liberalismus" und „Soziale Marktwirtschaft" verwendet.

Unabhängig davon, ob die erste Phase der neu gegründeten Bundesrepublik (1949 bis Mitte der 1960er-Jahre) unter dem Begriff „Fordismus" oder „Soziale Marktwirtschaft" subsumiert wird, ist diese Zeit geprägt von einem enormen Wachstum des Bruttosozialprodukts und einer rasanten Zunahme des generellen Wohlstandes („Wirtschaftswunder-Gesellschaft").

Vor diesem Hintergrund fanden auch erste Veränderungen im Konsum- und Freizeitverhalten statt: Der Besitz von Möbeln, Autos etc. wurde zu einem Statussymbol – und gleichzeitig zu einem Indikator für neue Trends im Konsum. Mit der Zunahme von Kaufkraft und Freizeit stieg auch die Nachfrage nach Urlaub und Reisen. Insbesondere Tagesausflüge mit dem (neuen) Pkw, Wandertouren in die nähere Umgebung, aber auch Auslandsreisen erfreuten sich immer größerer Beliebtheit (vgl. Quack 2001, S. 21).

Um diese zunehmende touristische Nachfrage bewältigen zu können, war es erforderlich, eine umfangreiche Infrastruktur aufzubauen. Neben dem Ausbau des Transportwesens und des Beherbergungs- und Unterhaltungsangebots in den Zielregionen expandierten auch die Reisebüros, um die Urlaubswünsche einer großen Masse zu befriedigen und ihnen Reisen zu ermöglichen (vgl. Kap. 2.2).

Die im Zuge des aufkommenden Reisebooms angebotenen Produkte waren, in Anlehnung an die Grundsätze des Fordismus, allesamt vom Prinzip der Massenhaftigkeit geprägt. Weder bei den Reiseformen noch bei den

---

[4] *„Die Gesamtheit der technischen, wirtschaftlichen und sozialpolitischen Grundsätze FORDs werden als Fordismus bezeichnet. Sie basieren auf dem Grundgedanken, dass die Vergrößerung des Produktionsvolumens infolge erhöhter Arbeitsteilung und Rationalisierung (Fließbandarbeit) zu einer Verbilligung der Herstellung führt, deren Ziel die Versorgung mit möglichst guten Erzeugnissen zu möglichst niedrigen Preisen sein soll. Sozialpolitisch trat FORD für kurze Arbeitszeiten und hohe Löhne ein, lehnte jedoch die Gewerkschaften ab."* (www.brockhaus-enzyklopaedie.de/be21_article.php, 01/2010; Henry Ford: Amerikanischer Industrieller, *30.07.1863, †07.04.1947)

Urlaubsländern fand zunächst eine Differenzierung statt – angeboten wurden vor allem Pauschalreisen innerhalb Europas, Sonnenziele wie Spanien oder Italien standen im Mittelpunkt von Angebot und Nachfrage.

Mitte der 1960er-Jahre kam das bis dahin kräftige Wirtschaftswachstum jedoch zum Stillstand („postmaterielle Gesellschaft"). Den Sättigungserscheinungen begegnete man vor allem mit konjunkturstützenden Maßnahmen sowie dem Stabilitäts- und Wachstumsgesetz von 1967. Eine Folge war, dass die weitere Entwicklung des massenhaften Tourismus langsamer fortschritt als zunächst erwartet (vgl. STEINBACH 2003, S. 258). Allerdings waren die Auswirkungen im Hinblick auf Veränderungen des touristischen Sektors noch gering. Rationalisierungsmaßnahmen der Veranstalter, größere Transport- und Unterbringungskapazitäten (Flugzeuge, Hotels) und die Erschließung neuer Destinationen etc. ermöglichten weiterhin einen relativ preiswerten Urlaub (auch in einer konjunkturschwachen Phase); gleichzeitig wurde die Produktpalette der Anbieter allmählich breiter.

Da der ökonomische Wohlstand als gesichert galt, gewannen nun Werthaltungen wie Selbstverwirklichung, Umweltorientierung und Genuss an Bedeutung (vgl. QUACK 2001, S. 21). Im Konsumverhalten rückten Ausgaben für Luxusgüter stärker in den Mittelpunkt; im Tourismus spiegelte sich diese Entwicklung in einer Zunahme von Zweitreisen, Fernreisen zu exotischen Zielen etc. wider.

Postfordismus und Postmoderne

Zu Beginn der 1970er-Jahre geriet das System des Fordismus zunehmend ins Wanken; die Veränderungen, die in den folgenden Jahren stattfanden, werden unter dem Begriff des Postfordismus subsumiert.

Die hochgradige betriebliche und gesellschaftliche Arbeitsteilung machte die entwickelten Volkswirtschaften generell, aber speziell auch das System des Fordismus anfällig für Störungen (vgl. RÖPKE 1961, S. 277). Außerdem entsprachen weder die massenhafte Produktion noch die standardisierten Produkte den Erwartungen der Konsumenten, die zunehmend mehr Wert auf Individualität und Exklusivität legten.

Darüber hinaus gab es weitere Gründe für den einsetzenden wirtschaftlichen und gesellschaftlichen Wandel:

- Als Folge der Vollbeschäftigung stiegen die Lohnkosten (aufgrund von Arbeitskräftemangel und Lohnerhöhungen).
- Die Kosten für Rohstoffe und Energie stiegen ebenfalls (Ölkrisen 1973 und 1979/80).
- Aufgrund von Sättigungserscheinungen auf den Massenmärkten war die Konsumnachfrage rückläufig.
- Neue Produktionsweisen sorgten für einen zunehmenden Strukturwandel.

Dieser Strukturwandel wirkte sich auch auf den Tourismus und den Vertrieb aus. Insbesondere in der Veranstalter- und Reisemittlerbranche kam es zu Konzentrationsprozessen. Zudem wuchs die Souveränität der Kunden. Anbieter, die zuvor einen Verkäufermarkt beherrscht hatten, mussten sich mit neuen, differenzierten Produkten auf dem neu entstandenen Käufermarkt behaupten.

Auch im Postfordismus blieb die Pauschalreise die beliebteste Organisationsform für Urlaubsreisen, doch seit Mitte der 1980er-Jahre war eine Orientierung hin zu einer individuelleren Urlaubsgestaltung zu erkennen. Seit dieser Zeit wurden „Lifestyle" und „Erlebnis" zu zentralen Begriffen des Konsums und sogar der gesamten „Erlebnis-Gesellschaft" (vgl. HEINRITZ/KLEIN/POPP 2003, S. 155). Als Folge dieser neuen Werthaltungen erwies sich das bislang wenig differenzierte touristische Angebot als nicht mehr zeitgemäß; nun wurden Bausteinreisen immer beliebter (vgl. Kap. 2.3).

Mit dem Begriff der Postmoderne wird also im Tourismus der Wandel zu mehr Individualisierung und Differenzierung bezeichnet (ca. seit 1990). Während man in den ersten Nachkriegsjahrzehnten noch deutliche Gemeinsamkeiten im Urlaubsverhalten der Reisenden feststellen konnte, so werden solche Muster in der Postmoderne durch ein sich verbreiterndes Spektrum an Möglichkeiten abgelöst (vgl. REUBER/SCHNELL 2006, S. 15). Beeinflusst wird auch diese Entwicklung durch zahlreiche Faktoren:

- die ökonomische, soziale und kulturelle Vernetzung der Welt (Globalisierung),
- politische Faktoren (Stabilität, Abschaffung der Visapflicht etc.),
- wirtschaftliche Entwicklungen (Steigerung des Realeinkommens etc.),
- technische Innovationen (elektronische Informations- und Kommunikationstechniken),
- und gesellschaftliche Rahmenbedingungen.

Speziell der gesellschaftliche Wertewandel führt in der Postmoderne zu einem unsteten Verbraucherverhalten und zu häufig wechselnden (auch widersprüchlichen) Konsumschwerpunkten, die sich im Begriff des „hybriden Konsumenten"[5] zusammenfassen lassen (vgl. Kap. 2.4).

Konsequenzen für den Tourismus sind z. B. die Zunahme des internationalen Wettbewerbs, Konzentrationsstrebungen und Nischenbildung, die Bedeutungssteigerung des Internets als Informations- und Vertriebsmedium und die Entstehung von künstlichen Erlebnis- und Konsumwelten als Substitutionsprodukte für traditionelle Zielgebiete (Angebotsseite).

Auf der Nachfrageseite ergeben sich kurzfristige Reiseentscheidungen, gleichzeitige Qualitäts- und Preisorientierungen und eine gestiegene Zeitsensibilität (vgl. Schröder 2006, S. 107; Kap. 2.4.3). Der Konsument des 21. Jahrhunderts ist zugleich Camper und Luxusurlauber, verbringt ein Wochenende im heimischen Naherholungsgebiet und ein anderes in einer europäischen Großstadt und kauft seine Lebensmittel sowohl bei Discountern als auch bei Feinkosthändlern (vgl. Quack 2001, S. 22).

Außerdem wurde die Nachfrage – neben der Erlebnisorientierung – wieder stärker von einer Erholungstendenz geprägt. Hintergrund waren die zunehmende Arbeitsbelastung und längere Arbeitszeiten (vgl. Steinbach 2003, S. 262).

Insgesamt haben die zahlreichen Entwicklungen und Steuerfaktoren zu einer neuen Unübersichtlichkeit des Marktes geführt: Angesichts des Überangebots an Gestaltungsmöglichkeiten haben die Konsumenten zahllose Möglichkeiten, an Freizeit und Tourismus teilzunehmen (vgl. Kreisel 2004, S. 84; Abb. 15).

Vor dem Hintergrund von Individualisierung und Differenzierung in der Postmoderne kommt es im Bereich des touristischen Vertriebs zu weiteren Veränderungen, die im folgenden Kapitel dargestellt werden.

2.4 Phase 3: Vom Jahr 2000 bis in die Gegenwart

Zu Beginn des 21. Jahrhunderts haben sich die Strukturen des touristischen Vertriebs erneut verändert; dabei zeichnen sich folgende zentrale Trends ab:

- die Umstrukturierung von Buchungs- und Informationsprozessen durch das Internet (vgl. Klein 1998, S. 43),
- die Entwicklung von TV-Reiseshoppingsendungen als Konkurrenz zu bestehenden Vertriebswegen,
- zunehmende Konzentrationstendenzen in der Reisemittlerbranche (Bildung von Reisebüroketten),
- die Ausweitung des Direktvertriebs der Reiseveranstalter.

Bevor im weiteren Verlauf dieses Kapitels näher auf die neue Vertriebssituation eingegangen wird, sollen zunächst die Grundlagen des Internets und dessen Bedeutung für den Tourismus erläutert werden.

2.4.1 Grundlagen von Internet und E-Commerce und ihre Bedeutung für den Tourismus

Beim Internet handelt es sich generell um ein globales *„Netzwerk, in dem mittels Telekommunikations- oder Datenleitungen Computer sowie lokale Netze weltweit verbunden sind und miteinander kommunizieren bzw. Daten austauschen können"* (Fritz 2000, S. 19). Dieses Medium wird insgesamt als zentraler Treiber für die Entwicklung der Informationsgesellschaft gesehen (vgl. Deinlein 2003, S. 16).

[5] Der hybride Konsument („gespaltener Konsument") zeichnet sich im Tourismus dadurch aus, dass er mehrere Konsumtrends verfolgt und seine Reiseentscheidung und Urlaubsaktivitäten immer komplexer werden. Die Reisenden wechseln zwischen unterschiedlichen Lebensräumen und Lebensstilen und zeigen dabei verschiedene Bedürfnisstrukturen und Verhaltensweisen. Zudem ist er durch eine Polarisierung des Preisinteresses und eine begrenzte Markentreue charakterisiert (vgl. Freyer 2009, S. 501; Breidenbach 2002, S. 214).

Abb. 15: Phasen der gesellschaftlichen Entwicklung in Deutschland

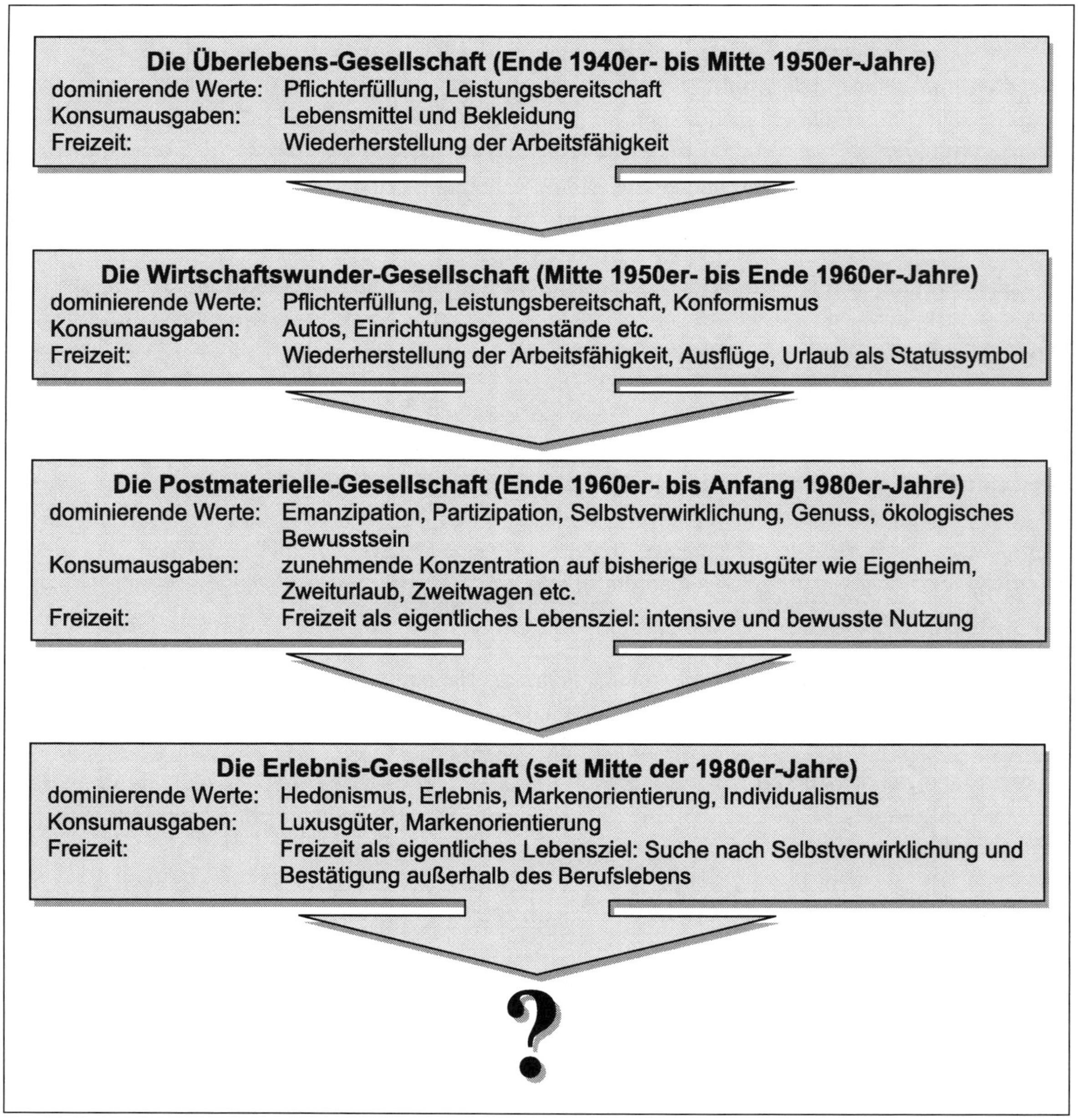

Quelle: Eigene Darstellung in Anlehnung an Quack 2001, S. 24

Dabei stellt das Internet auch eine Plattform für den Electronic Commerce (im Weiteren E-Commerce) zur Verfügung. Der E-Commerce kann folgendermaßen definiert werden (Armbruster Reif 2003, S. 13): *„Prozesse im Zusammenhang mit dem Kauf und Verkauf von Gütern und der Erbringung von Dienstleistungen auf der Basis des Internets"*. Allerdings ist der Begriff „Internet" keineswegs deckungsgleich mit dem des E-Commerce. Das Internet fungiert vielmehr nur als eine Plattform, die der E-Commerce für das Angebot verschiedener Informationsdienstleistungen nutzt und damit weltweit verfügbar macht.

Obwohl das Internet bereits in den 1960er-Jahren entwickelt wurde, stieg das Interesse der Öffentlichkeit an diesem Medium erst in den 1990er-Jahren mit der Nutzung für kommerzielle Zwecke und mit der Entwicklung des World Wide Web (WWW, 1989 von Tim Berners-Lee erfunden) als einer multimedialen und graphisch aufbereiteten Benutzeroberfläche. In der Folge konnte das Internet seinen gegenwärtigen Platz als bedeutendste Plattform für kommerzielle Transaktionen im Rahmen des E-Commerce einnehmen (vgl. Klein 1998, S. 56).

Aufgrund der weltweiten Vernetzung bietet das Internet den Zugang zu nahezu jeder Art von Informationen, die in hoher Geschwindigkeit an fast jedem Ort der Erde abrufbar sind (zumindest ist dies theoretisch möglich, eine flächendeckende Verbreitung ist jedoch vor allem in Ländern der Dritten Welt noch nicht erreicht). Insbesondere Japan, Europa und die USA verzeichneten in den letzten Jahren aufgrund der dort geschaffenen technischen Infrastruktur ein rapides Wachstum der Zahl von Online-Nutzern. Weltweit benutzten im Jahr 2007 ca. 1,23 Mrd. Menschen das Internet; Prognosen sagen für das laufende Jahr 2010 einen Anstieg auf mehr als 1,5 Mrd. Nutzer voraus. An erster Stelle sollen weniger technisierte Länder für diesen starken Zuwachs verantwortlich sein (vgl. sueddeutsche.de, 23.5.2007).

Generell hat das Internet bewirkt, dass Informationen zu einem reichlich verfügbaren Wirtschaftsfaktor geworden sind und in fast allen Bereichen der Wirtschaft, auch in der Tourismusbranche, immer intensiver genutzt und gehandelt werden (vgl. KLODT 2003, S. 13). Der Handel mit Informationen ist folglich eine Besonderheit des Internets. Zudem eröffnet das Medium neue Kommunikationsmöglichkeiten. Dazu gehören (vgl. EGGER 2005, S. 26; DEINLEIN 2003, S. 21):

- Interaktivität: Der Benutzer kann selbst über die Form der Kommunikation, die Häufigkeit, die Reihenfolge der Inhalte sowie über die Informationsbreite und -tiefe entscheiden und mit anderen Nutzern in Kontakt treten.

- Freiheit: Der Benutzer kann selbstständig, mittels aktiver Selektion, auf die gewünschten Inhalte, Informationen und Kommunikationsmöglichkeiten zugreifen.

- Multimedialität: Sowohl statische Medientypen wie Texte, Bilder oder Graphiken als auch dynamische Medientypen wie Audio- oder Videodateien können im Internet integrativ verwendet werden.

- Vielfalt: Durch beinahe unbegrenzten Speicherplatz und die Möglichkeit, für jeden Benutzer Informationen bereitzustellen, wird die Vielfalt der Inhalte, Informationen und Kommunikationswege gewährleistet.

- Zeitstruktur: Informationen und Inhalte sind im Internet unabhängig von Zeit und Ort verfügbar und nutzbar; das Medium erlaubt eine synchrone Kommunikation.

Weitere Eigenschaften sind:

- Virtualität: Das Internet schafft eine virtuelle, multimediale Welt, in der die Realität scheinbar abgebildet wird.

- Globale Verbreitung: Das Internet gilt derzeit als das am schnellsten expandierende Medium. Eine globale Verbreitung ist jedoch noch nicht erreicht.

Die Bedeutung des Internets für den Tourismus

Zeitliche und örtliche Ubiquität, die Möglichkeit der Interaktivität und Individualität sowie frei zugängliche und mehrheitlich kostenfreie Informationen haben das Internet auch innerhalb des touristischen Vertriebs zu einem starken Wettbewerber werden lassen.

Aufgrund dieser vielfältigen Möglichkeiten kann der Kunde beispielsweise eine größere Auswahl an Angeboten bei höherer Produkttransparenz einsehen, Preise leichter vergleichen, Anfragen direkt per E-Mail stellen und Reservierungs- und Zahlungsvorgänge bequem von zu Hause aus abwickeln (vgl. EGGER 2005, S. 13) – diese Multioptionalität entspricht auch den veränderten Bedürfnissen der Nachfrager (vgl. Kap. 2.3 und Exkurs Fordismus, Postfordismus und Postmoderne).

So hat die gegenwärtige Gesellschaft ein verändertes Verhältnis zur Zeit (vgl. Kap. 2.4.2). Lebens- und Arbeitstempo sind schnell, und auch die Freizeit, früher eine Zeit der Muße, unterliegt häufig einem strengen Zeitmanagement. Die Schnelligkeit von Zeitabläufen, aber auch deren individuelle Beherrschbarkeit und Planung werden immer wichtiger (vgl. KARABDIC 2002, S. 73). Mit seiner Geschwindigkeit, Ortsunabhängigkeit und Unmittelbarkeit der Informationen entspricht das Internet diesen Werthaltungen der Konsumenten.

Bereits die Auswahl eines Urlaubsangebots soll möglichst wenig Zeit in Anspruch nehmen. Auch den jeweiligen persönlichen Präferenzen kann das Internet schnell Rechnung tragen. So spielt z. B. der Preis des

Reiseprodukts eine zunehmend wichtige Rolle bei Reiseentscheidungen und der Wahl der Buchungsstätte (vgl. SMERAL 2009, S. 198-199).

Auf der Angebotsseite machen insbesondere die immaterielle Beschaffenheit und der damit einhergehende hohe Informationsbedarf das touristische Produkt tauglich für die Vermarktung über das Internet. Für den Internetvertrieb geeignet sind generell alle Produkte, die sich leicht digital darstellen lassen. Dazu gehören Finanzangebote, Auskunftsdienste, Softwareprodukte und Reisen, da die Komponenten dieser Produkte weitgehend auf Informationen basieren (vgl. EGGER 2005, S. 29). Zudem erlaubt das Internet eine schnelle, direkte Kommunikation, was auf Anbieterseite für eine Vereinfachung des Direktvertriebs mit gleichzeitiger Effizienzsteigerung sorgt.

2.4.2 Vertriebsstruktur der dritten Phase

Generell wird die Tourismusbranche zu Beginn des 21. Jahrhunderts durch eine Liberalisierung der Märkte, eine weiter zunehmende Marktsättigung und einen wachsenden globalen Wettbewerb gekennzeichnet. Seit den 1990er-Jahren haben Reiseveranstalter, stationäre Reisebüros und Leistungsträger auf diese Entwicklung durch neue Organisationsformen (Bildung von Allianzen, horizontale und vertikale Integration), neue Qualitätsstrategien (Quality Management, Kundenbindungsmaßnahmen), neue Angebote (Bausteinreisen) und neue Vertriebsformen reagiert (Direktvertrieb, virtuelle Reisebüros; vgl. STEINECKE 2006, S. 72; Kap. 2.3.1).

Für den Strukturwandel innerhalb der Reisebürobranche war vor allem die Einführung neuer Vertriebswege verantwortlich. Traditionell erhalten Reisebüros für ihre Vermittlungsleistung eine Provision von den Leistungsträgern und Reiseveranstaltern. Um diese zusätzlichen Kosten zu minimieren, haben die Produzenten diese Provision in den letzten Jahren gesenkt, was zu einem Umsatzrückgang bei den Reisemittlern führte. Darüber hinaus haben die Produzenten – auch mit Hilfe des Internets und von Call-Centern – ihre Direktvermarktung weiter ausgebaut (vgl. STEINECKE 2006, S. 93). Der zunehmende Kostendruck, die Disintermediationstendenzen (vgl. Kap. 2.1.2) und die wachsende Konkurrenz führten in der dritten Phase zu einer weiteren Konzentration innerhalb der Reisebürobranche (vgl. Abb. 16).

Abb. 16: Struktur des deutschen Reisemittlermarktes (1990-2008)

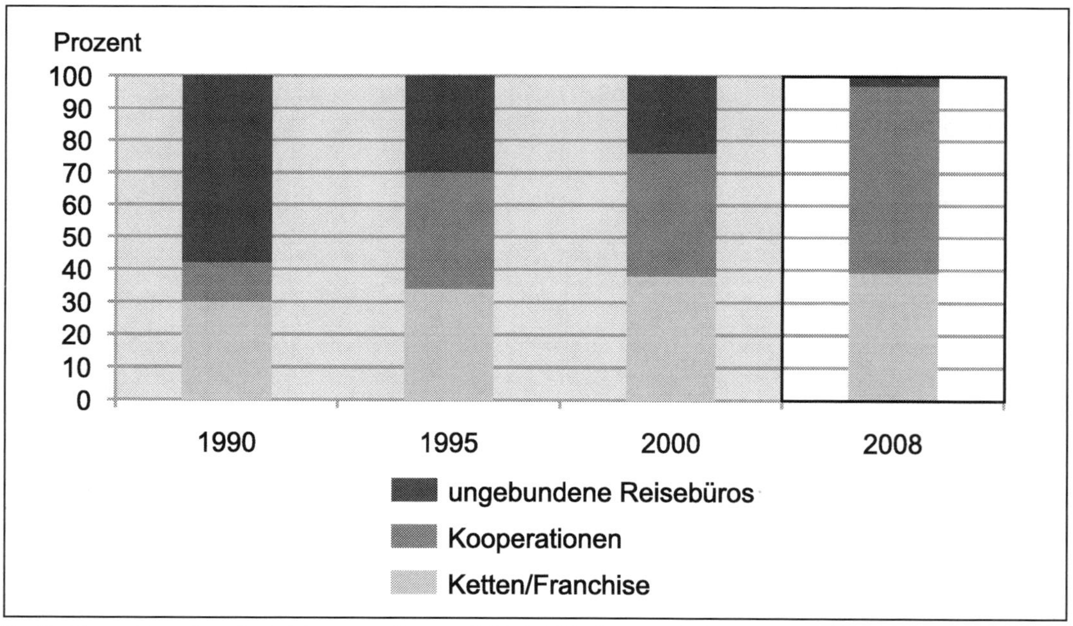

Quelle: Eigene Darstellung in Anlehnung an SÖLBERG 1998, S. 580; STEINECKE 2006, S. 93; FREYER/POMPL 2009, S. 251

Die Zahl der Ketten, Kooperationen und Franchisesysteme stieg bis zum Jahr 2008 erneut an. Hingegen gibt es immer weniger ungebundene Reisebüros: Ihr Anteil sank auf 3% (vgl. Abb. 16). Die Reisebürobranche wurde im Jahr 2007 von sechs Großunternehmen dominiert (vgl. Abb. 17). Insgesamt setzte der deutsche Reisevertrieb im Jahr 2008 21,96 Mrd. Euro um; gleichzeitig ging die Zahl der Büros weiter zurück.

Abb. 17: Spitzenreiter der Reisebüroorganisationen (2008)

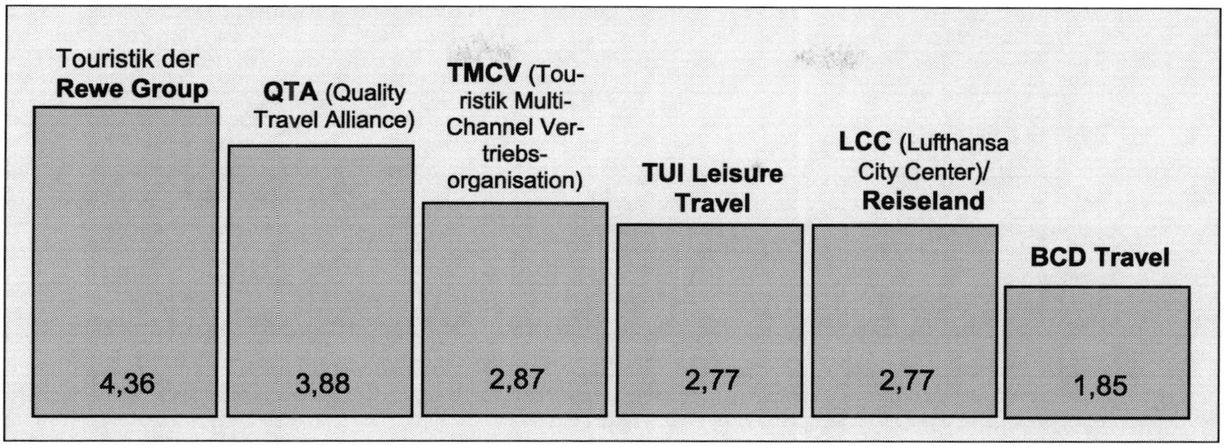

Quelle: Eigene Darstellung in Anlehnung an FVW 2009, S. 4

Unter dem Druck der sich wandelnden Vertriebsstrukturen haben die Reisebüros seit Anfang 2000 mehrere neue Wettbewerbsstrategien entwickelt (vgl. STEINECKE 2006, S. 95):

- Trend 1 – Sonderlagen: Eine wachsende Zahl von Reisebüros hat sich an Standorten mit ohnehin hoher Besucherfrequenz angesiedelt (Warenhäuser, Einkaufszentren etc.).
- Trend 2 – Reisekaufhäuser: Nach internationalem Vorbild zeichnet sich auch in Deutschland ein Trend zu touristischen Megastores ab. Sie sind zumeist ansässig in großen Einkaufszentren (Shopping Malls) und Urban Entertainment Centers.
- Trend 3 – Emotionalisierung: Durch Elemente wie Musik soll den Kunden schon vor der Reise ein Gefühl von Urlaub vermittelt werden.
- Trend 4 – Qualitätsstrategien: Kundenbindungsmaßnahmen sind aufgrund zunehmend illoyaler Abnehmer auch bei einem bestehenden Kundenstamm immer wichtiger.
- Trend 5 – Virtuelle Reisebüros/Direktvertriebsmaßnahmen im Internet: Bei den in Anspruch genommenen Buchungsstellen zeigt sich ein Zuwachs für Buchungen per Internet und Direktbuchungen im Allgemeinen. Der Anteil der Buchungen, die im Reisebüro vorgenommen wurden, ist hingegen leicht rückläufig (vgl. Abb. 2).

Die neuen direkten Vertriebsmöglichkeiten und virtuelle Reisebüros bedeuten eine harte Konkurrenz für stationäre Reisemittler. Insofern ist es für die Reisebüros aus vertrieblicher Sicht wichtig, ihre Kernkompetenz (die Nähe zum Kunden), künftig deutlich in den Vordergrund zu stellen. Die zentralen Aufgaben werden deshalb vor allem in der Zusammenstellung von serviceorientierten und auf den einzelnen Reisekunden abgestimmten Angeboten, in der gezielten Ansprache von Neukunden sowie in der mittelfristigen (Nach-)Betreuung von Urlaubsgästen gesehen (vgl. STEINECKE 2006, S. 309).

Auch die Konkurrenzsituation der Reiseveranstalter hat sich in den letzten zehn Jahren erneut verschärft. Zunächst stagnierte die Nachfrage nach Flugpauschal- und Auslandsreisen aufgrund der wirtschaftlichen Situation in Deutschland und der internationalen Sicherheitslage (Anschläge vom 11. September 2001). Als Reaktion auf diese Herausforderungen haben die Luftverkehrsgesellschaften und auch das Hotelgewerbe den Direktvertrieb ihrer Produkte ausgebaut, woraufhin die Reiseveranstalter mit vergleichbaren Maßnahmen reagierten (zu Lasten der Reisebüros). Außerdem nahmen das Internet und virtuelle Reisebüros auch auf diese Branche erheblichen Einfluss (vgl. DÖRING/SPEYER 2006, S. 207).

Eine wichtige Voraussetzung für den Strukturwandel im Tourismus durch das Internet ist jedoch eine ausreichende Internetnutzung innerhalb der Bevölkerung. Seit 2001 ist der Internetzugang (privat, am Arbeitsplatz oder an anderer Stelle) enorm gestiegen – von 31% der erwachsenen Bevölkerung auf ca. 64% im Jahr 2009.

In Bezug auf die Produkte der Tourismusindustrie bestand jedoch lange Zeit (und besteht zum Teil noch heute) eine deutliche Diskrepanz zwischen Informationsbeschaffung und Buchung im Internet (vgl. Tab. 4).

Tab. 4: Nutzung des Internets für Informationsbeschaffung und Buchung (2001-2009)

Januar	2001	2003	2005	2007	2008	2009
Bevölkerung (Mio.)	63,8	64,25	64,72	65,06	64,82	64,87
Zugang zum Internet (%)	31	42,6	52,9	56,2	62,3	63,6
hiervon haben:			%			
schon zur Info genutzt	15,2	27,2	33,1	39,4	45,1	47,4
wollen zur Info nutzen	11,6	10,8	9,9	9,4	8,9	7,4
schon zur Buchung genutzt	4,1	9,2	14,8	19,0	23,5	23,8
wollen zur Buchung nutzen	14,9	18,7	15,0	16,3	15,6	15,2

Quelle: Eigene Darstellung in Anlehnung an F.U.R. 2009c, S. 84

Insbesondere in den Anfangszeiten des Online-Vertriebs von Reisen informierten sich zwar viele Urlaubsuchende am Computer, buchten ihre Reise aber weiterhin im Reisebüro (vgl. Fuchs 2006, S. 8). Das Phänomen „look, not book"[6] war lange Zeit eines der größten Probleme des Internet-Vertriebs (inzwischen ist diese Tendenz rückläufig).

Mittlerweile wird das Internet zunehmend für Reisebuchungen genutzt, vor allem für Direktbuchungen von Flugtickets und Beherbergungsleistungen sowie für Buchungen von Pauschalreisen (wobei im Internet die Bausteinreise in Form von Dynamic Packaging an Relevanz gewinnt; vgl. Angebot Phase 3). Zudem werden Buchungen bei virtuellen Reiseveranstaltern immer beliebter (vgl. Abb. 2).

Durch kosteneffizientere Strukturen und eine größere Flexibilität aufgrund ihrer Virtualität ist es den Online-Reisebüros möglich, mehr (kostenlose) Informationen anzubieten. Zudem ergeben sich neue Wege der Konsumentenansprache. Im Internet muss der Kunde sich nicht mehr physisch in ein Reisebüro begeben, eine ausführliche mündliche Beratung durch einen Expedienten, unterstützt durch Kataloge, findet beim Internetvertrieb nicht mehr statt. Umso wichtiger werden andere Möglichkeiten, den Kunden trotz der fehlenden physischen Nähe genau zu informieren. Dafür kommen im Internet ausführliche Produktbeschreibungen in schriftlicher Form und durch Bilder in Frage, aber zunehmend auch audiovisuelle Informationen wie Destinations- und Hotelvideos, welche die Produktbeschreibungen unterstützen und praktisch eine Ersatzform der Kataloge im stationären Reisebüro darstellen.

Neben ausführlichen Informationen bestimmen weitere Erfolgsfaktoren den Online-Tourismus:

- eine leicht verständliche und einfach zu bedienende Benutzeroberfläche,
- das zunehmende Vertrauen in den Anbieter (meist erreicht durch eine hohe Markenbekanntheit),
- ein stimmiges Preis-Leistungs-Verhältnis,
- ein flexibles und vielfältiges Angebot (vgl. Abb. 18).

Eine weitere Neuerung in der touristischen Distribution ist der Multi-Channel-Vertrieb, der sowohl dem Internet als auch stationären Reisebüros und Reiseveranstaltern zugute kommen kann. Hintergrund für diese Strategie ist erneut das veränderte Verhalten der Nachfrager. Ziele sind die optimale Ausschöpfung von Umsatzpotentialen und die Bindung von Kunden an die eigene Marke.

Auch hinsichtlich der Buchungsstelle verhalten sich die Kunden zunehmend spontan und situativ. Für dieses Verhalten steht ihnen eine Vielzahl von Kanälen zur Kommunikation und Buchung zur Verfügung (vgl. Marbach/Hirche 2004, S. 469). Von den Anbietern wird erwartet, ebenfalls überall und zu jeder Zeit präsent zu sein. Zudem erlaubt eine Multi-Channel-Strategie eine umfassende Distributions- und Kommunikationsstruktur. Aus diesem Grund sind zahlreiche Unternehmen bereits dazu übergegangen, ihre Produkte über alle zur Verfügung stehenden Kanäle anzubieten. Hierfür kommen sowohl das Internet (in Form von Direktvertrieb oder Online-Reisebüros) und stationäre Reisebüros als auch das Fernsehen oder Call-Center als Vertriebsmedien in Frage.

6 „Look, not book" bzw. die Look-to-Book-Quote gibt das Verhältnis an, wie häufig eine Internetseite aufgerufen wurde und wie viele Buchungen abgeschlossen wurden.

Abb. 18: Die vier Erfolgsfaktoren des Online-Tourismus

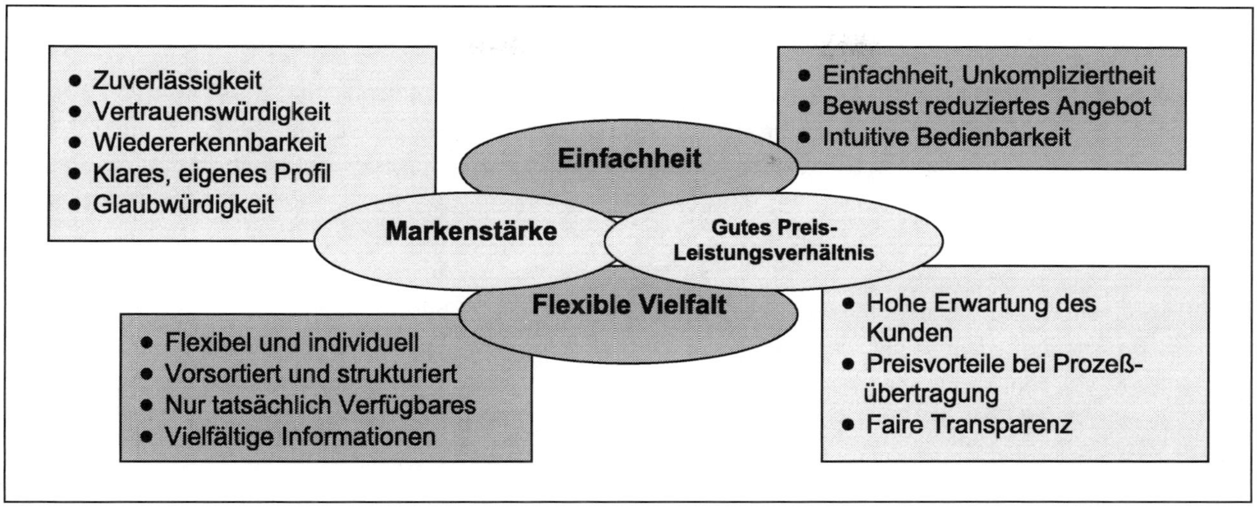

Quelle: Eigene Darstellung in Anlehnung an DONNER/ROSSMANN 2006, S. 52

Insbesondere im Multi-Channel-Vertrieb oder zur Unterstützung des Online-Vertriebs kann ein Call-Center dem Kunden mittlerweile einen hohen Nutzen bringen, da das Unternehmen so (im besten Fall) rund um die Uhr bei Fragen, Problemen etc. zu erreichen ist. Vor allem im Online-Vertrieb kommt den Call-Centern eine große Bedeutung zu, da Call-Center neben der schriftlichen Kommunikation (z. B. per E-Mail) momentan der einzige Weg sind, in eine persönliche Kommunikation mit den Anbietern zu treten.

Einen weiteren neuen Vertriebsweg stellt das Fernsehen dar, wobei nicht das Fernsehen selbst, sondern nur der Reiseverkauf durch das Fernsehen neuartig ist. Mit dem Aufkommen und der Verbreitung von Homeshoppingsendern entstand auch in Deutschland die Idee, Reisen im Fernsehen zu verkaufen. Beim so genannten TV-Reiseshopping wird das Fernsehen zur Buchungsplattform. In verschiedenen Themensendungen werden Filme über Hotels und Destinationen dazu genutzt, zum Kauf anzuregen. Die Abwicklung der Buchungen erfolgt in der Regel über ein Call-Center, dessen Nummer während der Sendung eingeblendet wird. Ein Moderator begleitet die TV-Reiseshoppingsendung. Während das TV-Reiseshopping in England seit Jahren als Erfolgsmodell gilt, liegt Deutschland im Ausbau dieses Vertriebswegs bislang weit zurück.

An dieser Stelle wurde TV-Reiseshopping zunächst nur kurz angesprochen, da sich weitere Kapitel dieser Arbeit ausführlich mit diesem Thema beschäftigen. Im weiteren Verlauf dieses Kapitels werden die Steuerfaktoren des Wandels in der dritten Phase der touristischen Entwicklung behandelt.

2.4.3 Steuerfaktoren der Entwicklung von 2000 bis in die Gegenwart

Nachfrager

Im 21. Jahrhundert haben sich die Kundenstrukturen verändert. Statt anspruchsloser, reiseunerfahrener Konsumenten haben es die Anbieter mittlerweile mit einer neuen Generation von Urlaubern zu tun, die über eine breite Reiseerfahrung – auch international – verfügen und damit auch hohe Ansprüche an das Angebot und die Anbieter stellen. Aufgrund der Tatsache, dass der Tourismusmarkt seit längerem durch eine Käufermarktsituation gekennzeichnet ist, können Kunden mittlerweile aus einem reichlichen Angebot an Urlaubsreisen und Teilleistungen das für sie Passende wählen. Zudem lässt sich die neue Souveränität und das gehobene Anspruchsdenken der Nachfrager aus der Entwicklung der Arbeits- und Lebenswelt erklären (vgl. Exkurs Fordismus, Postfordismus und Postmoderne). Als wesentliche Trends auf der Nachfrageseite sind zu nennen:

- Zeiteffizienz und Flexibilität: Auch bei der Planung und Gestaltung von Urlaubsreisen soll mittlerweile die Nutzung verschiedener Einkaufs- und Dienstleistungsangebote miteinander kombiniert werden (Prinzip des „One-Stop-Shoppings"). Es gilt vor allem, die Zahl unterschiedlicher Erlebnisse pro Zeiteinheit zu maximieren. Da die Reiseentscheidung immer kurzfristiger getroffen wird, erwarten die Konsumenten von den

Anbietern schnell verfügbare Informationen und bequeme Buchungsmöglichkeiten – z. B. per Internet (vgl. STEINECKE 2006, S. 304).

- Preissensibilität und Anspruchsdenken: Immer mehr Kunden zeigen sowohl Interesse an erlebnisorientierten Hochpreisangeboten als auch an funktionalen Niedrigpreisprodukten. So wollten im Jahr 2004 ca. 60% der Deutschen einen Urlaub verbringen, der sowohl preisgünstig als auch qualitativ gut ist. Für 9% stand vor allem der Preis im Vordergrund, während 26% Wert auf eine hohe Qualität legten. 2% wünschten sich einen Luxusurlaub (vgl. STEINECKE 2006, S. 305).

- Multioptionalität und Individualität: Bei den Nachfragern ist das Bedürfnis nach einer möglichst großen, kurzfristig zugänglichen Angebotsvielfalt gewachsen. Zudem möchten sich die Urlauber ihr Angebot nach ihren eigenen Bedürfnissen zusammenstellen. Der „Urlaub von der Stange" verliert zunehmend an Attraktivität. Gleichzeitig wächst der Wunsch des Einzelnen, sich von der Masse abzuheben und im touristischen Massenmarkt individuell behandelt zu werden (vgl. BIEGER 2006, S.124; STEINECKE 2006, S. 305).

- Soft-Individualismus: Bei den Kunden wächst das Bedürfnis, gleichzeitig mit einer Bezugsgruppe zusammen zu sein, aber dennoch Zeit für die eigenen Interessen zu haben (vgl. BIEGER 2006, S. 124).

- Erlebnis- und Erfahrungssuche: Angesichts einer zunehmenden Standardisierung des Konsums, einer Technisierung der Arbeitswelt und einer Anonymisierung der Gesellschaft haben die Konsumenten mittlerweile ein gesteigertes Interesse an Produkten, die einen Zusatznutzen bieten. So sind Urlauber zunehmend auf der Suche nach ungewöhnlichen Erlebnissen und neuartigen Erfahrungen. Die Urlaubsaktivitäten und das Reiseziel geraten dabei immer mehr zu einem Instrument, sich auszuzeichnen und abzugrenzen (vgl. STEINECKE 2006, S. 306).

- Gesundheits- und Körperbewusstsein: Verstärkte Belastungen in der Arbeitswelt, die Zeitknappheit und die wachsende Individualisierung haben dazu geführt, dass Freizeit und Urlaub heute stärker zur physischen und psychischen Regeneration genutzt werden (vgl. BIEGER 2006, S. 124; STEINECKE 2006, S. 306).

- Berechenbarkeit: In dem unüberschaubaren Markt touristischer Angebote suchen Urlauber zunehmend nach Transparenz, Produktsicherheit und Möglichkeiten, die Qualität der Leistungen zu berechnen und einzuschätzen. Diese Ansprüche führten bereits zu gestiegenen Markenbildungsaktivitäten der Anbieter und zu Klassifizierungen der Angebote (vgl. STEINECKE 2006, S. 307).

- Flüchtigkeit und Emotionalität: Neben den genannten Nachfragetrends sind die Kunden im 21. Jahrhundert zudem flüchtig: Sie tun sich nicht schwer, den Anbieter zu wechseln. Preis- und Qualitätsargumente sind für sie zumeist relevanter. Zudem entscheiden sich Kunden zunehmend auf emotionaler Ebene für oder gegen eine Reise. Somit werden Bilder und Videos für die Reiseentscheidung wichtiger (vgl. PRACHT 2008, S. 35).

Aus diesen Trends, welche die touristische Nachfrage seit dem Jahr 2000 in zunehmendem Maße kennzeichnen, ergeben sich vielfältige Konsequenzen für die Anbieter und das Angebot.

Angebot

Die Veränderungen auf der Nachfrageseite stellen die touristischen Anbieter bereits seit den 1990er-Jahren vor neue Herausforderungen; dazu zählen:

- ein kundengerechtes Angebot an Informationen,
- eine hohe Flexibilität bei den Buchungen,
- eine ausgeprägte Zielgruppenorientierung,
- ein ausgewogenes Preis-Leistungsverhältnis,
- eine innovative Produktgestaltung (vgl. Kap. 2.3.2).

Auch in der dritten Phase der touristischen Entwicklung müssen die Anbieter diese Anforderungen erfüllen. Medien wie Internet und Fernsehen stellen zwar neue Vertriebswege dar, doch die Angebote weisen weiterhin die typischen Merkmale fordistischer Produkte auf (für das TV-Reiseshopping trifft diese Tatsache besonders zu; vgl. Kap. 3-6).

Eine Innovation der letzten Jahre, die den veränderten Kundenbedürfnissen und höheren Ansprüchen auch auf Seiten der Produkte Rechnung trägt, ist das so genannte Dynamic Packaging. Es gilt als Schlüsselkonzept für den Internetverkauf von Pauschalreisen und wurde als neue, virtuelle Variante der Bausteinreise entwickelt, wobei das Kernprinzip eine auf Kundenanforderungen basierende modulare Leistungsbündelung darstellt (Stengel 2007, S. 5): *„Das Dynamic Packaging ist ein flexibler und interaktiver Produktionsprozess, bei dem ein touristisches Leistungsbündel aus unterschiedlichen Quellen erstellt wird. Dabei wird auf eine Kundenanfrage ein Reisepaket gemäß den individuellen Anforderungen des Kunden in Echtzeit zu einem Gesamtpreis zusammengestellt, welches pauschalrechtlich abgesichert ist."*

Das Internet wird hierbei zur vollständigen Prozessabwicklung genutzt – von der Auswahl über die Kombination bis hin zur Buchung der einzelnen Bausteine (vgl. Wissing 2006, S. 7). Praktisch funktioniert Dynamic Packaging für den Kunden folgendermaßen: Über eine Eingabemaske auf der Website des Anbieters gibt der Benutzer das Datum, den Zielort und weitere Optionen ein und bekommt in Echtzeit, also ohne nennenswerte Zeitverzögerungen, verschiedene Angebote präsentiert, die seinen Auswahlkriterien entsprechen. Das komplette Paket, zumeist bestehend aus Flug, Hotel und Mietwagen, wird dann mit einem Endpreis ausgewiesen. Im Falle einer Buchung bezahlt der Kunde also eine Gesamtleistung. War es bis vor kurzer Zeit nur mit Hilfe eines Reisebüros möglich, Pauschalreisen inhaltlich zu gestalten, ermöglichen das Internet und neue Softwaretechniken dem Kunden nun, die Auswahl einzelner Aspekte seiner Urlaubsreise selbst in die Hand zu nehmen. Mit dem Instrument des Dynamic Packaging ist es den Anbietern gelungen, potentiellen Kunden mehr Flexibilität und Individualität in einem Produktpotfolio anzubieten, das üblicherweise durch Einheitlichkeit und Standardisierung gekennzeichnet wird: *„Der große Trend Dynamic Packaging machte sich 2007 über alle Tourismus-Branchen bemerkbar. [...] Das Dynamic Packaging kommt insbesondere den Online-Reisebüros zu Gute. Im Jahr 2007 konnten die Portale den Anteil an Eigenleistungen stark ausbauen. Inzwischen handelt es sich bei etwa einem Viertel aller via Portale verkauften Reiseleistungen um solche eigenerstellten Leistungen im Sinne eines Reiseveranstalters"* (Ulysses Web-Tourismus 2008).

Neben dem Dynamic Packaging, das sich hauptsächlich aus dem Nachfragetrend der Multioptionalität und Individualität ergibt, sind noch weitere Produkttrends als Reaktion auf die neuen Kundenbedürfnisse entstanden. Hierzu gehören u. a. (vgl. Steinecke 2006, S. 303; Bieger 2006, S. 124):

- Wachstum von Last-Minute-Reisen, Kurzurlaubsreisen und Städtereisen (Zeiteffizienz und Flexibilität),
- Billig- und Luxusurlaube (Preissensibilität und Anspruchsdenken),
- Kurzurlaube in multifunktionalen Einrichtungen, Kreuzfahrten, Baukasten-Systeme (Multioptionalität und Individualität),
- Kultur- und Bildungsreisen, Kurzurlaubsreisen in Erlebnis- und Konsumwelten, Abenteuer- und Extremsportreisen, esoterische Reisen etc. (Erlebnis- und Erfahrungssuche),
- Fitness-, Wellness- und Kururlaube (Gesundheits- und Körperbewusstsein),
- All-Incusive-Reisen (Berechenbarkeit).

Neben dem gesellschaftlichen Wandel und der ausgeprägten Produktdifferenzierung ist die dritte Phase des touristischen Vertriebs zudem durch einen technologischen Wandel gekennzeichnet, der bereits in den 1990er-Jahren zu einer Umstrukturierung der Branche beigetragen hat.

Technologie

Neben den CRS, die weiterhin eine leistungsfähige Informationstechnologie zur Unterstützung des Absatzes touristischer Leistungen darstellen, gilt mittlerweile vor allem das Internet als endverbraucherorientierte technologische Plattform zum Vertrieb touristischer Leistungen (vgl. Wissing 2006, S. 5).

Voraussetzung für die Vermittlung von Reisen über Internet-Reisebüros ist eine bestimmte Technik: Die Technik der Internet-Booking-Engines. Um den Verkauf und Kauf von Reisen im Internet überhaupt zu ermöglichen, ist es wichtig, die Angebote der Leistungsträger und Reiseveranstalter online buchbar zu machen. Im Normalfall sind diese Angebote über CRS für die beteiligten Akteure abrufbar, nicht jedoch für den Kunden. Im Falle der Online-Portale ist jedoch diese Tatsache von zentraler Bedeutung, da die Kunden ihre Angebote auf den Internet-Seiten der Portale eigenständig suchen und buchen.

Um diesen Vorgang zu gewährleisten, bedarf es der Internet-Booking-Engines. Einmal integriert auf den Internetseiten der Online-Portale, suchen sie bei jeder Anfrage passende Produkte aus den Angeboten der Veranstalter und Leistungsträger und stellen diese dem Kunden zur Information und Buchung zur Verfügung. Zusätzlich bekommen die potentiellen Käufer umfangreiche Informationen zu Destinationen und Zusatzleistungen geliefert. Dabei merken die Benutzer nicht zwingend, dass die Internet-Booking-Engine nicht mit dem Portal gleichzusetzen ist – denn trotz dieser zwischengeschalteten Technologie befinden sie sich noch immer auf der Website des Online-Reisebüros. Aufgrund der Tatsache, dass fast alle Online-Reisebüros die gleichen Internet-Booking-Engines mit nahezu identischen Angeboten verwenden (die bekanntesten Anbieter in Deutschland sind TRAVELTAINMENT und TRAFFICS), stehen sie vor der Herausforderung, sich durch ihren Internet-Auftritt und eine eigene Markenbildung klar von ihren Konkurrenten zu unterscheiden.

Insgesamt ist die Bedeutung von Internet-Buchungen gestiegen, auch aufgrund der mittlerweile hochentwickelten Technologie. Die Möglichkeit, sich im Internet selbst zu informieren und seine Reise auch zu buchen, entspricht dem Wunsch der erfahrenen und anspruchsvollen Kunden nach Individualität, Flexibilität und Selbstbestimmung. Maßgeschneiderte Angebote, persönliche Informationen und die Möglichkeit zur Interaktion sind Kriterien, die Nachfrager mittlerweile von jedem Anbieter, jedem Produkt und jeder Buchungsstelle verlangen.

Exkurs: Zum Ablauf von Kauf- und Reiseentscheidungen

In den vorherigen Kapiteln wurden bereits die Gründe dafür aufgezeigt, warum sich das Reiseverhalten im Laufe der Zeit so grundlegend geändert hat und welche Steuerfaktoren dafür verantwortlich waren. Für die touristischen Anbieter ist es dabei von zentraler Bedeutung, zu erfahren, warum Menschen überhaupt eine Reise unternehmen und nach welchen Kriterien sie sich für eine Reise entscheiden. Nur mit Hilfe dieser Informationen sind die Anbieter in der Lage, ihre Produkte in einem von starkem Wettbewerb und Kundensouveränität gekennzeichneten Markt auf die Bedürfnisse der Urlauber abzustimmen und erfolgreich zu wirtschaften (vgl. HALLERBACH 2004, S. 171).

Bei der Untersuchung der Reiseentscheidung lassen sich verschiedene Determinanten unterscheiden:

- Zunächst einmal sind die individuellen Reisemotive zu nennen.
- Im Weiteren haben die gesellschaftlichen Rahmenbedingungen einen großen Einfluss auf die Reiseentscheidung (soziales Milieu, Einkommen, Konjunkturlagen etc.).
- Schließlich spielen Image und Attraktivität der unterschiedlichen verschiedenen Destinationen und Urlaubsformen eine wichtige Rolle (vgl. BRAUN/LOHMANN 1989, S. 7).

Reisemotive

Eine empirische Erfassung der Reisemotive stößt auf große methodische Probleme, da jeder Proband unterschiedliche – zum Teil auch unbewusste – Motive aufweist. Die Forschung ist deshalb nicht nur darauf angewiesen, dass die Befragten auskunftsbereit sind, sondern dass sie auch über ihr eigenes Reiseverhalten reflektiert haben und in der Lage sind, ihre Beweggründe zu artikulieren.

Auf der Grundlage qualitativer Vorstudien hat die REISEANALYSE der FORSCHUNGSGEMEINSCHAFT URLAUB UND REISEN (F. U. R.) mehrere Motivgruppen abgrenzen können, die bei der Reiseentscheidung von Bedeutung sind (F. U. R. 2009c, S. 93):

- Motive der physischen Erholung und psychischen Entspannung/der Distanz zum Alltag,
- Motive des Zusammenseins mit Kindern, Familie und Partner,
- Motive des Kontaktes und des Zusammenseins mit anderen (als der Familie),
- Motive des Sich-Wohlfühlens/Wohlbefindens und Sich-Pflegens,
- Motive des Natur- und Umwelt-Erlebens und der Gesundheitsvorsorge,
- Motive der sportlichen Betätigung,
- Motive des Erlebens und Kennenlernens neuer Länder.

Es ist offensichtlich, dass diese Motivgruppen nicht trennscharf sind; sie können sich überschneiden und auch kombiniert auftreten. Zudem stehen die genannten Motive nicht gleichgewichtig nebeneinander. Vielmehr existiert eine Architektur der Motive, wobei das Grundbedürfnis nach Erholung und Entspannung das Fundament bildet. Darüber liegen drei Hauptbedürfnisse: das Bedürfnis nach Steigerung des psychischen und physischen Wohlbefindens, das Bedürfnis nach emotionaler Bereicherung und Erlebnissen sowie das Bedürfnis nach geistiger Bereicherung (vgl. F. U. R. 2009c, S. 93). Diese Struktur wird auch im Ranking der „besonders wichtigen" Urlaubsmotive deutlich (vgl. Abb. 19).

Abb. 19: Top 7 der allgemeinen Urlaubsmotive (2008)

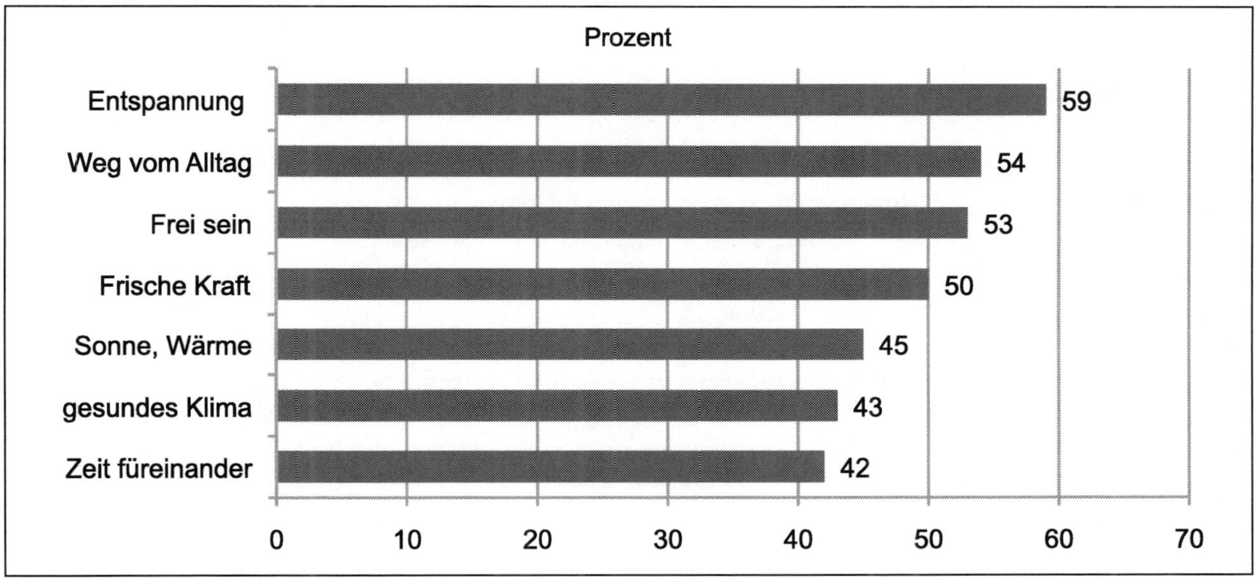

Quelle: Eigene Darstellung in Anlehnung an F.U.R 2009c, S. 91

In den vielfältigen Reisemotiven kommen die unterschiedlichen persönlichen Erwartungen an das Urlaubsangebot und die Anbieter zum Ausdruck. Ob jedoch tatsächlich eine Reise unternommen wird, hängt mit individuellen Entscheidungsprozessen zusammen. So ist der Prozess der Entscheidungsbildung ein weiterer Bestandteil bei der Analyse der Reisentscheidung.

Prozess der Entscheidung

Der Prozess der Entscheidungsfindung in Bezug auf Reisen steht in engem Zusammenhang mit der Konsumentenverhaltensforschung. Diese Disziplin des Marketings widmet sich dem Verhalten der Konsumenten, das mit dem Kauf und dem Konsum von materiellen und immateriellen Gütern einhergeht (vgl. Kroeber-Riel/Weinberg 1996, S. 3). Mit Hilfe unterschiedlicher Methoden wird untersucht, welche Faktoren die Entscheidungen der Konsumenten für oder gegen einen Kauf beeinflussen. Dabei ist zu beachten, dass Entscheidungsprozesse stets individuell ablaufen; aus diesem Grund kann letztlich keine Theorie die Entscheidungsfindung jedes einzelnen Individuums erklären (vgl. Meffert 1992, S. 37).

Die Abschätzung der Entscheidungen ist jedoch ein zentrales Anliegen der Marketingforschung, um Prognosen über Käufer- und Marktpotenziale zu formulieren – denn modernes Marketing macht die Nachfrage zum Ausgangspunkt jeglichen Handelns. In diesem Sinne liegen jeder Entscheidung im Marketing Annahmen über mögliche Reaktionen der jeweiligen Zielgruppe zugrunde, aus denen sich Hinweise auf die Gestaltung der absatzpolitischen Instrumente ergeben – mit dem Ziel, die Nachfrage im eigenen Interesse zu beeinflussen.

Diese allgemeinen Ziele der Kaufverhaltensforschung sind auch für das touristische Marketing von Bedeutung. Touristen kaufen vor allem Reisen in bestimmte Zielgebiete – folglich werden insbesondere Gründe für die Wahl von Zielgebieten sowie das Reiseverhalten untersucht. Entsprechende Fragestellungen (Teilentscheidungen des Reiseentscheidungsprozesses) sind demnach (vgl. FREYER 2009, S. 196):

- Wer reist? (Reisende, Reiseentscheidungsträger)
- Was wird gebucht? (Reiseart, Reiseform)
- Warum wird gereist? (Reisemotiv)
- Wie wird gereist? (Reiseentscheidung, Buchungsverhalten)
- Wie viel wird gereist? (Reiseumfang wie Weite, Preis, Nebenleistungen)
- Wann wird gereist? (Buchungs- und Reisezeitpunkt, Reisehäufigkeit)
- Wo bzw. bei wem wird gebucht? (Direkt- oder Reisemittlerbuchung).

In der wissenschaftlichen Literatur finden sich zahlreiche Ansätze, welche das Kaufverhalten untersuchen. Als umfassendstes Konzept zur Erläuterung des touristischen Kaufverhaltens gilt gegenwärtig das S-O-R-Modell, das zur Ableitung und Erklärung von Marktreaktionen genutzt wird (vgl. Abb. 20).

Abb. 20: Modell des Kaufverhaltens im Tourismus

Quelle: Eigene Darstellung in Anlehnung an FREYER 2009, S. 200

Der S-O-R-Ansatz (Stimulus-Organismus-Response-Ansatz) ist ein Konzept der Kaufverhaltensforschung, welches Käuferverhalten nicht nur als Reaktion auf direkt beobachtbare Stimuli, sondern ebenso auf Stimuli zurückführt, die im Inneren der Käufer ablaufen und somit nicht beobachtbar sind (vgl. BÄNSCH 1996, S. 242). Untersucht werden die Reaktionen der Käufer auf Veränderungen von Einflussgrößen wie z. B. Werbung. Da die psychischen Prozesse bei der Kaufentscheidung der Menschen nicht beobachtbar sind, werden diese als „Black Box“ bezeichnet.

Stimuli wirken auf ein Individuum ein und sind in der Lage, Reaktionen auszulösen. Diese Stimuli können sowohl externer als auch interpersoneller Natur sein, wobei sie generell den drei Gruppen soziodemographische Merkmale, soziales Umfeld und ökonomisches Umfeld zugeordnet werden können (vgl. Abb. 20). Ist ein Stimulus erfolgt, laufen innerhalb eines Individuums verschiedene Prozesse ab, die später zu einer Reaktion führen.

Der zweite Bereich der Kaufverhaltensforschung versucht, Erklärungen für den inneren Entscheidungsprozess zu geben (intrapersonelle Faktoren). Dabei wirken sowohl aktivierende als auch kognitive Komponenten auf die Reiseentscheidung ein. Die aktivierenden Komponenten sorgen dafür, dass es überhaupt zu einem Verhalten kommt. Sie beziehen sich auf Emotionen, Motivationen und Bedürfnisse sowie Einstellungen (vgl. Kroeber-Riel/ Weinberg 1996, S. 49):

- Emotionen bezeichnen innere Erregungszustände, die mit entsprechenden positiven oder negativen Verhaltensweisen oder -äußerungen verbunden sind (z. B. Zustimmung oder Ablehnung, Freude oder Ärger). Für den Tourismus spielen vor allem emotionale Erlebniswerte eine große Rolle – z. B. die Suche nach dem reizvollen Unbekannten oder der Wunsch, einfach schöne Ferien zu machen.

- Motive erklären die Ursachen und Beweggründe für das jeweilige Reiseverhalten.

- Einstellungen und auch Images bezeichnen die subjektive Einschätzung von touristischen Angeboten oder Anbietern. Sie können sowohl gefühlsmäßig bedingt als auch von Überzeugungen verursacht sein. Einstellungen und Images gelten als wesentliche Beweggründe für die Wahl eines Reisezieles oder eines Anbieters bzw. für die Entscheidung für einen Verkehrsträger etc. (vgl. Freyer 2009, S. 203-206).

Die kognitiven Komponenten beziehen sich vor allem auf Lernprozesse während des Kaufvorgangs. Kognitive Prozesse sind jedoch nicht losgelöst von den aktivierenden Komponenten denkbar (Meffert 1992, S. 60): *„Während die Aktivierung dafür sorgt, dass Verhalten überhaupt stattfindet, wird bei der kognitiven Steuerung der Frage nachgegangen, welches Verhalten stattfindet."*

Im Einzelnen werden in der allgemeinen Kaufverhaltensforschung folgende kognitive Faktoren unterschieden:

- Wahrnehmung: Subjektive Aufnahme und Gewinnung von Informationen.

- Denken: Vorgang der Informationsverarbeitung.

- Lernen: Systematische Verhaltensänderung aufgrund von Erfahrung.

Verschiedene Modelle zur Erklärung des inneren Prozesses bei der Reiseentscheidung (wie z. B. das S-O-R-Modell) beziehen diese drei Teilbereiche mit ein. Als bekanntes Konzept ist hier das AIDA-Modell zu nennen, in dessen Rahmen Reiseentscheidungen – wie auch andere Kaufentscheidungen – als ein Entscheidungsprozess über einen längeren Zeitraum mit zunehmenden Konkretisierungsstufen angesehen werden. Nach dem AIDA-Modell lässt sich die Reiseentscheidung in vier Phasen unterteilen (vgl. Freyer 2009, S. 207-208; Braun/ Lohmann 1998, S. 21):

- Phase 1: Phase der ersten Anregung, Wahrnehmung eines Bedürfnisses, Weckung der Reiseabsicht (A = Attention).

- Phase 2: Phase der Bekräftigung der Reiseabsicht, der bewussten Orientierung und Information (I = Interest).

- Phase 3: Phase der eigentlichen Reiseentscheidung (D = Decision).

- Phase 4: Phase der Reisedurchführung (A = Action).

Bei der touristischen Reiseentscheidung handelt es sich also um einen komplexen Prozess, der aus verschiedenen Einzelentscheidungen besteht. Da Reisen aus einem Leistungsbündel bestehen, erfolgen auch unterschiedliche Teilentscheidungen in Hinsicht auf die unterschiedlichen Leistungen. So fließen verschiedene Aspekte in die Reiseentscheidung ein – z. B.:

- das Zielgebiet,
- die Urlaubsart,

- der Reisepreis,
- die Unterkunftsart,
- das Verkehrsmittel,
- die Reiseorganisation (pauschal oder individuell).

Dabei spielen Informationen zu jedem Zeitpunkt des Reiseentscheidungsprozesses eine wichtige Rolle. Vor Beginn einer Urlaubsreise besteht bei den Konsumenten generell ein hoher Informationsbedarf, der auf die Immaterialität der touristischen Leistung zurückzuführen ist (vgl. Kap. 2.1.1). Entsprechend umfassend ist auch das Informationsverhalten der Bundesbürger: Im Jahr 2004 haben nur 8% der Befragten der REISEANALYSE keine Informationen eingeholt (vgl. F. U. R. 2006, S. 5). Insgesamt steht den Reiseinteressierten eine Fülle von Informationen zur Verfügung. Trotz der Möglichkeit, Informationen multimedial zu erhalten, stehen die Informationen durch persönliche Kommunikation jedoch an erster Stelle (vgl. Abb. 21).

Abb. 21: Informationsquellen für die Haupturlaubsreise (2004)

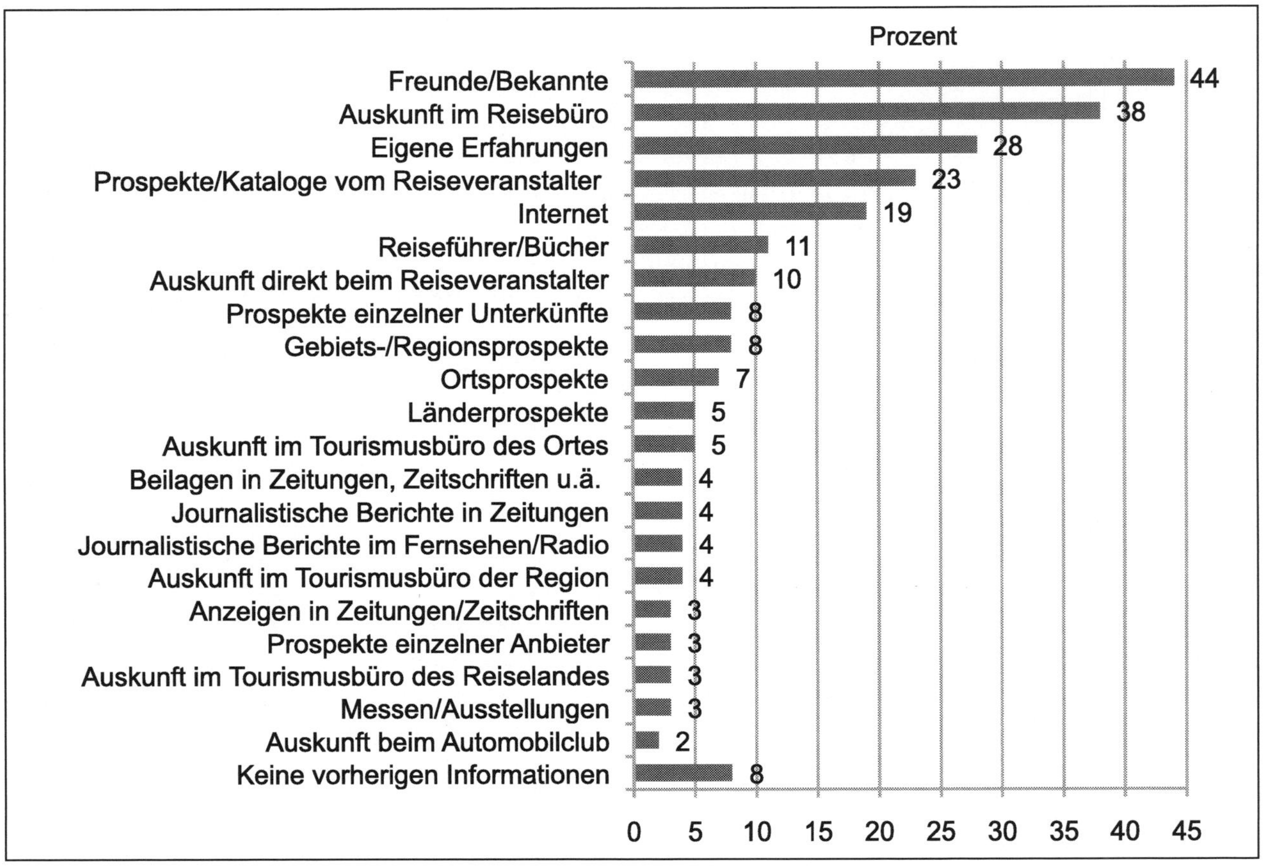

Quelle: Eigene Darstellung in Anlehnung an F.U.R 2006, S. 6

In den unterschiedlichen Phasen der Reiseentscheidung (vgl. AIDA-Modell) nutzen die Interessenten entsprechend unterschiedliche Informationsquellen (vgl. BRAUN/LOHMANN S. 15):

- In der Phase der ersten Anregung nutzen die potentiellen Urlauber vor allem Informationsquellen, die eine breite Information ermöglichen (Gespräche mit Freunden und Bekannten, Reiseberichte in den Printmedien und im Fernsehen etc.).

- In der zweiten Phase der Bekräftigung werden Informationen aus dem Internet, Auskünfte in Reisebüros und Kataloge von Reiseveranstaltern wichtiger.

- Die dritte Phase der eigentlichen Reiseentscheidung wird von spezifischeren Informationsquellen dominiert: Prospekte von Unterkünften, Orten und Regionen stehen im Mittelpunkt. Zudem kommt das Internet für Reiseinformationen in Frage.

Neben den Informationsquellen und dem Informationsverhalten können jedoch auch Persönlichkeitsmerkmale den Entscheidungsprozess beeinflussen: *„Persönlichkeitsdeterminanten sind Eigenschaften bzw. Verhaltenskonstrukte, die jedem Menschen als einzigartig innewohnen und über einen längeren Zeitraum stabil sind"* (FREYER 2009, S. 209). Mögliche Persönlichkeitsmerkmale sind z. B.:

- Ängstlichkeit (Hemmfaktor für das Reisen, führt eventuell nur zu Reisen im eigenen Land),
- Rigidität (fehlende Umstellungsfähigkeit, führt eventuell zu weniger Reisen, zu bekannten Reisezielen oder zu Pauschalreisen),
- Ethnozentrismus (führt zur Bevorzugung deutschsprachiger Reiseziele),
- Extraversion (Fähigkeit zu sozialen Kontakten, führt eventuell zu mehr Auslandsreisen).

Als spezielles Persönlichkeitsmerkmal gilt zudem das Involvement, welches den Grad des Engagements für den jeweiligen Kaufvorgang bezeichnet. Touristische Buchungen sind zumeist mit einem hohen Involvement verbunden, da die Entscheidung für eine Urlaubsreise – im Vergleich zu vielen anderen Konsumgütern – aufgrund ihrer Immaterialität in der Regel auf einem intensiven und vielfältigen Informationsverhalten basiert.

Den sichtbaren Abschluss des Prozesses, den ein Individuum im Sinne des S-O-R-Modells durchläuft, bildet der Bereich der Reaktionen. Mit „Reaktion" wird die Wirkung bezeichnet, die durch den Zugewinn an Wissen, durch veränderte Einstellungen oder durch ein verändertes Verhalten sichtbar oder beobachtbar wird (vgl. HUNZIKER 1982, S. 247). In der Regel besteht diese Reaktion aus dem Kauf. Im touristischen Kaufverhalten bilden also der Buchungsabschluss und die Reise selbst, als Ergebnis des gesamten Entscheidungsprozesses, den Bereich „Reaktionen". Erst im Nachhinein lassen sich Aussagen dazu treffen, in welchem Umfang Reisen stattgefunden haben. In den Betrachtungshorizont einbezogen werden dabei die Wahl der Unterkunft, die Reisedauer, das Verkehrsmittel, die Organisationsform, die Zahl der Reiseteilnehmer aus einem Haushalt sowie die Kosten der Reise.

Aus den Ausführungen zum touristischen Kaufverhalten wird ersichtlich, dass zahlreiche Faktoren die Reiseentscheidung beeinflussen. Unterschiedliche interne und externe Kriterien leiten das Individuum, bevor es sich entschließt, eine Reise zu buchen. Auch die Wahl des Vertriebsweges hängt von zahlreichen Einflüssen ab. Die Nachfrage nach Reisebuchungen in stationären Reisebüros, Online-Reisebüros oder bei TV-Reiseshoppinganbietern wird nicht nur von gesellschaftlichen und technischen Gegebenheiten bestimmt, sondern in gleichem Maße durch Entscheidungsprozesse, die zu einem großen Teil unbewusst ablaufen und unter anderem von persönlichen Einstellungen, Erfahrungen und Wahrnehmungen abhängig sind.

Darüber hinaus haben auch die Massenmedien einen erheblichen Einfluss auf Kaufentscheidungsprozesse. Aufgrund ihrer großen Reichweite ist es ihnen möglich, eine Vielzahl von Personen anzusprechen – und positiv oder negativ zu beeinflussen. Inwieweit dies auch auf Reiseentscheidungsprozesse zutrifft, wird im Folgenden genauer betrachtet.

Die Bedeutung von Massenmedien bei der Reiseentscheidung

Der Wunsch der potentiellen Urlauber nach umfassenden Informationen vor dem Abschluss einer Buchung resultiert aus den Eigenschaften des touristischen Produkts: Immaterialität, Bündel von Einzelleistungen, Qualitätsprüfung erst bei Inanspruchnahme etc. (vgl. Kap. 2.1.1).

Angesichts der Tatsache, dass sich neue Informations- und Kommunikationsformen wie das Internet und auch das Fernsehen im 21. Jahrhundert als touristische Vertriebswege positionieren konnten, ist es interessant zu erfahren, wie diese verschiedene Medien auf die Reiseentscheidung bzw. einzelne Teilentscheidungen wirken:

- Das Internet erfährt eine immer größere Beliebtheit als touristische Informationsquelle (vgl. Abb. 21).

- Im Gegensatz dazu rangiert das Fernsehen (journalistische Berichte im Fernsehen) mit nur 4% am unteren Ende der Informationsquellen – es wird lediglich für unspezifische Informationen in der ersten Phase der Reiseentscheidung genutzt.

Doch ist der Einfluss des Fernsehens wirklich so gering, wie es auf den ersten Blick scheint? Generell werden über Medien auch touristische Themen einer breiten Öffentlichkeit zugänglich gemacht oder, bei Nichtberichterstattung, vorenthalten. Dabei können Medien, abhängig von Art und Intensität der Berichterstattung, die öffentliche Meinungsbildung und damit auch Entscheidungen grundsätzlich schon beeinflussen (vgl. Freyer 2009, S. 730).

Das Fehlen einer theoretischen Grundlage macht jedoch die Einschätzung des Bedeutungsanteils der Medien auf die Prozesse der Reiseentscheidung schwierig. Es ist fraglich, ob die Befragung von Personen, welche die Absicht haben zu verreisen oder die ihre Reise bereits abgeschlossen haben, eine ausreichende Grundlage darstellt, um Aussagen über den Einfluss der Medien zu tätigen. Problematisch ist vor allem der zeitliche Abstand zwischen dem Zeitpunkt der Reiseentscheidung und der Befragung. Probanden tendieren dazu, nur diejenigen Informationsquellen zu nennen, die sie bewusst genutzt haben. Dennoch können auch ein Film über beeindruckende Landschaften oder Werbung in einer Zeitung eine Person beeinflussen – oftmals geschieht dies dann unbewusst (vgl. Schröder 2001, S. 27).

Lange Zeit wurde davon ausgegangen, dass die Medien generell und speziell auch die Reisemedien eine direkte Verhaltensstimulierung auslösen. Mittlerweile wird jedoch häufig die Bedeutung der „Opinion Leaders" (Meinungsführer) betont. Das Konzept des „Opinion Leaders" basiert auf der Erkenntnis, dass der Einfluss der Massenmedien zu großen Teilen sozial vermittelt wird. So hat sich gezeigt, dass die von den Massenmedien gelieferten Informationen oft nur von einem kleinen Teil der Bevölkerung – den „Opinion Leaders" – bewusst aufgegriffen und dann durch persönliche Kommunikation an eine größere Menge von Personen („Mitläufer") weitergegeben werden (vgl. Schmalen 1992, S. 33). Somit sind Meinungsführer wichtige Empfänger der Medienkommunikation und gleichzeitig bedeutende Sender der persönlichen Kommunikation.

Ungeklärt ist bislang der Grad der Beeinflussung, den „Opinion Leader" in den einzelnen Phasen der Reiseentscheidung ausüben. Unbestritten ist hingegen, dass bestimmte Personen aus dem jeweiligen Umfeld eines Individuums Einfluss auf dessen Reiseentscheidung haben (vgl. Schröder 2001, S. 29).

Bereits in der Reiseanalyse des Jahres 1982 ist untersucht worden, welche Personen die Reiseentscheidung anderer beeinflussen. Als Meinungsmacher konnten hier vor allem Mehrfachreisende, Pauschaltouristen, Auslandsreisende und Angehörige der höheren Bildungsschichten identifiziert werden (vgl. Braun/Lohmann 1998, S. 64). Gegenwärtig schwankt der Anteil der Meinungsführer an der Gesamtheit der Konsumenten je nach Produktkategorie zwischen 30 und 80%[7].

Da Touristen mittlerweile über eine hohe Reiseerfahrung verfügen, die Reiseintensität deutlich gestiegen ist und Reisen ins Ausland an der Tagesordnung sind, ist davon auszugehen, dass der Anteil derjenigen, die sich selbst als Meinungsführer bezeichnen, für das Produkt Reise hoch ausfällt. Es ist wahrscheinlich, dass jeder in seinem Bekanntenkreis auf Meinungsführer trifft – vor allem vor dem Hintergrund, dass die persönliche Kommunikation als Informationsquelle für die Reiseentscheidung von besonderer Relevanz ist. Inwieweit diese „Opinion Leader" dann jedoch Informationen aus den Massenmedien oder persönliche Erfahrungen transportieren, ist unklar. Somit kann zwar festgehalten werden, dass Meinungsführer generell zur Verbreitung von Informationen beitragen, ihre Bedeutung für den Tourismus ist jedoch nicht vollständig geklärt.

Eine weitere Theorie zur Untersuchung von Wirkungen der Massenmedien ist das Agenda-Setting (Eichhorn 2008, S. 28): *„Agenda-Setting (dt. etwa: die Tagesordnung oder das Programm bestimmen) ist eine der einflussreichsten Hypothesen, um die Wirkung von Massenmedien auf Politik und Gesellschaft zu beschreiben."*

Auf den Tourismus bezogen besagt die Theorie, dass neue Reiseformen, Reiseziele und Reisenormen zuerst durch die verschiedenen reisejournalistischen Medien in das Bewusstsein der Menschen gebracht werden („Evoked Set"). Der seit langem anhaltende Trend zu Auslandsreisen wird beispielsweise auch damit begründet, dass die Medien mit einer umfassenden Berichterstattung über fremde Länder das Interesse der Bevölkerung an diesen Reisezielen zusätzlich stimuliert haben (vgl. Schröder 2001, S. 29).

Diese Einschätzung gilt auch für den Industrietourismus und das zunehmende Interesse an der Industriekultur. Für die touristische Inwertsetzung altindustrieller Räume (z. B. des Ruhrgebiets) war zunächst eine neue Wahrnehmung und Bewertung des Raums notwendig. Erst durch die Arbeit von Interessensgruppen (Denkmalpfleger, Künstler) und durch Berichte in den Medien wurde eine breite Öffentlichkeit in den vergangenen Jahrzehnten auf den Wert der Industriekultur aufmerksam (vgl. Steinecke 2006, S. 233).

Hinsichtlich der Bedeutung der Massenmedien für die Reiseentscheidung kann zusammenfassend festgehalten werden, dass die Massenmedien vor allem Impulse für das Entscheidungsverhalten von Urlaubern

[7] vgl. www.medialine.de/deutsch/wissen/medialexikon.php?snr=3780

liefern können: „Da müsste man auch mal hinfahren“ oder „dort könnte es schön sein“ sind Gedanken, die oftmals durch die Beeinflussung von Medien hervorgerufen werden. Wird ein solcher Impuls auch durch weitere Quellen verstärkt, kann das vorgestellte Urlaubsziel in das „Evoked Set“ aufgenommen werden.

Vor allem in der Phase der ersten Anregung der Reiseentscheidung im Sinne des AIDA-Modells werden Berichte in den Medien häufig genutzt. Und auch in der zweiten Interest-Phase spielen Informationen aus den Medien eine wichtige Rolle (vgl. Schröder 2001, S. 31-32). Mit einer zunehmenden Konkretisierung der Reiseentscheidung nimmt die Bedeutung der Massenmedien jedoch ab – nun gewinnt spezielles Informationsmaterial an Bedeutung. Ein Grund dafür ist, dass Massenmedien die von potentiellen Urlaubern geforderten Informationen nur in Einzelfällen zum gewünschten Zeitpunkt präsentieren. Somit liegt die Bedeutung von Massenmedien bei der Reiseentscheidung bisher hauptsächlich in der Anregung für den Urlaub und für bestimmte Urlaubsziele.

2.5 Zwischenfazit

Der touristische Vertrieb hat sich im Laufe der Zeit deutlich gewandelt. Verantwortlich für diese Entwicklung sind gesellschaftliche, ökonomische und technologische Steuerfaktoren. Besonders hervorzuheben sind noch einmal folgende Aspekte:

- Konzentrationstendenzen innerhalb der Reisebüro- und Reiseveranstalterbranche,
- Differenzierung des Marktes durch das Auftreten neuer Wettbewerber,
- Umstrukturierung des Marktes von einem Verkäufer- zu einem Käufermarkt,
- Verbesserung und Vereinfachung der Buchungstechnologien,
- Weiterentwicklung der Nachfrager von anspruchslosen Gästen zu reiseerfahrenen, souveränen und multioptionalen Konsumenten (vgl. Abb. 22).

Die Differenzierung der Vertriebswege und die Integration neuer Medien in der dritten Entwicklungsphase des touristischen Vertriebs haben dazu geführt, dass neue Wettbewerber in den Markt eingedrungen sind. Zu diesen neuen Wettbewerbern zählt auch das Fernsehen (vgl. Kap. 2.4). Zwar gehört das Fernsehen in Deutschland bislang nicht zu den viel genutzten Vertriebs- oder touristischen Informationsmedien, einige Besonderheiten machen es jedoch zu einem interessanten, potentiellen Wettbewerber.

Generell handelt es sich beim Fernsehen um ein Medium, das sowohl Informationen liefert als auch Emotionen weckt. Für den Tourismus bietet dieses Medium also vielfältige Möglichkeiten der Konsumentenansprache. Aus vertrieblicher Sicht ist vor allem das Reiseshopping im Fernsehen, auch TV-Reiseshopping genannt, von Bedeutung.

TV-Reiseshoppingsender sind Reisemittler; ihr primäres Ziel ist das Verkaufen von Reisen. Zu diesem Zweck werden die für die Urlaubsplanung relevanten Informationen mit Hilfe filmisch-szenischer Ausgestaltung dargestellt, Buchungswünsche können über das Internet oder Call-Center sofort in die Tat umgesetzt werden. TV-Reiseshoppingsender liegen damit an der Schnittstelle zwischen Unterhaltung, Information und Einkauf.

Die Vermischung verschiedener Funktionen beim TV-Reiseshopping entspricht auch dem Prinzip des hybriden und multioptionalen Konsumenten: Einkaufs- und Dienstleistungsangebote können vor dem Hintergrund von Zeiteffizienz und Flexibilität kombiniert genutzt werden. Hinzu kommt eine gewisse Erlebnisorientierung, da die filmische Darstellung die Produktbeschreibung emotionalisiert und bis zu einem gewissen Grad erlebbar macht (denn bei diesem Erlebnis handelt es sich nur um eine passive Erfahrung). Die Emotionalität ist jedoch ein Nachfragetrend, dem das Fernsehen beispielhaft entgegen kommt. Da beim TV-Reiseshopping hauptsächlich Pauschalreisen angeboten werden, kann außerdem dem Wunsch nach preisgünstigen Angeboten Rechnung getragen werden. Diese Tatsache impliziert aber auch, dass beim TV-Reiseshopping fordistisch geprägte Produkte weiterhin im Zentrum des Portfolios stehen (dieses Angebot entspricht nicht dem generellen Trend zur Individualisierung).

Abb. 22: Die drei Phasen des touristischen Vertriebs und deren Steuerfaktoren

Phase 1: Von den Anfängen bis Ende der 1980er-Jahre

Vertriebsebene: Direktbuchungen bei Leistungsträgern, inhabergeführte Reisebüros
Nachfrageseite: relativ unerfahrene, anspruchslose Gäste
Angebotsseite: konkurrierende Einzelunternehmen, Verkäufermarkt;
Produkte: Übernachtungsleistungen, Fahrausweise, Pauschalreisen
Technologie: Telefon, Telex, erste CRS

↓

Phase 2: 1990er-Jahre bis zum Jahr 2000

Vertriebsebene: Trend zur Konzentration und Filialisierung in der Reisebürobranche, vertikale und horizontale Konzentrationsprozesse bei den Reiseveranstaltern
Nachfrageseite: anspruchsvollere und reiseerfahrenere Kunden, steigende Markenorientierung
Angebotsseite: Käufermarkt, konkurrierende Touristikkonzerne
Produkte: Pauschalreisen, Bausteinreisen
Technologie: CRS

↓

Phase 3: Vom Jahr 2000 bis in die Gegenwart

Vertriebsebene: Differenzierung der Vertriebswege: Reisebüroketten, Direktvertrieb der Reiseveranstalter und Leistungsträger, Internet, Fernsehen
Nachfrageseite: reiseerfahrene, hybride, souveräne, individualistische und multioptionale Konsumenten
Angebotsseite: Spezialisten, Nischenanbieter
Produkte: diversifiziertes Angebot, Dynamic Packaging
Technologie: Internet Booking Engines

↓

?

Quelle: Eigene Darstellung

Inwieweit das TV-Reiseshopping den veränderten Markt- und Nachfragestrukturen gerecht wird, welche Stärken und Schwächen dieser Vertriebsweg aufweist und wie die Zukunft aussieht – das sind zentrale Themen der vorliegenden Arbeit, die in den folgenden Kapiteln beantwortet werden. Kapitel 3 widmet sich zunächst den Grundlagen des T-Commerce, der Mediennutzung und des TV-Reiseshopping. Außerdem wird eine Analyse der Angebots- und Nachfrageseite dieses Marktes vorgenommen.

3 Reiseshoppingsendungen im Fernsehen

Im Zuge der Umstrukturierungsmaßnahmen innerhalb des touristischen Vertriebs gelang es auch neuen Vertriebswegen, im Markt Fuß zu fassen (vgl. Kap. 2.4). Ein Vertriebsmodell, welches seit Anfang der 1990er-Jahre für Aufsehen sorgte, war das TV-Reiseshopping – ihm wurde zu Anfang des 21. Jahrhunderts eine glänzende Zukunft vorausgesagt.

Diese positive Prognose basierte auf den wachsenden Umsatzzahlen in den Anfangsjahren: Während im Jahr 2001 51 Mio. Euro im TV-Reiseshopping umgesetzt wurden (was einem Anteil von 0,3% des gesamten deutschen Reisemarktes entsprach), waren es im Jahr 2004 bereits knapp 400 Mio. (vgl. BRETTSCHNEIDER/STARK 2006, S. 400). Aufgrund dieser rasanten Entwicklung ging die Branche davon aus, dass der TV-Reiseshoppingmarkt auch in den nächsten Jahren weiter wachsen würde. Vor dem Hintergrund, dass Reiseveranstalter neue Vertriebswege suchten, die Verbreitung des Mediums Fernsehen deutlich zunahm (vgl. Kap. 3.1.1), Reisen in ihrer Immaterialität für den Fernsehvertrieb als gut geeignet eingestuft wurden – sie müssen genau erklärt werden und lassen sich effektvoll präsentieren – und immer neue Anbieter das Vertriebsmodell benutzten, war diese Goldgräberstimmung durchaus nachvollziehbar.

Mittlerweile ist jedoch Ernüchterung eingetreten. Es ist fraglich, inwieweit TV-Reiseshopping insgesamt noch zu den starken Zuwächsen und Umsatzzahlen im gesamten Teleshoppingmarkt beitragen kann (im Jahr 2004 wurden durch Teleshopping Umsätze von 1,14 Mrd. Euro erzielt; vgl. GOLDMEDIA 2008). Von den drei großen Anbietern der Anfangsjahre, die auch maßgeblich für die hohen Umsätze verantwortlich waren, ist mit SONNENKLAR TV mittlerweile nur noch ein eigenständiger Sender übrig geblieben (Umsätze SONNENKLAR TV 2007/2008: 164 Mio. Euro, 2009: 175 Mio. Euro; vgl. www.sonnenklar.tv).

Ob sich das TV-Reiseshopping zukünftig noch als Vertriebsmedium behaupten kann, ist ein zentraler Forschungsgegenstand der vorliegenden Arbeit. Bevor jedoch in den empirischen Kapiteln 4 und 5 näher auf dieses Thema eingegangen wird, soll TV-Reiseshopping in Kapitel 3 zunächst theoretisch analysiert werden.

3.1 Grundlagen des T-Commerce

Neue Vertriebsformen im Tourismus wie der Vertrieb über das Internet haben in den letzten Jahren zu Umstrukturierungsprozessen innerhalb der Tourismusbranche geführt. Neben dem touristischen E-Commerce entwickelte sich Ende der 1980er-Jahre in Deutschland eine weitere Distributionsform, welche jedoch bei weitem nicht so viel Beachtung erfahren hat: der T-Commerce. Im touristischen Umfeld umfasst dieser Vertriebsweg den Verkauf von Voll- oder Teilpauschalreisen über das Fernsehen (vgl. STEINBACH 2003, S. 208). Während sich die Entwicklung des T-Commerce im Tourismus noch in den Anfängen befindet, benutzen andere Branchen seit längerem diesen Absatzkanal. Unter dem Begriff „T-Commerce" werden alle Umsätze subsummiert, die über das Medium Fernsehen als Distributionskanal erzielt werden (vgl. HÜNING/MORATH 2003, S. 171). T-Commerce kann nach KOCH-GOMBERT (2005, S. 89) definiert werden als *„Fernsehdienste, die eine direkt messbare Transaktion, den Verkauf eines Produktes oder einer Dienstleistung (oder die direkte Anbahnung der Transaktion) zwischen Anbieter und Zuschauer zum Ziel haben."*

Folgende Geschäftsfelder gehören zum T-Commerce: Teleshopping, TV-Reiseshopping als Spezialform des Teleshopping, Direct-Response-TV (DRTV), Verkauf von Merchandising Artikeln, Telefon-Mehrwertdienste mit kostenpflichtigen Sonderrufnummern, Call-In-Sender, Pay-per-View (Video-on-Demand) und Pay-TV.

In der deutschen Fernsehlandschaft hat sich T-Commerce mittlerweile etabliert – von Klingeltönen und Auktionen bis hin zu SMS-Spielen und Dating-Kanälen. T-Commerce-Anwendungen bilden zunehmend eine Grundlage für die Entstehung neuer Fernsehsender, wobei es sich zumeist um Spartenkanäle handelt, die ein bestimmtes Thema bedienen (vgl. GOLDMEDIA 2005). Mittlerweile besitzt der T-Commerce auch in ökonomischer Hinsicht eine hohe Bedeutung: Der Gesamtumsatz aller T-Commerce-Segmente (ohne Merchandising) belief sich im Jahr 2003 auf ca. 2,7 Mrd. Euro. Schätzungen zufolge sollten die Umsätze bis 2009 auf ca. 5,1 Mrd. Euro ansteigen, wobei die einzelnen Segmente unterschiedliche Wachstumsraten erreichen können (vgl. Abb. 23). Ob sich diese Zahlen bis 2009 auch bestätigt haben, ist momentan nicht bekannt. Insbesondere an den Zuwachsraten des TV-Reiseshopping bestehen berechtigte Zweifel (vgl. Kap. 3). Deutlich wird aber dennoch, dass der T-Commerce insgesamt hohe Erträge erwirtschaftet.

Abb. 23: Umsätze im T-Commerce (2003 vs. 2009; in Mrd. Euro)

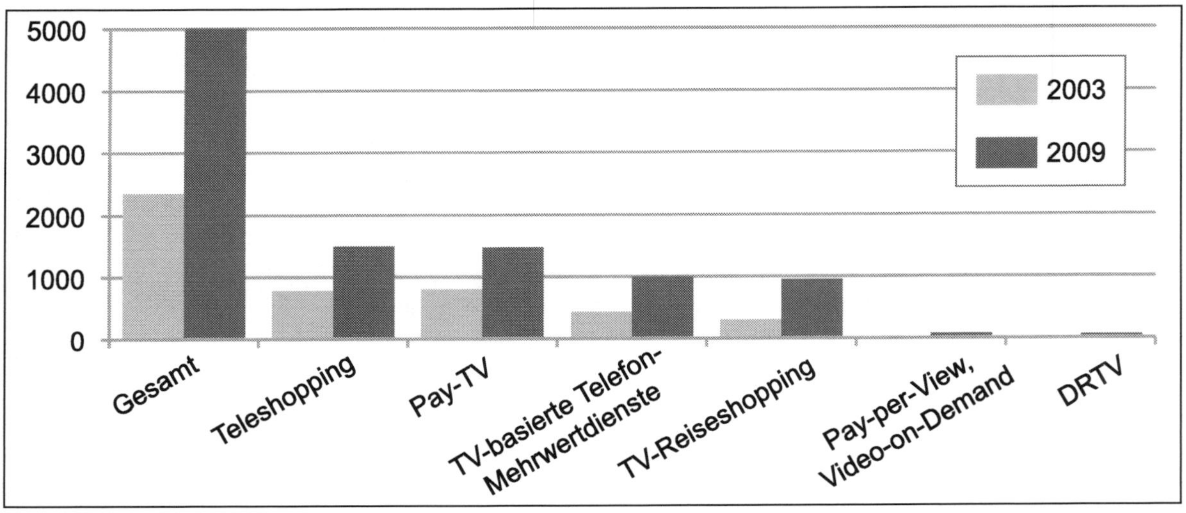

Quelle: Eigene Darstellung in Anlehnung an GOLDMEDIA 2005

Keinesfalls ist T-Commerce jedoch mit dem typischen Fernsehen gleichzusetzen – also mit dem passiven Betrachten von Sendungen. Es geht vielmehr um die Interaktion zwischen dem Zuschauer und dem Sender, also zwischen Zuschauer und Moderator oder Call-Center-Agent, wobei zwischen Teleshopping und TV-Reiseshopping sowie dem so genannten „Mitmachfernsehen" unterschieden werden muss (vgl. KOCH-GOMBERT 2005, S. 89). Kern von Transaktionen im Rahmen des T-Commerce ist in jedem Fall eine Leistung, die der Zuschauer gegen Bezahlung in Anspruch nimmt, wobei die fortschreitende technische Entwicklung des Fernsehens in neue Medienumgebungen Voraussetzung für eine erfolgreiche Implementierung ist.

3.1.1 Technische Entwicklung des Fernsehens in Deutschland

Weltweit zählt Deutschland zu den größten Fernsehmärkten. Schon seit Mitte der 1990er-Jahre bezieht mehr als die Hälfte der Fernsehhaushalte in Deutschland Kabelfernsehen (von 39,1 Mio. Haushalten insgesamt, vgl. ALM/ZAK 2009, S. 3). Neben dem Kabelnetz ist der Fernsehempfang über Satellit ein weiterer populärer Verbreitungsweg. Dem terrestrischen Fernsehen (Terrestrik) über Antenne kommt nur noch eine untergeordnete Rolle zu (vgl. ALM/ZAK 2009, S. 10). Mittlerweile ist es zudem möglich, auf allen drei Wegen Fernsehen sowohl in analoger als auch in digitaler Qualität zu empfangen. Experten sagen dabei voraus, dass das analoge Fernsehen in den nächsten Jahren vollständig durch digitales Fernsehen abgelöst wird (vgl. SCHWOTZER/WEISS 2006, S. 27). Bereits seit 2006 steigt der Digitalisierungsgrad von Jahr zu Jahr (vgl. Tab. 5).

Tab. 5: Verteilung und Digitalisierung der Übertragungswege (in Prozent)

Verteilung der Übertragungswege				
Übertragungswege	2006	2007	2008	2009
Kabel	51,8	53,7	52,5	52,8
Satellit	42,0	42,5	42,0	42,1
Terrestrik	9,2	11,5	11,1	11,3
Digitalisierung der Übertragungswege				
Kabel	15,2	16,2	21,00	30,6
Satellit	47,2	57,3	65,7	74,1
Terrestrik	57,1	86,0	95,1	100

Quelle: Eigene Darstellung in Anlehnung an ALM/ZAK 2009, S. 10-13

Die fortschreitende Digitalisierung der Fernsehlandschaft ermöglicht zum einen eine beachtliche Vervielfältigung des Programms, zum anderen schafft sie Raum für neue Angebote (vgl. STARK 2006, S. 11). Senderformen wie Spartenkanäle, die sich auf ein bestimmtes Programmfeld spezialisiert haben, und interaktive Dienste im Rahmen des T-Commerce entwickeln sich insbesondere vor dem Hintergrund der digitalen Übertragungsform. So sind schon heute Klein- und Kleinstsender mit immer spezifischeren Zielgruppen entstanden (vgl. Abb. 24).

Abb. 24: Entwicklung der Fernsehsenderanzahl in Deutschland

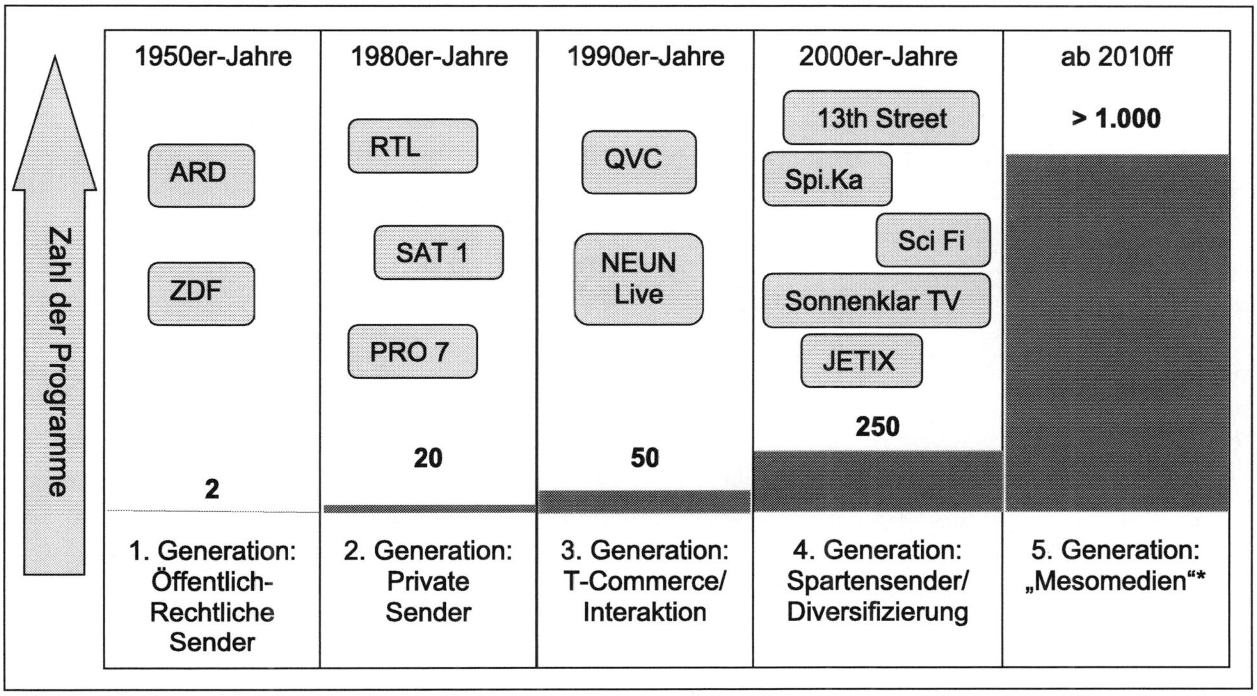

* Unter „Mesomedien" sind Medien mit einer geringen Anzahl von Mediennutzern zu verstehen.

Quelle: Eigene Darstellung in Anlehnung an GOLDHAMMER, K./SCHMID, M./ STOCKBRÜGGER, C. 2007, S. 5

Durch die Digitalisierung des Fernsehens werden neue Wege für Zuschauer erschlossen, sich über das Internet als Rückkanal aktiv an der Programmgestaltung zu beteiligen und mit einzelnen Akteuren in Kontakt zu treten. Hervorzuheben ist hier insbesondere das „Internet Protocol Television" (kurz IPTV). Hierbei handelt es sich um (KRONE 2009, S. 12) *„eine für das Fernsehgerät bestimmte Verteilung von audiovisuellen Inhalten mittels eines kontrollierten Netzwerkes."* Konkret bedeutet dies, dass über das Internet ferngesehen wird und Fernsehen und Internet (und in einem weiteren Schritt das Mobiltelefon) nicht mehr getrennt voneinander, sondern als ein Medium genutzt werden können. Dadurch kann eine Person, die eine Fernsehsendung anschaut, das Bild bei Unterbrechungen anhalten (ohne dass die Sendung im Hintergrund weiterläuft), sich Sendungen vorschlagen lassen, diese weiterempfehlen, mit anderen Benutzern per Fernsehchat kommunizieren und auch direkt Produkte kaufen – beim Drücken der Taste „Kauf" erscheint dann ein Fenster, das zur Eingabe der üblichen Angaben auffordert. Möglich ist diese Vorgehensweise, da alle Dienste im Rahmen des IPTV auf dem Internet-Protokoll basieren – so kommt es zur Konvergenz von Internet, Fernsehen und Telekommunikationstechniken auf technischer Ebene (vgl. BÜCKEN 2008, S. T2).

Momentan ist IPTV jedoch noch als Zukunftsmusik zu verstehen. Als limitierender Faktor für einen schneller fortschreitenden Ausbau erweist sich eine bislang unzureichende technische Entwicklung. Voraussetzungen sind hier die Aufrüstung der alten Breitbandkabelnetze und die Verbreitung von DSL (vgl. HÜNING/MORATH 2003, S. 172). Somit haben interaktive TV-Anwendungen (iTV), die direkt über die Fernbedienung nutzbar sind, in Deutschland bisher keine nennenswerte Bedeutung. Bemerkbar machen sich zurzeit hingegen folgende Anwendungen, welche ebenfalls unter den Begriff T-Commerce fallen, aber nicht zwingend einen digitalen Rückkanal benötigen: Teleshopping, TV-Reiseshopping und Pay-TV; sie nutzen das Telefon (Anrufe und SMS) für Interaktionen und Transaktionen (vgl. MEDIENBOARD 2006, S. 3).

Sowohl die hier aufgeführten technischen Gegebenheiten als auch die Strukturen des deutschen Fernsehmarktes (er wird durch wenige große Vollprogramme dominiert, vgl. Kap. 3.1.2) waren bislang eher hinderlich für die Verbreitung von digitalem Fernsehen. An der Bedeutung dieser Innovation hat sich jedoch nichts geändert (vgl. Stark 2006, S. 13). Zudem besteht vor allem bei Vielsehern der Wunsch, eine größere Auswahl zu haben, die Fernsehinhalte zu kontrollieren und selbst aktiv zu werden. Unterhaltung und Informationen bleiben jedoch auch im digitalen Fernsehen die Kernkompetenzen des Mediums (vgl. Stark 2006, S. 305).

3.1.2 Das Fernsehen als Verbreitungsmedium

Grundsätzlich steht bei der Analyse des Fernsehens als Medium die Betrachtung der technischen Verbreitung im Mittelpunkt. Da die Übertragungsebenen jedoch im vorhergegangenen Kapitel unter dem Fokus der technischen Grundlagen bereits behandelt wurden, widmet sich dieses Kapitel anderen Aspekten der Fernsehverbreitung: Der gesellschaftlichen Bedeutung des Fernsehens, dem Thema Kommunikation, den Marktanteilen einzelner Sender sowie einem Exkurs über die Fernsehentwicklung im Zeitverlauf.

Wie keine andere technische Erfindung hat das Fernsehen Wahrnehmung, Wissen, Denken, Empfinden, Verhalten und die Vorstellungskraft der Gesellschaft verändert – ob auf positive oder negative Weise, sei an dieser Stelle dahingestellt. Sicher ist jedoch: Beim Fernsehen handelt es sich um die beliebteste Freizeitbeschäftigung der Deutschen: 86,7% von 69,83 Mio. Deutschen und EU-Ausländern ab 10 Jahren sehen mehrmals pro Woche fern[8]. Somit vermag dieses Medium viele Menschen anzusprechen (vgl. Schröder 2001, S. 12).

Obwohl das herkömmliche Fernsehen keine unmittelbare Kommunikation zwischen Sender und Rezipienten erlaubt, ist es in der Lage, aktuelle Informationen, Emotionen und Erlebnisse zu vermitteln. Das Fernsehen ist somit auch ein Verbreitungsmedium der Kommunikation (vgl. Baecker 2007, S. 8): *„Sicherlich muss man die Fotografie, den Film, das Telegramm, das Telefon, den Rundfunk, das Fernsehen als Verbreitungsmedien verstehen. Sie alle ermöglichen es, die Reichweite einer Kommunikation über den Kreis der unmittelbar Anwesenden [...] zu erweitern und so die Kommunikation zu verbreiten. Sie alle ermöglichen es jedoch auch, von einer Kommunikation, die jenseits des Kreises der Anwesenden ausgelöst wurde, erreicht zu werden."*

Damit sichergestellt werden kann, dass zu kommunizierende Informationen die Zuschauer auch erreichen, müssen Fernsehsender über ausreichend hohe Marktanteile verfügen.

Der Marktanteil bezeichnet den relativen Anteil der Sehdauer einer Sendung, eines Werbeblocks oder eines bestimmten Zeitintervalls bei einem Sender im Vergleich zu der Gesamtsehdauer aller Programme im jeweiligen Zeitintervall. Zeitintervalle können von z. B. einer Stunde bis hin zu einem Jahr reichen. Wichtig ist der Marktanteil vor allem, da längst nicht alle angebotenen Sender in gleichem Maße genutzt werden – obwohl die Empfangbarkeit über die drei genannten Verbreitungsebenen deutschlandweit gegeben ist (vgl. Abb. 25).

Gegenwärtig wird die Fernsehnutzung in Deutschland durch einige wenige Vollprogramme dominiert. So konzentriert sich jeder zweite Fernsehhaushalt in Deutschland in seiner Programmnutzung auf vier Programme: ARD, ZDF, RTL und SAT.1. Als Programme der „zweiten Ordnung" können die Sender ProSieben, VOX, RTL II und Kabel Eins genannt werden[9].

Die Dominanz weniger Vollprogramme steht jedoch im Wiederspruch zu den Prognosen zur Ausdifferenzierung der Programmauswahl und der Schaffung neuer Senderformate und Spartenprogramme (vgl. Abb. 24). Nach wie vor scheint den Zuschauern ein Programmtyp wichtig zu sein, der Vieles in Einem bietet – faktisch nutzen sie nur einen Bruchteil der Programme, die sie über die Verbreitungsebenen empfangen können (vgl. Schwotzer/Weiss 2007, S. 33).

[8] vgl. www.mediendaten.de/mediennutzung-medien-freizeit-d0.html, 03/2009

[9] vgl. www.agf.de/daten/zuschauermarkt/marktanteile, 09/2009

Abb. 25: Marktanteile der Fernsehsender (2008; in Prozent)

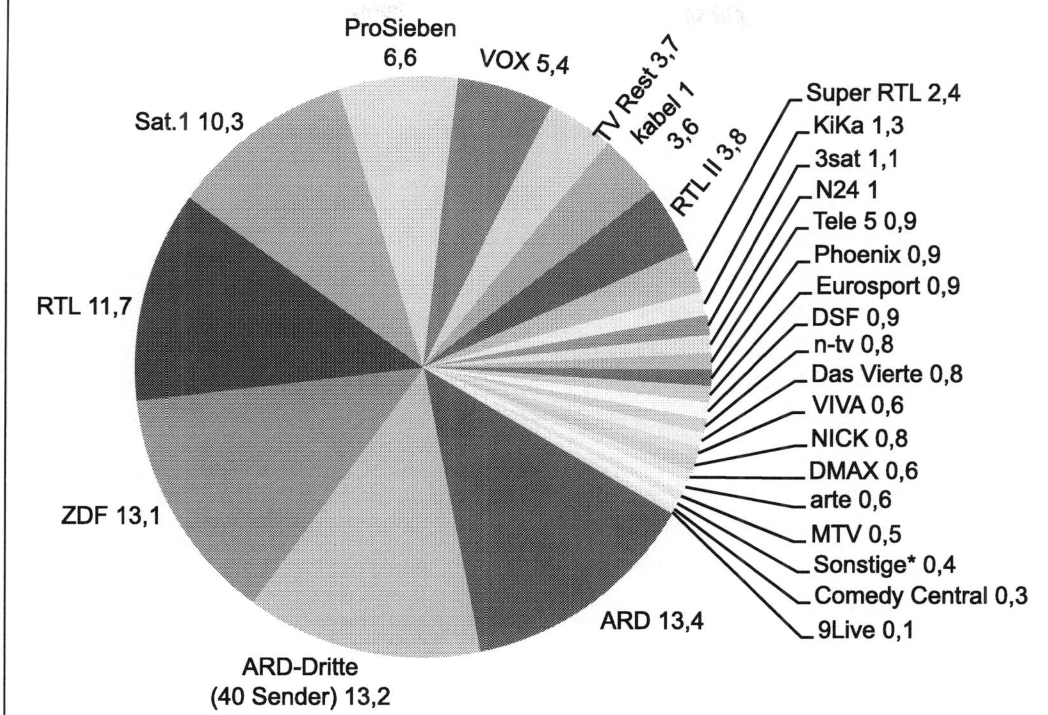

* Unter „Sonstige" sind folgende Sender zusammengefasst: Anixe Sd, C.A.M.P.TV, Euronews, Imusic TV, QVC, Sonnenklar TV, TV Bayern, Bibel TV, Deluxe Music, Yavido Clips, Tier TV, TV5 Monde, Mein TVShop, Spirit on TV und E8

Basis: Marktanteile der Sender im Tagesdurchschnitt; Zuschauer ab 3 J., Montag-Sonntag 3.00-3.00 Uhr

Quelle: Eigene Darstellung in Anlehnung an www.agf.de/daten/zuschauermarkt/marktanteile, 09/2009

Exkurs: Die Geschichte der deutschen Fernsehverbreitung

Drei Dutzend kinoähnliche Räume, so genannte „Fernsehstuben", in Berlin und Hamburg kennzeichnen die Anfänge des Fernsehens in Deutschland in den Jahren 1934 bis 1943. In ihnen konnten Interessierte ein jeweils zweistündiges Programm, bestehend aus Wochenschauen, Filmen und Unterhaltungssendungen, sehen. Einen individuellen Empfang zu Hause gab es praktisch nicht. Während das nationalsozialistische Regime das Fernsehen als Propagandainstrument nutzte, hatte es für die Zuschauer jedoch einen anderen Charakter: Es war eher ein Jahrmarktspektakel, zu dem man sich zusammenfand, als ein ernst zu nehmendes Informationsmedium. Erst im Nachkriegsdeutschland entstanden in den Westzonen die öffentlich-rechtlichen Anstalten (unter dem Einfluss der Westalliierten, die einen staatsfernen, jedoch öffentlich kontrollierten Rundfunk forderten). Mitte der 1950er-Jahre fanden dann die ersten Versuchssendungen bei der Rundfunkanstalt NWDR (Nordwestdeutscher Rundfunk) statt. Seit Weihnachten 1953 sendete der NWDR täglich. Allerdings verlief die Entwicklung zunächst schleppend: Zum einen war der Empfang aufgrund einer mangelhaften technischen Verbreitung noch nicht in der ganzen Republik möglich, zum anderen waren die Fernsehgeräte aufgrund ihres hohen Preises für viele Haushalte unerschwinglich. Interessant ist, dass in dieser Anfangsphase viele Menschen einfach nicht wussten, wofür ein Fernsehgerät nützlich sein sollte.

Das frühe Programm bestand hauptsächlich aus Live-Übertragungen, in denen Musik, Tanz und Kabarett sowie allgemeinbildende Vorträge und Quiz-Shows inszeniert wurden. Die erste Übertragung des Sendungsformats „Tagesschau" fand am 4. Januar 1953 statt. Trotz verschiedener Bemühungen der einzelnen Sender (ab 1954 auch der ARD) um Popularität waren es vor allem zwei Ereignisse, die entscheidende Anstöße zu einer intensiveren Fernsehnutzung innerhalb der Bevölkerung lieferten: Die Fernsehübertragungen der Krönung Elisabeths II. im Jahr 1953 und die Fußball-Weltmeisterschaft in Bern im Jahr 1954 machten der Bevölkerung bewusst, dass sie mittels des Fernsehens direkt an wichtigen Ereignissen teilhaben konnten.

Im Oktober des Jahres 1957 überstieg die Zahl der Fernsehgeräte in Deutschland erstmals die Millionengrenze. Zum Vergleich: Im Jahr 1956 waren es lediglich 500.000 (vgl. KARSTENS/SCHÜTTE 2005, S. 12-14; SCHWARZ-SCHILLING 1993, S. 34). Mit der Weiterentwicklung der Empfangbarkeit kamen im Verlauf der nächsten Jahre auch neue Fernsehformate und Sender hinzu. Schon bald wurden Kinofilme, Dokumentationen, Talk-Sendungen und Serien in die Programmschemata der Sender aufgenommen. Nicht zuletzt aufgrund von Kapazitätsproblemen bei der ARD wurde am 1. April 1963 das „Zweite Deutsche Fernsehen" (ZDF) gegründet. In den 1960er-Jahren erhöhte sich der Anteil an Kino- und Fernsehfilmen, Serien und Unterhaltungssendungen ständig. Immer beliebter bei den Zuschauern wurden zudem Krimis, Familienserien und Quizsendungen, aber auch Reportagen, Dokumentationen und Nachrichtensendungen erfreuten sich einer wachsenden Zuschauerzahl.

Trotz der fortschreitenden Entwicklung der Programmstruktur geriet das Fernsehen Ende der 1960er-Jahre zum ersten Mal in eine ernste Krise. Die Einnahmen aus den Rundfunkgebühren stagnierten aufgrund der Tatsache, dass die Mehrheit der Bevölkerung bereits ein Fernsehgerät besaß und angemeldet hatte. Außerdem dämpfte die Ölkrise von 1973 die aufkommende Aufbruchsstimmung innerhalb der Gesellschaft. Als Lösung für diese Fernsehkrise, aber auch angesichts einer zunehmenden wirtschaftlichen Privatisierung wurden seit den 1980er-Jahren auch private Fernsehsender zugelassen. Um den Endverbrauchern diese privaten Angebote zugänglich zu machen, bedurfte es jedoch technischer Neuerungen. Satelliten- und Kabeltechniken wurden entwickelt; damit konnte das Problem der Frequenzknappheit für die terrestrische Ausstrahlung gelöst werden. Im Vorgriff auf die neue private Konkurrenz stellten die Öffentlich-Rechtlichen ihr Programmangebot weiter um: Der Unterhaltungsanteil wurde erhöht, die Sendezeit in den Morgen und die späte Nacht ausgedehnt und neue Satellitenkanäle gegründet, um mögliche Nischen zu besetzen (z. B. „EINS PLUS", „ZDF MUSIKKANAL").

Seit Januar 1984 konnten Zuschauer mit den Sendern RTL und SAT.1 dann zum ersten Mal privates Fernsehen empfangen. Praktisch jedoch erreichte die Zahl der an das Kabelnetz angeschlossenen Haushalte anfangs kaum einen vierstelligen Wert. Ende der 1980er-Jahre änderte sich dieses Bild: Die Anzahl der Kabelanschlüsse war stark angewachsen, und auch das anfänglich provisorisch wirkende Programm wurde verbessert. Eine Mischung aus Unterhaltung, Sport, Spielfilmen und Sex traf den Geschmack der Öffentlichkeit. Im Jahr 1991 überschritt der Brutto-Werbeumsatz von RTL die DM-Milliardengrenze – privates Fernsehen hatte sich vor allem im Unterhaltungsbereich durchgesetzt. Im Laufe der Zeit wurden daraufhin immer mehr Kanäle angeboten. Spätestens seit Mitte der 1980er-Jahre bestehen im Tagesverlauf keine fernsehfreien Lücken (vgl. KARSTENS/SCHÜTTE 2005, S. 16-21). Während sich die öffentlich-rechtlichen Sender mittlerweile auf ihre anfängliche journalistische Ausrichtung rückbesonnen haben, nimmt der Großteil der Fernsehzuschauer zwischen 14 und 49 Jahren das Fernsehen jedoch vorwiegend als Unterhaltungsmedium in Anspruch.

Die Ausführungen zur Bedeutung des Fernsehens als Kommunikationsmedium, zu Marktanteilen und zur geschichtlichen Entwicklung verdeutlichen, dass das Fernsehen als Verbreitungsmedium nicht nur vor dem Hintergrund der Technikentwicklung betrachtet werden kann. In ebenso hohem Maße hängt der Erfolg der Verbreitung mit den Präferenzen und Gewohnheiten der Zuschauer zusammen. Näheres zu diesem Thema und der allgemeinen Mediennutzung behandelt das folgende Kapitel 3.1.3.

3.1.3 Mediennutzungsverhalten

Gegenwärtig stehen Konsumenten eine immense Auswahl an Unterhaltungs- und Informationsmedien zur Verfügung. Schon längst sind Massenmedien wie Radio, Zeitung, Internet und Fernsehen aus dem Alltag nicht mehr wegzudenken (die herrschende Rechtsprechung hat die Fernsehgeräte sogar zu einer nicht pfändbaren Sache des persönlichen Gebrauchs erklärt; vgl. SCHWEIGER 2007, S. 11). Im Jahr 2009 besaßen 95,5% (von 37,01 Mio.) deutscher Haushalte mindestens ein Fernsehgerät. 94,7% verfügten über ein Radio und 68,2% waren mit einem Internetanschluss ausgestattet[10].

Die Deutschen gestalten ihre Freizeit auf verschiedene Art und Weise. Sie treiben Sport, widmen sich Haus und Garten, treffen sich mit Freunden oder unternehmen etwas mit der Familie – eine besonders wichtige Rolle in der Freizeitgestaltung spielen jedoch die Medien. Praktisch jeder Bundesbürger sieht zumindest ab und zu fern, hört Radio, nutzt das Internet oder liest Zeitung. Nicht selten bedeutet freie Zeit somit auch Medienzeit. Im Jahr 2009 sahen die Deutschen täglich 212 Minuten fern (vgl. Abb. 26). Aber auch Printmedien und das

[10] vgl. www.mediendaten.de/medienausstattung-geraete-d.html, 04/2009

Radio werden von großen Teilen der Bevölkerung genutzt: Rund 37 Minuten pro Tag werden Tageszeitungen gelesen, 189 Minuten wird Radio gehört[11]. Und auch das Internet gehört mittlerweile zu den täglich genutzten Medien: Im Durchschnitt widmete sich jeder Erwachsene im Jahr 2009 täglich 136 Minuten dem Internet (vgl. VAN EIMEREN/FREES 2009, S. 6). Damit spielen die Massenmedien im Alltag der Menschen eine größere Rolle als andere Freizeitbeschäftigungen wie z. B. Sport oder Unternehmungen mit Freunden.

Ein deutlicher Beleg ist die Tatsache, dass die Sehdauer des Fernsehens im Zeitverlauf zugenommen hat (vgl. Abb. 26). Zum einen wird dies auf die gestiegene technische Verbreitung zurückgeführt, zum anderen auf eine gestiegene Akzeptanz des Mediums Fernsehen als Informations- und Unterhaltungsmedium. Der Begriff „Sehdauer" gibt an, wie lange eine Person im Durchschnitt innerhalb eines bestimmten Zeitintervalls ferngesehen hat[12].

Abb. 26: Sehdauer des Fernsehens im Überblick

Zeitverlauf	Sehdauer in Minuten/Tag			
	Haushalte ges.	Erw. ab 14 J.	Kinder 3-13 J.	Zusch. ges.
1995	297	186	95	175
2000	333	203	97	190
2005	358	226	91	211
2006	357	227	90	212
2007	348	223	87	208
2008	344	221	86	207
2009	346[1)]	221[1)]	85[1)]	212

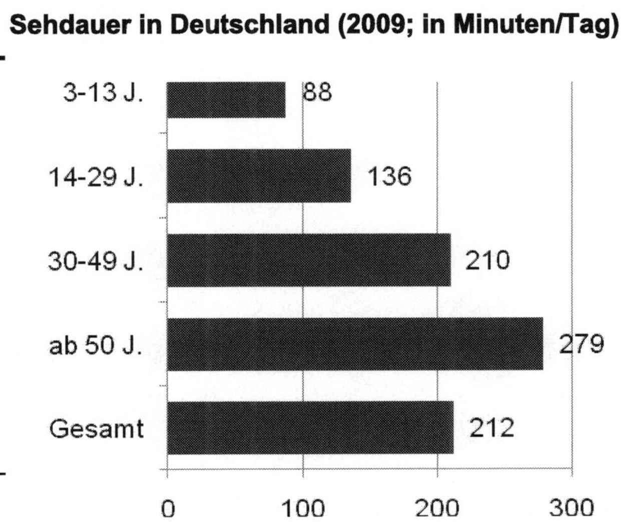

1) Januar bis Oktober des Jahres

Quelle: Eigene Darstellung in Anlehnung an www.mediendaten.de/index.php?id=fernsehen-sehdauer-d0 und www.ard.de/intern/basisdaten/fernsehnutzung, 03/2010

Zusammenfassend lässt sich feststellen, dass hauptsächlich Menschen ab 14 Jahren das Medium Fernsehen nutzen und dass die Sehdauer im Zeitverlauf gestiegen ist. Bei Personen unter 14 Jahren hingegen ist die Nutzung leicht rückläufig, was höchstwahrscheinlich auf eine Umorientierung von Erziehungswerten in den letzten Jahren zurückzuführen ist (weniger Zeit zu Hause verbringen, mehr Zeit für Bewegung draußen investieren). Im Vergleich zu jüngeren Altersgruppen sind es vor allem die über 50-Jährigen, die fernsehen. Ein Grund hierfür ist, dass diese Bevölkerungsgruppe oftmals mehr freie Zeit zur Verfügung hat. Die Tatsache, dass die Sehdauer der mittleren Altersgruppen geringer ausfällt, lässt sich mit der Lebenssituation erklären: Die Personen sind zumeist berufstätig, studieren und/oder haben Kinder, was zum Teil eine Einschränkung der Frei- und Medienzeit zur Folge hat. Zudem sind für diese Altersgruppen Medien wie das Internet deutlich wichtiger als für die Gruppe der über 50-Jährigen.

Vergleicht man die Fernsehnutzung mit der Nutzung anderer Medien und der Ausübung anderer Freizeitbeschäftigungen (vgl. Tab. 6), wird deutlich, dass es sich beim Fernsehen in fast allen Altersgruppen um die beliebteste Freizeitbeschäftigung handelt – nur bei den 20- bis 29-Jährigen dominiert die Nutzung von PC und Internet.

---

11 vgl. www.mediendaten.de/print-pressenutzung-d0.html, www.mediendaten.de/hoerfunk-hoerdauer-d0.html, www.mediendaten.de/print-pressenutzung-d0.html, 04/2009

12 vgl. www.agf.de/daten/zuschauermarkt/sehdauer, 04/2009

Tab. 6: Mediennutzung und Freizeitbeschäftigung (2009; in Prozent)

Mehrmals in der Woche	Personen ab 10 Jahren			Alter in Jahren							
	Gesamt	Mann	Frau	10-13	14-19	20-29	30-39	40-49	50-59	60-69	70+
Zeitungen lesen	73,1	74,0	72,2	24,0	39,9	60,8	66,1	75,2	83,5	90,2	87,1
Zeitschriften lesen	30,1	29,1	31,1	27,4	26,2	21,5	25,6	27,8	31,7	37,2	39,7
Bücher lesen	39,9	30,5	48,9	59,6	45,3	37,6	38,9	38,6	37,8	41,3	41,5
Fernsehen	87,1	85,5	88,7	90,3	87,9	78,7	80,0	84,9	89,4	93,4	95,4
Radio hören	78,0	77,3	78,6	61,7	64,2	69,7	76,7	81,7	83,6	84,6	80,5
CDs, MP3s etc. hören	41,7	43,5	39,9	63,7	72,9	62,9	51,2	39,4	32,2	25,5	17,7
Videos/ DVDs ansehen	10,2	12,2	8,3	12,9	18,3	18,5	12,2	8,6	6,6	5,6	4,7
PCs, Laptops nutzen	54,5	63,0	46,4	71,1	80,8	80,6	70,3	61,4	49,4	33,7	12,7
Ins Kino gehen	0,3	0,4	0,2	0,1	0,3	0,8	0,5	0,2	0,1	0,1	0,1
Theater, Konzert	0,3	0,4	0,3	0,6	0,3	0,6	0,3	0,3	0,2	0,4	0,3
Sport treiben	40,2	44,7	41,7	76,3	69,0	47,6	38,9	38,3	37,1	42,2	36,9
Ausgehen	8,9	10,3	6,5	3,0	14,1	18,8	7,4	5,5	5,2	6,5	4,3

Quelle: Eigene Darstellung in Anlehnung an www.ard.de/intern/basisdaten/mediennutzung, 03/2010

Deutlich wird noch einmal, dass die verschiedenen Medien insgesamt eine hohe Bedeutung für die Freizeitgestaltung haben; generell ist folgende Rangfolge festzustellen:

1. Fernsehen,
2. Radio hören,
3. Zeitungen lesen,
4. PCs, Laptops nutzen,
5. CDs, MP3s etc. hören,
6. Sport treiben,
7. Bücher lesen,
8. Zeitschriften lesen,
9. Videos, DVDs ansehen,
10. Ausgehen,
11. Theater, Konzert, ins Kino gehen.

Trotz der Beliebtheit des Fernsehens dominiert dieses Medium nicht den gesamten Tagesverlauf – die einzelnen Medien werden im Tagesverlauf ganz unterschiedlich genutzt. Beim Fernsehen handelt es sich um ein klassisches „Prime Time[13]"-Medium, welches ab 18.00 Uhr am stärksten genutzt wird. Während die Fernsehreichweite[14] am Vormittag dauerhaft unter 15% liegt, steigt sie bis zur „Prime Time" zwischen 20.00 und 22.00 Uhr auf 69%, wobei auch am späteren Abend und in der Nacht das Fernsehen das meistgenutzte Medium bleibt. Der frühe Morgen hingegen gehört dem Radio und der Zeitung. Über die Hälfte der 14- bis 49-Jährigen hört zwischen 6.00 und 9.00 Uhr Radio, mehr als ein Drittel liest in diesem Zeitraum Zeitung. Besonders wichtig ist es für die Hörer und Leser dabei, sich über aktuelle Ereignisse zu informieren. Während die Zeitung im Laufe des Tages kontinuierlich Nutzer verliert, bleibt das Radio als Begleitmedium bis in den Nachmittag das meistgenutzte Medium. Das Internet hingegen wird am meisten zwischen 15.00 und 20.00 Uhr genutzt (vgl. SevenOne Media 2005, S. 27; Abb. 27).

Abb. 27: Fernsehnutzung im Tagesverlauf (2008)

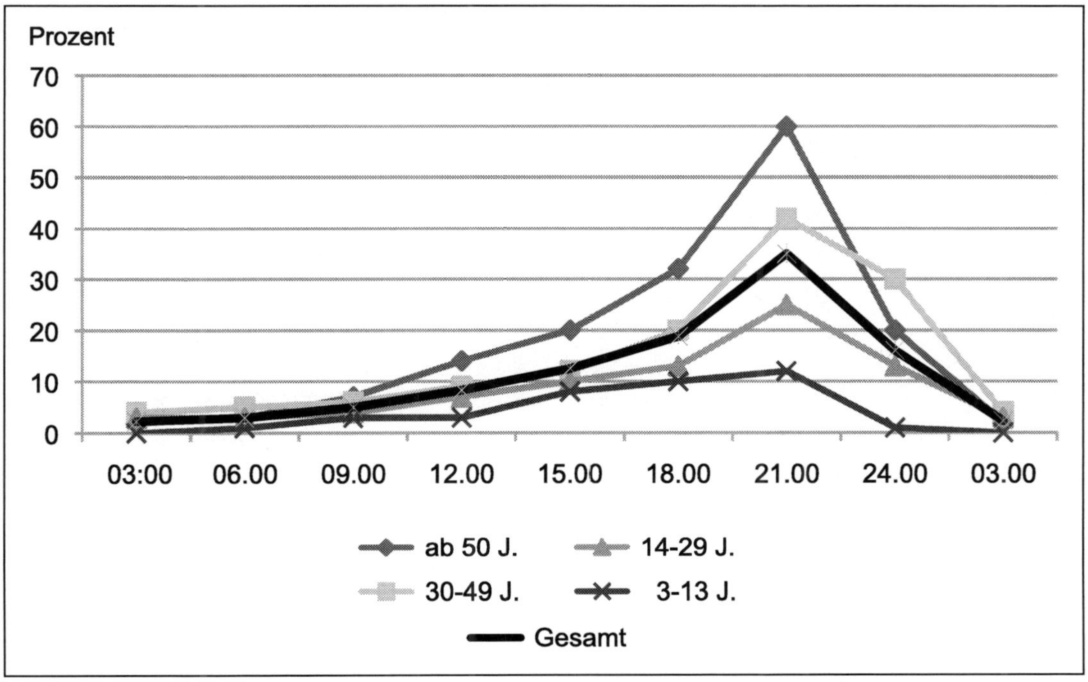

Quelle: Eigene Darstellung in Anlehnung an www.mediendaten.de/fernsehen-fernsehnutzung-d.html, 04/2009

Warum ist das Fernsehen so beliebt bzw. welche Themen stoßen im Fernsehen – auch im Vergleich zu ausgesuchten Medien – auf besonderes Interesse?

Dokumentationen, Nachrichten über Deutschland und die Welt, Unterhaltung und Sportnachrichten: diese Inhalte faszinieren im Fernsehen (vgl. Abb. 28). So hat jedes Medium offensichtlich sein eigenes Spezialgebiet aufzuweisen: Das Radio ist besonders beliebt für Verkehrsinformationen und Zeitungen dominieren deutlich im Bereich der lokalen und regionalen Geschehnisse. Informationen über Reisen sind im Vergleich zu anderen Medien insbesondere im Internet beliebt und Gesundheitstipps werden gerne in Zeitschriften nachgelesen. Auffällig ist jedoch, dass beim Fernsehen im Gegensatz zu den anderen aufgeführten Medien ein Interesse an allen Themenbereichen besteht – und dies auf durchgehend hohem Niveau. Interessant im Kontext dieser Untersuchung ist vor allem die Tatsache, dass das Fernsehen hinsichtlich des Interesses an Informationen zum Thema „Reisen" auf einem Spitzenplatz rangiert (nach dem Internet).

[13] Die Prime-Time bezeichnet die beste Sendezeit (auch Hauptsendezeit) des Fernsehens mit den höchsten Einschaltquoten. In Deutschland liegt die Prime Time i.d.R. zwischen 20.00 und 22.15 Uhr.

[14] Die Reichweite gibt den Anteil der Zielpersonen an, die durch einen Werbeträger erreicht werden.

Abb. 28: Themeninteressen in ausgesuchten Medien

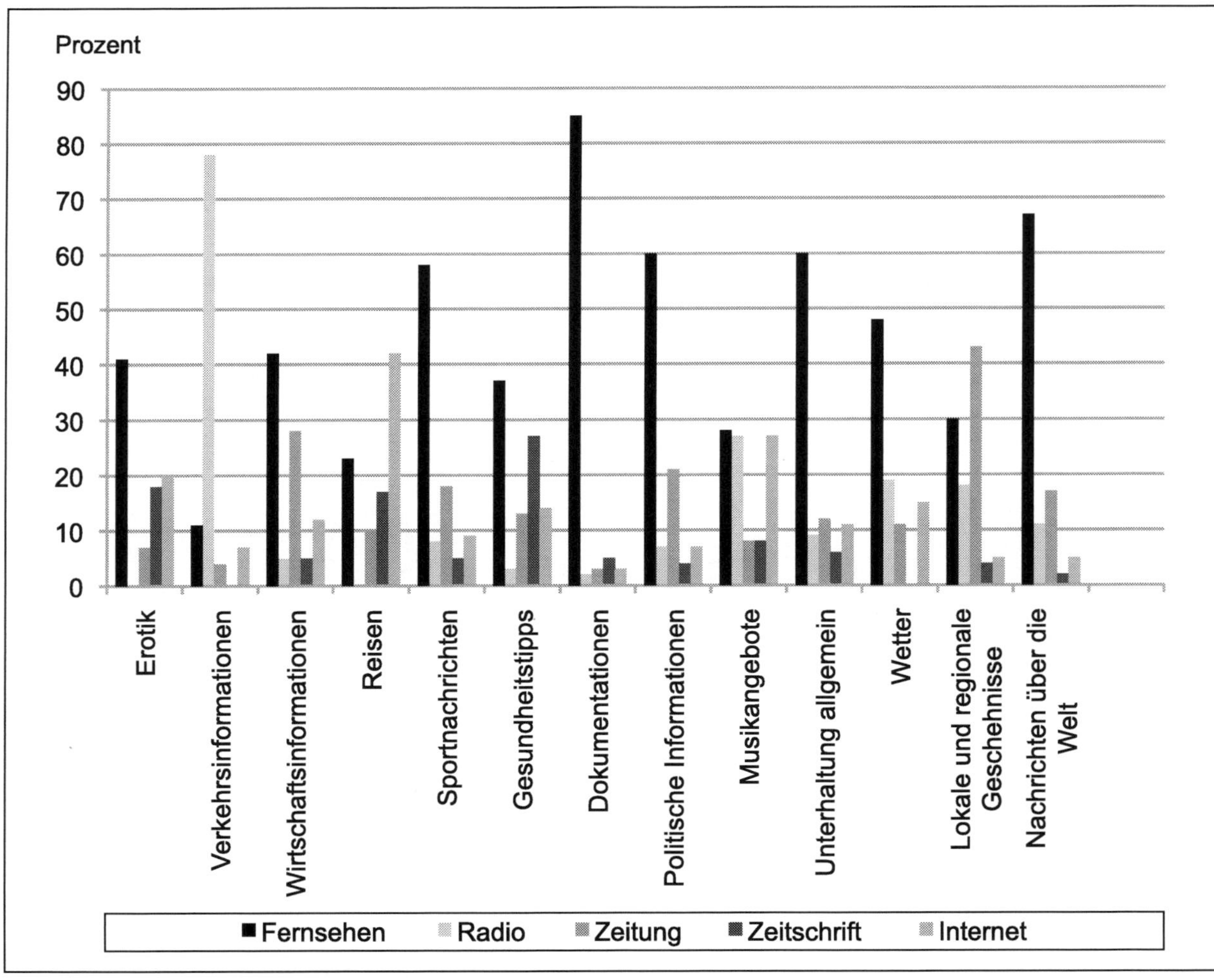

Quelle: Eigene Darstellung in Anlehnung an SEVENONE MEDIA 2005, S. 36

Die große Bedeutung des Fernsehens als Informations- und Unterhaltungsmedium ist ungebrochen (vgl. Abb. 29). Mit der Frage *„Welches ist das Medium, auf das Sie am wenigsten verzichten könnten?"* wurde die Relevanz ausgesuchter Medien untersucht. Mit 43% Prozent steht das Fernsehen auf Platz eins, gefolgt von Internet (27%), Radio (12%), Zeitung (8%) und dem Buch mit 6%. Obwohl das Internet als interaktives Medium deutlich mehr Möglichkeiten bietet, kann es das Fernsehen in den Nutzungsstatistiken noch nicht übertreffen.

Das Fernsehen ist das meistgenutzte Medium in Deutschland. Im Gegensatz zu den verschiedenen Vollprogrammen werden Spartensender in Deutschland jedoch vergleichsweise wenig gesehen. Aus diesem Grund verzeichnen auch Sender, die dem T-Commerce zugeordnet werden können, weniger Zuschauer. Die hohen Umsätze im T-Commerce, die fortschreitende Digitalisierung und die ungebrochene Beliebtheit des Fernsehens lassen jedoch eine positive zukünftige Entwicklung vermuten. Wichtig wäre eine solche Bedeutungszunahme auch für TV-Reiseshoppingsender.

Abb. 29: Relevanz ausgesuchter Medien (2005)

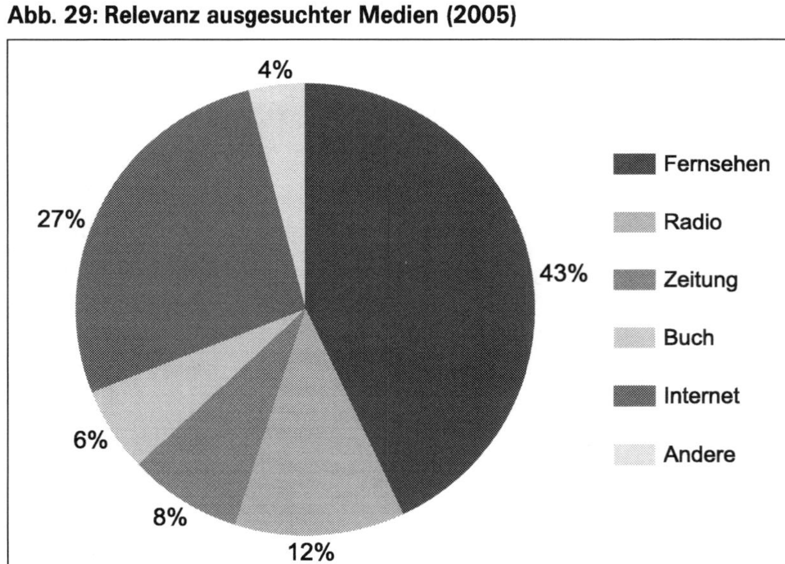

Quelle: Eigene Darstellung in Anlehnung an SEVENONE MEDIA 2005, S. 41

3.1.4 Begriffsabgrenzung „Teleshopping"

Ein Geschäftsfeld im Rahmen des T-Commerce ist das Teleshopping oder auch Homeshopping (vgl. Kap. 3.1), das eine Form des DRTV (Direct Response Television[15]) darstellt (OTTLER 1998, S. 32): *„Beim Teleshopping handelt es sich um eine moderatorgestützte Verkaufssendung, in deren Rahmen Zuschauer die beworbenen Produkte über eine eingeblendete Telefonnummer direkt beim Sender bestellen können."*

TV-Direktmarketing (DRTV) lässt sich generell in den Sektor der Direktkommunikation und in den Bereich der Direct-Response-Werbung einordnen. Die Direct-Response-Werbeformen enthalten einen Antwortmechanismus (Response), durch den eine sofortige Zuschauerreaktion ausgelöst werden kann (vgl. SPITZER 1996, S. 116). Im Fernsehen erfolgt diese Antwortmöglichkeit zumeist durch die Einblendung einer Telefonnummer. Möglich sind außerdem die Einblendung einer Firmenadresse oder einer Web-Adresse. Ziele des Direktmarketings sind die sofortige, bequeme Bestellmöglichkeit und eine Vertiefung der Kundenbindung, wobei ein nicht zu unterschätzender Nebeneffekt die Adressgenerierung für weitere Marketingaktivitäten ist. Im Rahmen von DRTV ist es gebräuchlich, sowohl einzelne Werbeeinblendungen als auch journalistisch und unterhaltsam aufbereitete Sendungen zu produzieren und On-Air[16] zu schalten.

Teleshopping-Spots und Teleshoppingsendungen gelten in Deutschland als Dauerwerbesendungen. Aufgrund von Werbezeitenbeschränkungen sowohl bei den öffentlich-rechtlichen als auch den privaten Fernsehsendern hat diese Tatsache enorme Auswirkungen auf die erlaubte Sendezeit im Sinne des Rundfunkstaatsvertrages (RStV). So dürfen ARD und ZDF beispielsweise keine Dauerwerbesendungen ausstrahlen; bei den kommerziellen Sendern ist die Ausstrahlungsdauer von Teleshopping-Fenstern auf maximal 180 Minuten pro Tag beschränkt (vgl. KARSTENS/SCHÜTTE 2005, S. 59). Anders ist die Rechtslage jedoch beim Teleshopping im Rahmen eines eigenständigen Senders. Er wird in der Regel als Mediendienst aufgefasst und unterliegt allein dem Mediendienststaatsvertrag (MDStV). Mediendienste sind zulassungs- und anmeldefrei (§ 4 MDStV), während ein normaler Rundfunksender eine Zulassung nach Landesrecht benötigt und vielen Bedingungen unterliegt – z. B. der Festlegung auf ein Programmschema, der Offenlegung von Jahresabschlüssen sowie Einschränkungen der Werbezeitenanteile.

Insbesondere die Restriktionen hinsichtlich der Werbung widersprechen dem Grundprinzip des Teleshopping. Eine eindeutige Abgrenzung zwischen Medien- und Rundfunkangebot ist in der Praxis jedoch schwierig, da sich Unterschiede vor allem auf den Inhalt beziehen. So darf Teleshopping als Mediendienst folgende inhaltliche Elemente enthalten (vgl. GOLDHAMMER/LESSIG 2005, S. 151-154):

- Umfeldbeschreibungen, die sich auf das Produkt und seine Herstellung sowie seinen Gebrauch beziehen,
- Präsentation und Beschreibung von Waren oder Dienstleistungen im Rahmen einer Livepräsentation, auch mit direkten Call-In-Möglichkeiten.

Hingegen ist Teleshopping als Rundfunk zu bezeichnen, wenn

- das Gezeigte Informationen ohne Produktbezug enthält (z. B. gesellschaftliche Themen),
- die Produktpräsentation in Unterhaltungssendungen integriert ist,
- der Verkaufscharakter nicht durchgehend eindeutig im Vordergrund steht.

Neben den genannten medien- und werberechtlichen Anforderungen unterliegen die beim Teleshopping zu verkaufenden Waren und Dienstleistungen bestimmten Bedingungen, die nicht rechtlich verankert sind, sondern zuschauerbedingt. So reicht das durchschnittliche Produktspektrum der Teleshoppinganbieter von Textilien und Schmuck über Elektroartikel bis hin zu Küchengeräten – verkauft werden kann im Grunde genommen alles, was gefragt ist (wobei eine ethische Vertretbarkeit gegeben sein muss). Nach KRUSE (1993, S. 311-312) bestehen jedoch folgende Artikelanforderungen:

- Teleshopping-Produkte müssen vom Zuschauer als etwas Besonderes erlebt werden (z. B. ein schnurloses Bügeleisen).

---

[15] Direct Response Television (DRTV) ist ein Sammelbegriff für Werbesendungen im Fernsehen, bei denen der Zuschauer mittels eingeblendeter Telefon-, Faxnummern oder Internetadressen Produkte bestellen bzw. weitere Informationen zu Produkten erhalten kann.

[16] „On-Air" bedeutet übersetzt „auf Sendung". Gemeint ist hier, dass verschiedene Inhalte auf Sendung geschaltet werden.

- Die größten Absatzchancen sind im Niedrigpreissegment zu erwarten (unter 100,- Euro).
- Set- und Kombinationsangebote zur Produktdifferenzierung vermitteln Exklusivität.
- Das Anbieten von Standardartikeln sollte vermieden werden, da eine zu hohe Markttransparenz besteht.
- Ein günstiges Preis-Leistungsverhältnis muss deutlich werden.
- Die Produkte sollten leicht erklärbar und nicht kompliziert sein.

Zusammenfassend kann Teleshopping folgendermaßen charakterisiert werden (Kruse 1993, S. 313): *„Teleshopping, das heißt: ein plakativ gemachtes, detailliertes, über die Artikel informierendes und gleichzeitig unterhaltendes Programm; eine fernsehgestützte Verkaufswerbung, die den Zuschauer motiviert und seine Neugierde weckt."*

Das folgende Kapitel 3.2 beschäftigt sich mit den Grundlagen und weiterführenden Aspekten des TV-Reiseshopping.

3.2 Grundlagen des TV-Reiseshopping

Innerhalb des TV-Shoppings hat sich neben dem Vertrieb von Konsumgütern die Distribution von Reisen als eine Spezialform herausgebildet. Im Sinne der Konzentration auf ein spezifisches Produktsegment werden hier Reisen (und zum Teil reiseaffine Produkte wie Reiseliteratur) über das Fernsehen verkauft (vgl. Goldhammer/Lessig 2005, S. 31).

Im Gegensatz zum herkömmlichen Teleshopping gibt es zum TV-Reiseshopping – aufgrund von fehlenden Forschungsergebnissen und wissenschaftlichen Veröffentlichungen zu diesem Thema – keine einheitliche Definition. Aus diesem Grund soll an dieser Stelle versucht werden, Charakteristika in einer eigenen kurzen Begriffsbestimmung zusammenzufassen: *„Beim TV-Reiseshopping werden aktuelle Angebote verschiedener touristischer Anbieter, die von einem oder mehreren Moderatoren in Verkaufsshows präsentiert werden, den Zuschauern direkt zum Kauf angeboten. Die Abwicklung des Verkaufsgesprächs und der möglichen Buchung erfolgen in der Regel über ein Call-Center, dessen Telefonnummer innerhalb der Sendungen dauerhaft eingeblendet ist."*

Organisatorisch gesehen sind TV-Reiseshoppingsender Spartensender, die – analog zum Teleshopping – bestimmten rechtlichen Bedingungen unterliegen. So zählen sie in der Regel ebenfalls zu den Mediendiensten ohne Werbezeitenbeschränkung. Allerdings verpflichten sich Reiseshoppingsender, mindestens acht Stunden ihrer täglichen Sendezeit mit Formaten zum Thema „Reise" zu füllen. Für die verbleibende Sendezeit besteht die Möglichkeit der anderweitigen Vermarktung. Zur Erhöhung der Reichweite nutzen Reiseshoppingsender zudem oftmals verschiedene Programmfenster bei anderen Sendern. In diesen zugekauften Sendezeiten werden dann zumeist zu einem bestimmten Thema (wie z. B. „Mallorca" oder „Städtetouren") Reisen zum Kauf angeboten. Die auf diesem Weg ausgestrahlten Reiseshoppingsendungen werden als Dauerwerbung gewertet und dürfen bei privaten Fernsehsendern bis zu drei Stunden täglich (zusammengerechnet mit anderen Teleshoppingformaten) ausgestrahlt werden (vgl. Brettschneider/Stark 2006, S. 400-401).

In Kapitel 3.2.1 erfolgt eine Beschreibung der geschichtlichen Entwicklung des TV-Reiseshoppings, bevor Voraussetzungen für die Eignung des TV-Reiseshopping als Vertriebskanal (Kap. 3.2.2), die Eignung des touristischen Produktes für fernsehbasierte Verkäufe (Kap. 3.2.3) sowie die Bedeutung von Images für TV-Reiseshopping (Kap. 3.2.4) in den Mittelpunkt der Betrachtungen rücken.

3.2.1 Geschichtliche Entwicklung

Die Idee für das TV-Shopping entstand – einer Anekdote zu Folge – eher zufällig. Ein Produzent von Dosenöffnern in Tampa/Florida in den USA hatte im Radio Werbezeit gebucht und ging überraschend in Konkurs. Der Radiosender übernahm die Dosenöffner und bot sie in den Sendungen an, um aus dem Erlös die Werbekosten zu finanzieren. Innerhalb weniger Stunden war die gesamte Ware verkauft. Vor dem

Hintergrund dieses Erfolges gründeten die beiden Betreiber des Rundfunksenders Lowell Paxon und Roy Speer im Jahr 1982 den Kabelkanal Home Shopping Network (HSN), dessen 24-stündiges Programm in einige lokale Kabelnetze eingespeist wurde. Bereits im Jahr 1985 erlangte HSN landesweite Verbreitung, HSN I und HSN II konnten außerdem über Satellit empfangen werden. Aufgrund des finanziellen Erfolges dieser Sender (1 Mrd. US $ Umsatz im Jahr 1990) wurde im Laufe der Jahre in den USA eine große Zahl von Teleshoppingsendern gegründet; die bekanntesten sind bis heute HSN und QVC (vgl. Gruninger-Hermann 1999, S. 23).

Mit der europaweit zunehmenden Verbreitung privater Fernsehsender wurden die Erfolgsbeispiele des Teleshopping aus den USA auch in Deutschland imitiert. Am 7. Dezember 1987 startete mit dem „Telekaufhaus" der Eureka Televisions GmbH (seit 01.01.1989 ProSieben) die erste Verkaufssendung in Deutschland. In Zusammenarbeit mit dem Großversandhaus Quelle und dem Reiseveranstalter Tjaereborg wurden Waren aus dem Quelle-Sortiment und Reisen (meist Restplätze in bekannten Ferienregionen) verkauft (vgl. Kruse 1993, S. 305). Nur kurze Zeit später, im Jahr 1988, startete der SAT 1 Teleshop in Zusammenarbeit mit dem OTTO Versand, im Jahr 1989 folgten die Sendungen Tele-Boutique und Showladen auf RTL zusammen mit Quelle (vgl. Goldhammer/Lessig 2005, S. 33).

Allerdings wurden diese frühen Bemühungen, TV-Shopping auch in Deutschland zu etablieren, aufgrund von restriktiven rundfunkrechtlichen Bedingungen wieder eingestellt – zum damaligen Zeitpunkt war maximal eine Stunde Teleshopping am Tag zulässig. Erst im Oktober 1995 nahm HSE 24 als erster vollwertiger Teleshoppingsender seinen Betrieb auf, wobei die Arbeit zunächst im Rahmen eines Pilotprojektes gestartet wurde. Die Zulassung unbefristeter Teleshoppingkanäle erfolgte erst im Februar 1997 mit der Verabschiedung des Mediendienststaatsvertrages. Im Dezember 1996 startete auch in Deutschland der Sender QVC, im März 2001 ging der RTL Shop (heute Channel 21) On-Air. Im Oktober 2004 folgte dann der bis dato jüngste Sender 1-2-3.TV (vgl. Goldhammer/Lessig 2005, S. 33-34).

Bereits im Jahr 1987 wurden mit den Restplatzangeboten von Tjaereborg die ersten Reisen über das Fernsehen verkauft – jedoch zunächst mit geringem Erfolg. Erst ab 1999 konnten Reisen in nennenswertem Umfang über den Fernseher vertrieben werden (vgl. Brettschneider/Stark 2006, S. 401). In den Jahren 2000/2001 erfuhr TV-Reiseshopping dann eine Boomphase: Die touristische Fachpresse berichtete über neue Projekte, gute Zukunfts- und Gewinnchancen sowie einen ausbaufähigen Vertriebsweg[17].

In Anbetracht einer breiten Berichterstattung verwundert es nicht, dass es im Jahr 2001 sogar zeitweise vier 24-Stunden-Kanäle im Bereich TV-Reiseshopping gab. Dieser Aufwärtstrend hielt jedoch nicht lange an (vgl. Kap. 3 und 3.3.1).

3.2.2 Voraussetzungen für die Eignung des TV-Reiseshopping als Vertriebskanal

Das Hauptgeschäftsfeld der TV-Reiseshoppingsender ist der Verkauf von Reisen. Dabei treten die Sender jedoch nicht selbst als Reiseanbieter, sondern – wie Online-Reiseportale und stationäre Reisebüros – als Reisemittler auf. Entsprechend erhalten auch sie für die Reisen, die sie im Auftrag verschiedener Touristikunternehmen vermitteln, lediglich eine Provision in Höhe von ca. 10-15% (vgl. Goldhammer/Lessig 2005, S. 32).

Um Kaufimpulse zu geben, stellen TV-Reiseshoppingsender potentielle Urlaubsdestinationen vor, liefern Informationen zum Thema „Reise" und machen Vorschläge zur Urlaubsgestaltung und -planung. Wichtig für Reiseshopping im Fernsehen ist auch, das Gezeigte emotional aufzuladen, um bei Zuschauern ein latentes Bedürfnis nach Urlaub zu wecken und sie zur Buchung anzuregen.

Insgesamt wird der Vertrieb von Reisen über das Medium Fernsehen durch zwei Faktoren begünstigt – zum einen durch den hohen Stellenwert von Urlaub und Reisen innerhalb der Gesellschaft und zum anderen durch die große Bedeutung des Fernsehens bei der Freizeitgestaltung (vgl. Schröder 2001, S. 33). Neben dem vorhandenen Zuschauerinteresse entscheiden jedoch noch weitere Faktoren über einen möglichen Erfolg des TV-Reiseshopping als touristischem Vertriebskanal. Dabei sind zunächst externe Anforderungen zu nennen:

- eine ausreichende Technik,
- genügend Marktanteile.

---

17 vgl. www.fvw.de: Archivsuche nach „TV Reiseshopping" für das Jahr 2001

Das Fernsehen ist inzwischen technisch so weit entwickelt, dass über die drei Empfangsebenen Kabel, Satellit und Terrestrik nahezu jeder Fernsehnutzer eine Vielzahl von Sendern empfangen kann. Die meisten Spartensender verbreiten ihr Programm aus Kostengründen über Satellit; generell wird Fernsehen in Deutschland jedoch zu 52,8% über Kabel und nur zu 42,1% über Satellit verbreitet (vgl. Kap. 3.1.1). Zwar liegt der Digitalisierungsgrad beim Satellitenfernsehen bereits bei 74,1% und beim Kabelfernsehen nur bei 30,6%, dennoch können die Spartensender nicht den Verbreitungsgrad des Kabelnetzes erreichen. Erst eine fortschreitende Digitalisierung des Übertragungswegs „Kabel" würde den Spartensendern die Möglichkeit bieten, diesen ebenfalls intensiv zu nutzen und damit eine höhere Verbreitung zu erreichen (die ebenso kostengünstig wäre wie per Satellit bzw. noch kostengünstiger aufgrund der höheren Reichweite).

Ein geringerer Verbreitungsgrad impliziert in der Regel auch weniger Marktanteile. Generell weisen nur wenige Vollprogramme einen hohen Marktanteil auf (vgl. Kap. 3.1.2). Spartensender spielen stets eine bedeutend geringere Rolle, da sie sich zumeist auf weniger attraktiven Programmplätzen befinden. Daher ist für sie der Aufbau einer Stammseherschaft (und im Fall des TV-Reiseshopping auch einer Stammkundschaft) eine wichtige Aufgabe, um Werbepartner und Sponsoren zu finden. Ohne diese Zielgruppe ist privaten Anbietern eine ausreichende Finanzierung nicht möglich (öffentlich-rechtliche Sender finanzieren sich durch Rundfunkgebühren, Pay-TV-Sender vorwiegend mittels direkter Bezahlung durch die Zuschauer).

Darüber hinaus werden die Eignung und ein möglicher Erfolg des TV-Reiseshopping als Vertriebskanal maßgeblich beeinflusst durch:

- die Eignung des touristischen Produktes,
- das Image des TV-Reiseshopping.

Diese beiden Aspekte unterliegen jedoch nicht nur externen Beeinflussungen. Sie können durchaus intern gesteuert und auch verändert werden, weshalb sie für TV-Reiseshopping eine hohe Bedeutung haben. In den folgenden Kapiteln 3.2.3 und 3.2.4 werden sie deshalb gesondert behandelt.

3.2.3 Die Eignung des touristischen Produktes für fernsehbasierte Verkäufe

Touristische Produkte haben als Dienstleistungen einen immateriellen Charakter – sie sind weder lager- noch transportfähig. Bei der Buchung erwirbt der Kunde ein Dienstleistungsversprechen, das für ihn mit einem höheren Risiko behaftet ist, da es nicht möglich ist, die Qualität des Produkts vor dem Kauf zu überprüfen; bei Nichtgefallen ist eine Rückgabe ausgeschlossen.

Kunden, die genauere Informationen über das Reiseziel, die Unterkunft und andere Leistungen einholen möchten, sind also auf externe Informationsquellen angewiesen. Da die Qualität des Angebots nur auf der Grundlage des Images und des Leistungspotenzials der Anbieter beurteilt werden kann, sucht der potentielle Urlauber folglich nach Zeichen oder Hinweisen, welche die Qualität einer touristischen Leistung bezeugen. Mit dem Ziel, der Immaterialität des Angebots entgegenzuwirken sowie eine höhere Transparenz und eine bessere Überprüfbarkeit der produktbezogenen Fakten herzustellen, hat die Tourismuswirtschaft verschiedene kommunikations- und produktpolitische Maßnahmen entwickelt (vgl. Steinecke 2006, S. 70): Preise, Markennamen, Hotelklassifikationen und Gütesiegel sind z. B. materielle Ausdrucksformen einer immateriellen Leistung. Auch Bilder vermögen es, die Immaterialität des Angebots scheinbar zu reduzieren.

Aufgrund dieser Sachlage kommt kein touristischer Vertriebsweg ohne eine ausführliche Produktbeschreibung aus. Neben den so genannten „harten Fakten" wie Preisen, Flugzeiten, Verpflegungsleistungen etc. sind es vor allem die „weichen Faktoren" wie Bilder und Reisebeschreibungen, welche entscheidend für die Vermittlung von Qualität sind. Während die Kunden im stationären Vertrieb mit Reisekatalogen und durch persönliche Beratung überzeugt werden sollen, sind es im Internet die Online-Beschreibungen (inklusive Bildern), welche den herkömmlichen Katalog ersetzen. Das TV-Reiseshopping weist in diesem Kontext deutliche Vorteile auf.

Das Fernsehen ist in der Lage, bewegte Bilder aussagekräftiger und unterhaltsamer herzustellen als das Internet. Videos und Clips über Hotels und Destinationen können dazu genutzt werden, den potentiellen Kunden eine konkretere Vorstellung darüber zu geben, wie ihre Reise aussehen wird (ob diese Videos Sachverhalte beschönigen oder genaue Tatsachen wiedergeben, sei an dieser Stelle dahingestellt). Darüber hinaus vermitteln bewegte Bilder eine gewisse Authentizität und das Gefühl der Partizipation; auf diese Weise kann auch die Glaubwürdigkeit erhöht werden (vgl. KRUSE 1993, S. 313).

Bei den Produkten, die mit Hilfe von visuellen Mitteln zum Verkauf angeboten werden, handelt es sich zumeist um gängige, wenig beratungsintensive Pauschalreisen: klassische Bade- oder Winterurlaube, Familienangebote, All-Inclusive-, Städte- oder Fernreisen sowie Wellnessurlaube. Individuell zusammengestellte Reisen und Produkte mit einem hohen Erklärungsbedarf fehlen in den Portfolios der Anbieter (vgl. BRETTSCHNEIDER/STARK 2006, S. 403).

Warum beim TV-Reiseshopping überwiegend Pauschalreisen angeboten werden, hängt mit verschiedenen Faktoren zusammen. Zum einen benötigen die Produzenten von TV-Reiseshoppingsendungen von der Einholung der Angebote bei Reiseveranstaltern bis hin zur fertigen Sendung eine bestimmte Zeit zur Produktion. In dieser Phase können die konkreten Angebote Preisschwankungen ausgesetzt sein, die bei Pauschalreisen häufig geringer ausfallen. Zum anderen lassen sich leicht zu erklärende Produkte auch besser bebildern. Zu ihnen liegt in den Archiven der Sender bereits Filmmaterial vor, welches zwar neu geschnitten, nicht jedoch neu gedreht werden muss. Somit verringern sich die Produktionskosten enorm.

Allerdings ist auch der Aufbau der Reiseshoppingsendungen mitverantwortlich für die Konzentration der Sender auf Pauschalangebote:

- In der Regel stellt ein Moderator oder eine Moderatorin zunächst kurz ein Produkt vor – mit Angaben zum Preis sowie zu Besonderheiten, Reisedauer, Reiseziel etc.

- Im Folgenden wird ein Beitrag gezeigt, bei dem es sich zumeist um einen filmischen Zusammenschnitt aus Hotel und Destination handelt, der das konkrete Angebot unter unterschiedlichen Aspekten präsentiert.

- Anschließend fasst der Moderator die wichtigsten Bestandteile des Produktes noch einmal zusammen und preist es an, bevor er zum nächsten Angebot übergeht.

- Während des jeweiligen Beitrags wird zudem die Telefonnummer des Call-Centers eingeblendet, über das die Reise gebucht werden kann.

- Von Zeit zu Zeit, meist wenn der Moderator das Angebot zusammenfasst, werden ferner so genannte „Kacheln" graphisch eingeblendet, auf denen der Kunde die relevanten Einzelheiten des Produktes noch einmal nachlesen kann.

Insgesamt bleibt also kaum Zeit, besonders erklärungsbedürftige Produkte zu erläutern. Darüber hinaus halten Kunden es oftmals für risikoreich, Produkte, die sie als kompliziert oder teuer empfinden, ohne persönlichen Face-to-Face-Kontakt über ein Call-Center zu buchen.

Grundsätzlich ist das touristische Produkt jedoch für fernsehbasierte Verkäufe geeignet. Schließlich agiert das TV-Reiseshopping auch nicht anders als ein stationäres Reisebüro oder der Online-Vertrieb. Bei allen drei Vertriebsformen werden Fakten und Leistungen einer Reise erläutert, das Produkt wird durch Worte und Bilder beschrieben und zum Verkauf angeboten. Unterschiede entstehen durch die Medien, in denen die Produkte dargestellt werden (Katalog, Internet oder Fernsehen) und in der Art der Buchungsabwicklung (über einen Reisebüromitarbeiter, eine Online-Buchungsmaske oder ein Call-Center).

Allerdings hat TV-Reiseshopping mit einem wesentlichen Problem zu kämpfen, welches bei anderen Vertriebswegen weniger stark ausfällt und mit Charakteristika des Teleshopping zusammenhängt: Teleshopping lebt von Impulskäufen. Die Kaufentscheidung erfolgt also in der Regel spontan, ihr geht kein intensiver Kaufentscheidungsprozess voraus. Die Produkte, die über Teleshopping vertrieben werden, sollten also möglichst nicht besonders erklärungsbedürftig sein; vielmehr müssen ihre Vorteile auf der Hand liegen und einen sofortigen Besitzwunsch und Spontankauf auslösen (vgl. KLOSS 2007, S. 587).

Diese Tatsachen stehen im Gegensatz zum gewöhnlichen touristischen Kaufverhalten. Denn der Kauf einer Reise erfolgt in den wenigsten Fällen spontan. Vor einer Buchung informieren sich potentielle Kunden in der Regel ausführlich, vergleichen Angebote und Preise und beraten sich mit Freunden und Bekannten bzw. holen sich Hilfe in Reisebüros (vgl. Exkurs zum Ablauf von Kauf- und Reiseentscheidungen). Die wenigen spontanen Buchungen erfolgen überwiegend bei Last-Minute-Reisen, wobei auch hier meist Informationen vor der Buchung eingeholt werden.

Hinzu kommt, dass im Teleshopping eher preisgünstige Produkte abgesetzt werden. KLOSS nennt beispielsweise 50,- Euro als Preisobergrenze (vgl. KLOSS 2007, S. 587). Ob es nun Artikel im Wert von bis zu 50,- oder 100,- Euro sind, die im Teleshopping besonders oft verkauft werden, sei dahingestellt. Sicher ist jedoch, dass Pauschalreisen in der Regel teurer sind. Lediglich einzelne Hotelübernachtungen, Billigflüge oder Mietwagen sind im Normalfall unter 100,- Euro zu bekommen. Somit bestehen auch in den Produktpreisen Diskrepanzen zwischen Tourismus- und Teleshoppingprodukten, welche sich negativ auf das TV-Reiseshopping auswirken können.

Diesem Problem kann jedoch durch besonders preisgünstige Reisen (die das wahrgenommene Buchungsrisiko senken) und Exklusivangebote (die einen sofortigen Besitzwunsch auslösen) entgegen gewirkt werden; beide Angebotstypen bieten einen Anreiz für Spontankäufe. Zudem haben TV-Reiseshoppingsender und auch die Produzenten von TV-Reiseshoppingsendungen Internetplattformen bzw. Homepages eingerichtet, die den Vertrieb unterstützen. Die Angebote werden bereits im Fernsehen mit einem speziellen Buchungscode versehen, welcher im Internet erneut angezeigt wird und dem Kunden die Suche erleichtert. Auch die Nummer des Call-Centers, das bei größeren Anbietern nicht nur während der Sendung, sondern den ganzen Tag erreichbar ist, erscheint im Internet erneut. Auf diese Weise sollen Kunden angesprochen werden, die nicht spontan kaufen möchten. Die Möglichkeit, im Internet zu buchen, wird jedoch vergleichsweise wenig kommuniziert, da ein Anruf im Call-Center über kostenpflichtige Rufnummern den Anbietern zusätzliche Einnahmen bringt (diese Kosten fallen bei Online-Buchungen nicht an).

Abb. 30: Merkmale des TV-Reiseshopping

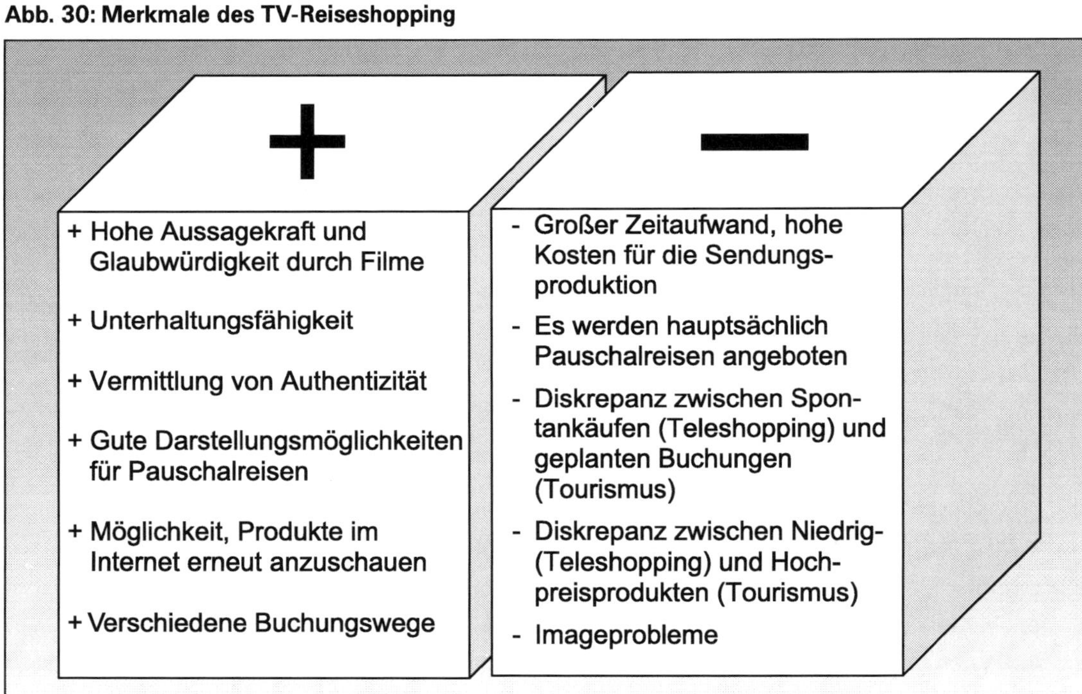

Quelle: Eigene Darstellung

Ein weiteres wichtiges Kriterium für den Erfolg des TV-Reiseshopping ist ein positives Image der Produkte, denn nur ein Produkt, welches von potentiellen Kunden als „gut" oder „sehr gut" eingeschätzt wird, lässt sich erfolgreich vermarkten. Ausschlaggebend kann zudem auch das Image des Anbieters oder ganzer Branchen sein. Die Branche des Teleshopping hat in Deutschland beispielsweise seit jeher mit Imageproblemen zu kämpfen. Wirkt sich dies möglicherweise auch auf TV-Reiseshopping und seine Produkte aus? Die nachfolgenden Ausführungen sollen hierüber erste Auskünfte geben.

3.2.4 Die Bedeutung von Images für TV-Reiseshopping

Bisher ist nicht eindeutig belegt, ob sich Reisen auch langfristig profitabel über das Fernsehen verkaufen lassen. Wichtig für eine erfolgreiche Umsetzung einer verkaufsorientierten Strategie ist neben absatzpolitischen Instrumenten (vgl. Kap. 3.3.2) auch das Image einzelner Reiseshoppingsendungen oder -sender, welches generell vom Image des Fernsehens und speziell des Teleshopping als Spartenlösung abhängig ist.

Im europäischen Vergleich ist das Fernsehangebot in Deutschland als besonders abwechslungsreich zu bewerten. Zuschauer haben die Möglichkeit, aus einer Vielzahl von Fernsehsendern zu wählen. Außerdem können sie ständig neu entscheiden, was sie im Moment oder im Tagesverlauf sehen möchten. Für die Fernsehsender entsteht dadurch die Notwendigkeit, sich im Bewusstsein der Zuschauer zu verankern – mit einem klaren Profil und einem möglichst positiven Image, welches ihre Stärken hervorhebt.

Die Einschätzungen und Beurteilungen der Zuschauer spielen bei der Entscheidung für oder gegen einen bestimmten Sender oder ein Programm eine große Rolle, da diese Entscheidungen zum Großteil intuitiv getroffen werden. Images sind somit maßgeblich dafür verantwortlich, ob ein Sender in das „Relevant Set"[18] der Zuschauer aufgenommen wird oder nicht (vgl. Seven One Media 2002, S. 2).

> **Definition Image**
> (Bentele 1992, S. 153): *„Ein Image ist ein vereinfachtes, überverdeutlichtes und bewertetes Vorstellungsbild, ein Quasi-Urteil, das keine Gültigkeitsgrenzen kennt [...]. Alle menschlichen Wahrnehmen, Erleben und Denken zugänglichen Gegenstände werden immer auch vereinfacht – als Images – verarbeitet. [...] Images bilden die Realität nicht im fotografischen Detail ab, sondern sie machen ihre Schlussfolgerungen an Schlüsselreizen, exemplarischen Leistungen, einzelnen Erfolgen, aber auch einzelnen Misserfolgen fest. Images entstehen [...] kurzfristig, auf Basis eines Minimums an Information."*

Als Massenmedium, das verschiedene Zielgruppen und Themengebiete anspricht und abdeckt, weist das Fernsehen unterschiedliche Imageprofile auf. Diese sind unter anderem abhängig von den Sendern, den Sendungen, den Inhalten sowie den Personen, welche diese Inhalte präsentieren. Generell bemühen sich Massenmedien, auch aufgrund ihres teilweise schlechten Rufes, um ein Image der Glaubwürdigkeit und Verlässlichkeit. Oftmals wird diesen Medien von Kritikern beispielsweise eine unzureichende Informationsübermittlung, die Vermittlung falscher Werte, einseitige Betrachtungsperspektiven oder anspruchslose Unterhaltung vorgeworfen (vgl. Heinrich 2001, S. 45). Ein seriöses Image ist also vor allem wichtig, um dem negativen Image des Fernsehens bezüglich einer einseitigen Berichterstattung entgegenzuwirken.

Hinsichtlich der Seriosität ist das Image des Fernsehens wesentlich schlechter einzuschätzen als das von Tageszeitungen (vgl. Schenk 2007, S. 717). Bewertet man das Image des Fernsehens als Unterhaltungsmedium, ändert sich das Urteil: Hier besteht ein positives Image. Ebenso gut ist das werbliche Image des Fernsehens (die Qualität der Fernsehwerbung oder auch die Eignung des Fernsehens als Werbeplattform), wenngleich Werbung von den Zuschauern zeitweise auch als störend empfunden wird (vgl. Heinrich 1999, S. 572).

Speziell diese Einschätzung der Zuschauer, die Fernsehwerbung sei irritierend, überträgt sich direkt auf das Image des Teleshopping und der zugehörigen Sender. So kann das Image des Teleshopping kaum als positiv bezeichnet werden. Fehlende Seriosität, undurchsichtige Preise, unnütze Produkte und minderwertige Produktionen sind Attribute, die mit dieser Programmform assoziiert werden. Konrad Hilbers, ehemals Geschäftsführer des Teleshoppingenders HSE 24, kennt diese Kritik. So zitierte ihn das Online-Magazin Brandeins im Jahr 2003 mit der folgenden Aussage (vgl. Andres 2003): *„Die Konsumenten sehen irgendein Infomercial, das sehr weit weg ist von dem, was wir unter Teleshopping verstehen, und daraus ergibt sich möglicherweise ein Gesamt-Image."*

Trotz dieser Kritik ist Teleshopping jedoch auch in Deutschland erfolgreich. Im Ranking der umsatzstärksten Teleshoppingmärkte führt Großbritannien mit einem Marktvolumen von mehr als 1,5 Mrd. Euro (im Jahr 2007) vor Deutschland und mit erheblichem Abstand zu den nächstplatzierten Ländern Italien, Frankreich und Spanien (vgl. Goldmedia GmbH 2008). Sogar zu Zeiten der Finanzkrise rechnen die Teleshoppinganbieter mit einem Umsatzplus, da sie mit ihrem Geschäftsmodell deutlich weniger konjunkturanfällig sind als die werbe-

[18] Als „Relevant Set" wird eine beschränkte Anzahl von Alternativen innerhalb des Bezugsrahmens, aus dem der Verbraucher seine endgültige Entscheidung trifft, bezeichnet (vgl. auch Kap. 2.5.1).

finanzierten Privatsender (vgl. GOLDHAMMER 2009). Dennoch erkennen Anbieter die Notwendigkeit, das Image und die Akzeptanz des Teleshopping, weiter zu fördern (vgl. HSE 24 2005). Negative Kundenstimmen zeigen, dass insbesondere in Bezug auf die Seriosität deutlicher Verbesserungsbedarf besteht (vgl. www.testberichte.de, 07/2010): *„Putzmittel für 22,- Euro bestellt, Kaffeemaschine für 65,- Euro erhalten. Die Sache hat System. Kein Kontakt mit der Firma möglich, teure Kundenhotline mit Endloswarteschleife. Bei Rücksendung fast die Hälfte des Geldes als Stornokosten einbehalten, der Rest ging auf ein Kundenkonto zur Verrechnung bei neuer Bestellung. Das ist für mich arglistige Täuschung von Kunden – eigentlich schon kriminell. Den Vorgang bearbeitet jetzt meine Rechtsschutzversicherung. Ich kann nur raten, Finger weg von solchen Anbietern."*

Welche Schlussfolgerungen lassen aus diesen Ausführungen auf TV-Reiseshopping ziehen? Als Spartenlösung des Teleshopping ist davon auszugehen, dass auch das TV-Reiseshopping mit Imageproblemen zu kämpfen hat und ein schlechteres Image als andere touristische Vertriebswege aufweist. Leider fehlen auch hierzu bislang fundierte empirische Untersuchungen. Fragt man jedoch einmal – ganz unwissenschaftlich – in seinem Bekanntenkreis herum, wird schnell deutlich, dass TV-Reiseshopping überwiegend nicht als ernstzunehmender Vertriebsweg betrachtet wird – zu nah scheint die Verbindung zum herkömmlichen Teleshopping. Wie genau das Image des TV-Reiseshopping einzuschätzen ist, soll eine eigene empirische Untersuchung im weiteren Verlauf dieser Arbeit zeigen (vgl. Kap. 4).

Der folgende Exkurs zur Begriffsabgrenzung des TV-Reiseshopping im Vergleich zu anderen Reisesendungen bildet den Abschluss des Kapitels 3.2. Kapitel 3.3 widmet sich anschließend der Anbieterseite des TV-Reiseshopping.

Exkurs: TV-Reiseshopping oder Magazinsendung?

Neben TV-Reiseshoppingsendungen gibt es zahlreiche andere Fernsehsendungen mit touristischen Inhalten. Insbesondere Reisesendungen mit Magazincharakter[19], in denen journalistisch aufbereitete Berichte über Urlaubsländer gezeigt werden, sind in Deutschland weit verbreitet. Per Definition ist eine Reisesendung mit Magazincharakter eine (SCHRÖDER 2001, S. 38) *„[...] regelmäßig, auf demselben Sendeplatz ausgestrahlte Sendung, die sich vor allem mit dem Thema Urlaub und Reisen beschäftigt. Sie stellt potentielle Urlaubsdestinationen vor, liefert Informationen zum Thema Reise und offeriert dem Zuschauer Vorschläge zur Urlaubsgestaltung und -planung."*

Auch TV-Reiseshopping beschäftigt sich mit dem Thema „Urlaub und Reisen", stellt Destinationen vor, liefert Informationen und macht Vorschläge zur Urlaubsplanung. Dennoch sind TV-Reiseshoppingsendungen deutlich von Magazinsendungen mit touristischen Inhalten zu unterscheiden. Magazinsendungen haben einen journalistisch-informativen Anspruch, während beim TV-Reiseshopping der Verkaufsaspekt eindeutig im Vordergrund steht. Zudem ist die Programmgestaltung des TV-Reiseshopping stark an das Konzept des Teleshopping angelehnt. Das prägnanteste Merkmal ist wohl: Auch in TV-Reiseshoppingsendungen sprechen Moderatoren Kaufaufrufe aus. Zwar ist es im Rahmen von Magazinsendungen ebenfalls möglich, einzelne Hotels vorzustellen und beispielsweise eine E-Mail-Adresse einzublenden, wo ein Hotel gebucht werden kann – was aber immer fehlt, ist die für TV-Reiseshopping übliche direkte Buchungsmöglichkeit über das beauftragte Call-Center.

Ein weiterer Unterschied liegt in den rechtlichen Grundlagen dieser verschiedenen Sendungen mit touristischer Ausrichtung. Magazinsendungen unterliegen keinen Werbezeitenbeschränkungen. Da sie nicht als Dauerwerbesendungen konzipiert sind, dürfen sie zum einen sowohl bei öffentlich-rechtlichen als auch privaten Sendeanstalten ausgestrahlt werden (ein deutlicher Vorteil in Bezug auf Reichweiten und Marktanteile), zum anderen können sie jederzeit in das Programm einzelner Sender integriert werden und unterliegen keinen Beschränkungen, wie lange sie am Tag gezeigt werden dürfen (vgl. Kap. 3.1.4).

[19] Eine Magazinsendung ist eine Sendeform des Fernsehens, die in regelmäßiger Folge ausgestrahlt wird und einem bestimmten Themengebiet zugeordnet ist (z. B. Nachrichtenmagazin, Wirtschaftsmagazin oder auch Reisemagazin) und den Zuschauern eine regelmäßige Zusammenstellung an Informationen bietet.

3.3 Die Anbieterseite

Bereits im Jahr 1987 gab es in Deutschland erste Bemühungen, TV-Reiseshopping in der nationalen Fernsehlandschaft zu positionieren (Kap. 3.2.1). Während sich in den folgenden Jahren einige Teleshoppinganbieter mit dem Schwerpunkt „Konsumgüter" etablieren konnten (Anfang des Jahres 2010 existierten in Deutschland 16 Teleshoppingsender; vgl. KEK 2009), entwickelte sich der Verkauf von Reisen über das Medium Fernsehen, abgesehen von der Boom-Phase im Jahr 2001, nur zögerlich. Im Zuge einer neu aufkommenden, intensiveren Nutzung des Internets setzten auch zahlreiche touristische Unternehmen zunächst auf den Ausbau dieses Geschäftsbereichs. Online-Reiseportale, Internet-Reisebüros und Online-Direktvertriebsmaßnahmen der Veranstalter und Leistungsträger waren nicht nur kostengünstige Vertriebswege, sondern auch leicht und schnell zu realisierende Alternativen zum stationären Geschäft. Dennoch entwickelte sich – wenn auch eher im Hintergrund – der Markt für fernsehbasierte Verkäufe von touristischen Produkten in Deutschland weiter.
Im Folgenden wird nun näher auf verschiedene Aspekte der Anbieterseite des TV-Reiseshoppingmarktes eingegangen.

3.3.1 Der deutsche TV-Reiseshoppingmarkt

Eine kurze Charakterisierung der Entwicklung des TV-Reiseshopping von den Anfängen bis heute könnte folgendermaßen lauten: So positiv die Anfänge auch waren, so negativ sind gegenwärtig die Prognosen.

Noch im Jahr 2005 sagten Studien dem TV-Reiseshopping eine glänzende Zukunft voraus. In einer Pressemitteilung kam die Berliner Medienberatung Goldmedia GmbH (2005) zu folgendem Schluss: *„Reiseshopping wird mit einer jährlichen Steigerung um durchschnittlich 20 Prozent (e. A: im Rahmen des T-Commerce) am stärksten wachsen. Hauptimpulsgeber dieser Entwicklung sind die ideale Eignung des Produkts Reisen zum Verkauf über den Fernseher, die werbemarkt- und konjunkturbedingte Bereitschaft etablierter Sender für neue Einnahmequellen sowie die Offenheit der Tourismusindustrie, neue Vertriebswege zu nutzen."*

Leider ist das Thema „TV-Reiseshopping" seitdem in der Forschung wenig behandelt worden, man könnte auch sagen: in Vergessenheit geraten. Somit liegen keine neueren Studien dazu vor, inwieweit sich diese Aussage heute bestätigt. Die Analyse des Anbietermarktes im Rahmen dieser Arbeit zeigt, dass sich diese positive Prognose bis heute nicht erfüllt hat.

Während es im Jahr 2002 (einem Jahr, in dem sich TV-Reiseshopping noch in den Anfängen der Entwicklung in Deutschland befand) insgesamt sieben Anbieter gab, hatte sich die Zahl bis 2005 auf fünf reduziert. Im Jahr 2009 war nur noch ein größerer Anbieter aus der Anfangszeit am Markt vertreten, wobei jedoch ein neuer Sender und eine neue Sendung hinzugekommen sind (vgl. Tab. 7).

Mit Sonnenklar TV, TV Travel Shop und LibertyTV.com waren im Jahr 2002 in Deutschland drei Reiseshoppingsender tätig, die über unterschiedliche Verbreitungsebenen – zunächst hauptsächlich über Satellit, bald darauf jedoch auch im Kabelnetz – Reisen im Fernsehen zum Verkauf anboten. Diese Sender hatten mehrere Reiseveranstalter im Programm und konnten so auf eine große Bandbreite an Produkten zurückgreifen (vgl. Tab. 7).

Hinzu kamen unterschiedliche Reiseshoppingsendungen, die im Programm etablierter Sender liefen:

- Der Kabelsender TELE 5 zeigte die Sendung Neckermann Urlaubswelt, in der hauptsächlich Produkte des gleichnamigen Veranstalters verkauft wurden.
- Auf N-TV versuchte sich der Anbieter Destin.TV unter dem Label Tchibo Reise Shop mit einer eigenen TV-Reiseshoppingsendung.
- Der Sender VOX unterhielt eine eigene Fernsehsendung mit dem Inhalt „Reiseshopping".
- Der Teleshoppingsender RTL Shop (heute Channel 21) warb mit einem wöchentlichen TV-Reiseshoppingfenster.

Tab. 7: Anbieter des TV-Reiseshopping in Deutschland

Jahr	2002	2004	2009
SONNENKLAR TV	Digitaler Satellitenkanal mit weiteren Sendefenstern bei Neun Live und TV München.	Empfangbar 24 Stunden täglich über Kabel und Satellit. Weitere Programmfenster: Neun Live, Saar TV und Sachsen Fernsehen.	Empfangbar 24 Stunden täglich über Kabel und Satellit. Weitere Programmfenster: Neun Live, das Vierte (auch im Kabel), Augsburg TV und NRW-TV
TV TRAVEL SHOP/ ab Mitte 2006 VOYAGES	Reiseshoppingsender, empfangbar via Satellit sowie im Kabelnetz in Niedersachsen und Bremen.	Empfangbar 24 Stunden täglich über Kabel und Satellit. Zusätzliche Programmfenster: tv.nrw, XXP und NBC Hamburg/Giga.	*Sender voyages bis April 2009 24 Stunden täglich empfangbar über Kabel und Satellit, ab Mai 2009 nur noch über Satellit. Im September 2009 Insolvenz.*
NECKERMANN URLAUBSWELT TV	Reiseshoppingsendung, zwei Stunden Programm täglich bei Tele 5 über Kabel und Satellit.	Reiseshoppingsendung, 90 Minuten Programm täglich bei Tele 5 über Kabel und Satellit.	*Nicht mehr auf Sendung.*
LIBERTYTV.COM	Digitaler Satellitenkanal, empfangbar 24 Stunden über Satellit.	*Empfangbar über Satellit auf Französisch und Niederländisch.*	*Empfangbar über Satellit auf Französisch und Niederländisch.*
DESTIN TV	Reiseshoppingsendung bei n-tv (über Kabel und Satellit) unter dem Label Tchibo Reise Shop.	*Nicht mehr auf Sendung.*	*Nicht mehr auf Sendung*
RTL SHOP	Verkauft via Satellit eine Stunde pro Woche Reisen.	*Reiseshoppingfenster nicht mehr auf Sendung.*	*Reiseshoppingfenster nicht mehr auf Sendung.*
VOX REISESHOP	Reiseshoppingsendung bei VOX (über Kabel und Satellit).	*Nicht mehr auf Sendung.*	*Nicht mehr auf Sendung*
TV LASTMINUTE.DE		Reiseshoppingsender, 6 Std. täglich über Satellit.	*Nicht mehr auf Sendung*
TCHIBO REISE WELT		Samstags und sonntags je 30 Minuten Reiseshopping auf n-tv (Kabel & Satellit), weiteres Programmfenster bei TV Travel Shop.	*Nicht mehr auf Sendung*
N-TV REISESHOP			Reiseshoppingsendung, empfangbar auf n-tv über Kabel und Satellit. Je 30 Min. samstags und sonntags.
TRAVEL CHANNEL INTERNATIONAL			Reiseshoppingsender mit Sitz in London, Empfang 24 Std. täglich über Satellit.

Quelle: Eigene Darstellung; Daten 2004 in Anlehnung an BRETTSCHNEIDER/STARK 2006, S. 402

Bis zum Jahr 2004 hatte sich die Marktstruktur jedoch bereits geändert. Zwar erweiterten neue Anbieter das Angebot, jedoch hatten auch einige bis zu diesem Zeitpunkt den deutschen Markt schon wieder verlassen. Als erfolgreichste Anbieter der bis dato vorangeschrittenen Entwicklung konnten SONNENKLAR TV und TV TRAVEL SHOP ihre Sendezeiten ausweiten und sich im Kabelnetz etablieren, während NECKERMANN URLAUBSWELT TV seine Sendezeit bereits von zwei Stunden auf 90 Minuten reduzierte. Alle TV-Reiseshoppingsendungen aus dem Jahr 2002 bestanden 2004 – zumindest in gleicher Form – bereits nicht mehr. TCHIBO verschwand als Anbieter jedoch nicht komplett vom Markt; vielmehr produzierte das Unternehmen 2004 seine eigene TV-Reiseshoppingsendung ohne die Unterstützung von DESTIN.TV unter dem Namen TCHIBO REISE WELT. Ausgestrahlt wurde die Sendung weiterhin bei N-TV. Als neuer Anbieter trat 2004 der Reiseshoppingsender TV LASTMINUTE.DE auf; er konnte sechs Stunden täglich über Satellit empfangen werden (vgl. Tab. 7).

Anfang des Jahres 2009 gab es schließlich nur noch zwei der anfänglich sieben Reiseshoppingsender im deutschen Fernsehen: SONNENKLAR TV und VOYAGES, bis 2006 unter dem Namen TV TRAVEL SHOP bekannt. Bis September 2009 hatte sich dieses Bild jedoch schon wieder gewandelt: Nach dem Verlust der Kabelfrequenz und aufgrund weiterer finanzieller Probleme musste der Sender VOYAGES Anfang 2009 Insolvenz anmelden.

Als neuer Anbieter trat im Frühjahr 2009 der TRAVEL CHANNEL INTERNATIONAL in den deutschen Markt ein. Der TV-Reiseshoppingsender mit Sitz in London ist über Satellit empfangbar und zeigt ein 24-Stunden-Programm. Von den Programmfenstern aus den Jahren 2002 und 2004 existierten bereits 2009 keine mehr, nur der Sender N-TV hielt an einem TV-Reiseshoppingfenster fest und zeigt nach wie vor unter dem Namen N-TV REISESHOP samstags und sonntags je 30 Minuten TV-Reiseshopping (vgl. Tab. 7).

Nicht aufgeführt in der Tabelle sind die TV-Reiseshoppingsendungen WEG.DE REISE TV und TIMM TV, da sie aufgrund ihrer Kurzlebigkeit nicht weiter bedeutend sind. WEG.DE REISE TV ging als zusätzlicher Vertriebsweg des Online-Portals WEG.DE im Jahr 2007 auf Sendung, wurde jedoch bereits nach drei Monaten aus Kostengründen wieder eingestellt. Eine ähnliche Entwicklung nahm auch TIMM TV: Der TV-Reiseshoppingsender stellte seinen Betrieb ebenfalls schon nach wenigen Monaten wieder ein.

Aus diesen Ausführungen wird deutlich, dass der TV-Reiseshoppingmarkt in Deutschland durch große Schwankungen gekennzeichnet ist. Zudem ist seit den Anfängen zu Beginn des 21. Jahrhunderts ein Rückgang an Anbietern zu verzeichnen.

Einzig der Sender SONNENKLAR TV arbeitet auch Anfang des Jahres 2010 noch erfolgreich: Er verzeichnet jährliche Steigerungsraten und Umsatzzuwächse. Zentrales Verkaufsargument dieses Senders ist vor allem ein bezahlbares, qualitativ hochwertiges und exklusives Produkt. Dabei sieht sich das Unternehmen nicht als Konkurrent, sondern als Ergänzung zu stationären Reisebüros oder zum Internet. Als zentrale Zielgruppe gelten Personen im Alter von 45 Jahren und älter, die ihre Reise nicht kurzfristig antreten wollen, sondern mit einem Vorlauf von bis zu sechs Monaten planen (Aussage J. Vo.; Angaben zur Person: Anhang 4).

Als Vergleich zum deutschen Markt werden in Kapitel 3.3.3 der US-amerikanische und britische TV-Reiseshoppingmarkt behandelt; dabei werden Problembereiche und Erfolgsfaktoren untersucht, die auch für den deutschen Markt gelten könnten. Zuvor steht jedoch die Absatzpolitik der Anbieter im Mittelpunkt der Betrachtungen.

3.3.2 Absatzpolitische Instrumente der Anbieter

Das veränderte Kaufverhalten der Konsumenten (vgl. Exkurs zum Ablauf von Kauf- und Reiseentscheidungen) spiegelt sich auch in einem modifizierten Informationsverhalten wider. Gegenwärtig bezieht der Konsument seine Informationen aus unterschiedlichen Informationsquellen und nutzt – abhängig von der jeweiligen Leistung – verschiedene Vertriebskanäle. In diesem Zusammenhang müssen Anbieter neue Wege finden, um Kunden zu erreichen. Auch für die Anbieter des TV-Reiseshopping kommt es darauf an, ihre Angebote den potentiellen Kunden möglichst wirkungsvoll nahe zu bringen, um die eigenen Ziele umzusetzen.

Damit ein Unternehmen seine Produkte und Dienstleistungen auf dem Markt absetzen kann, muss es eine Vielzahl von Marketingmaßnahmen ergreifen, zu denen u. a. auch absatzpolitische Instrumente gehören. Nach MÜLLER-HAGEDORN (1993, S. 48) können absatzpolitische Instrumente definiert werden als *„Aktionsparameter in der Geschäftspolitik eines Handelbetriebes [...], die die aktuellen und potentiellen Kunden in ihrem Einkaufsverhalten beeinflussen."*

Bei der Abstimmung der Einzelmaßnahmen wird dann meist vom Marketing-Mix gesprochen (vgl. WEBER 2001, S. 90), welcher folgende vier Bereiche (denen unterschiedliche absatzpolitische Instrumente zugeordnet werden können) unterscheidet:

- Produktpolitik: Sortiment an Reisen, Inhalte der Sendungen.

- Preispolitik: Preise der angebotenen Produkte.

- Kommunikationspolitik: Gestaltung und Präsentation des Fernsehbildes und -tones, Werbung, Programm- und Sendeplanung.

- Distributionspolitik: Wahl des Verbreitungsweges, Wahl des Fernsehsenders.

Bestimmend für die Wahl der absatzpolitischen Instrumente sind vor allem die Ziele der jeweiligen Anbieter. Das Hauptziel der TV-Reiseshoppinganbieter liegt in der Akquisition von Kunden und dem damit einhergehenden Verkauf von Reisen. Zu diesem Zweck sollen Bedürfnisse geweckt sowie Einstellungen der Kunden beeinflusst werden, um einen Kauf auszulösen. Somit stehen Kommunikations- und Distributionspolitik im Mittelpunkt der Marketingmaßnahmen. Ein Unternehmen, das diese Marketingmaßnahmen als besonders relevant ansieht, lässt sich in den Bereich des Direktmarketings einordnen (KLOSS 2007, S. 509): *„Der Begriff Direktmarketing umfasst alle Marketingaktivitäten, bei denen Medien- und Kommunikationstechniken mit der Absicht eingesetzt werden, eine interaktive Beziehung zu Zielpersonen herzustellen, um sie zu einer individuellen, messbaren Reaktion zu veranlassen."*

Im Gegensatz zu anderen Werbeformen wie klassischen Fernsehspots, die in den Bereich der Massenkommunikation eingeordnet werden, stellt das Direktmarketing eine Form der Individualkommunikation dar. Dem Direktmarketing sind dabei nur solche Aktionen zuzuordnen, die eine individuelle Wechselbeziehung zwischen Werbetreibenden und Konsumenten ermöglichen. Direktmarketing ist also eine Form des Marketings, bei der die Distribution in der Regel im Direktvertrieb ohne die Vermittlungstätigkeit von Handelsunternehmen erfolgt (vgl. GRUNINGER-HERMANN 1999, S. 19).

TV-Reiseshopping bedient sich daher kommunikationspolitischer Maßnahmen, die einen direkten Kontakt zwischen den Marktteilnehmern begünstigen. Durch den Einsatz verschiedener absatzpolitischer Instrumente im Sinne des Marketing-Mix sollen potentielle Kunden aus einer Masse an nicht direkt bestimmbaren Rezipienten herausgelöst werden, um eine unmittelbare Ansprache zu ermöglichen. Zudem gilt es, ein Sendungsdesign zu entwerfen und On-Air zu bringen, das TV-Reiseshopping für den Zuschauer anziehend macht und seine Neigung erhöht, sich die entsprechenden Sendungen anzuschauen – auch wenn er ansonsten andere Themen präferiert. Neben einer möglicherweise vorhandenen Stammseherschaft sollen damit in gleicher Weise auch Zuschauer angesprochen werden, die nicht zum Stammpublikum dieser Programme gehören. Die Ansprache einer großen Zuschauerschaft ist wichtig, da die Inhalte von Spartenkanälen oftmals nur für einen kleinen Personenkreis interessant sind – die breite Masse muss erst darauf aufmerksam gemacht werden.

Im Folgenden werden die verschiedenen absatzpolitischen Instrumente der TV-Reiseshoppingsender noch einmal einzeln aufgeführt und näher beschrieben.

Sortiment

Das Sortiment gilt als zentraler Leistungsbereich eines Handelsbetriebes (vgl. GRUNINGER-HERMANN 1999, S. 49-53). Auch für TV-Reiseshoppinganbieter ist eine genaue Planung, welche Produkte in die Sendungen aufgenommen werden sollen, von großer Bedeutung. Bei der Gestaltung des Sortiments muss entschieden werden, in welchem Zeitraum ein Produkt dazugehören soll. Die Zeitspanne kann dabei von einem Tag („Special des Tages") bis hin zu beispielsweise einer Jahreszeit reichen („Sommerurlaub"). Wichtig ist vor allem, dass die Produkte, die zum Sortiment gehören, auch tatsächlich verfügbar sind. Aus diesem Grund ist es sinnvoll, mit Reiseveranstaltern, Hoteliers etc. über Kontingente zu verhandeln, wenn man die Produkte über einen längeren Zeitraum anbieten möchte. Außerdem sollte das Sortiment in die jeweilige Saison passen: So wären Skireisen beispielsweise von Herbst bis Frühjahr anzubieten, nicht jedoch im Hochsommer.

Preis

Auch der Preis hat eine große Bedeutung für den Absatz eines TV-Shoppingsenders, denn Preise stellen wichtige Verkaufsargumente dar (vgl. GRUNINGER-HERMANN 1999, S. 53-55). Da die Anbieter des TV-Reiseshopping in Deutschland zumeist als Reisemittler fungieren, haben sie keinen Einfluss auf die Festlegung des Preisniveaus. Dennoch ist es auch für Reisemittler möglich, Preise als Verkaufsargumente zu nutzen. Sie können beispielsweise Rabattaktionen wie Frühbucherangebote besonders hervorheben oder dem Zuschauer durch Zusatzleistungen suggerieren, dass die Reise ein besonders gutes Preis-Leistungsverhältnis aufweist. Möglich ist es zudem, mit einzelnen Veranstaltern spezielle Exklusiv-Angebote zu vereinbaren. Ein weiteres Argument ist die zeitliche Begrenzung eines Preises („Special der Woche", „Angebot des Tages"). Durch diese Strategie soll der Zuschauer davon überzeugt werden, dass von diesem Angebot mit einem besonders guten Preis-Leistungsverhältnis nur ein kleines Kontingent vorhanden ist.

Moderatoren und Servicepersonal

In der Absatzpolitik eines TV-Reiseshoppingsenders müssen neben Entscheidungen über den Einsatz der absatzpolitischen Instrumente „Sortiment" und „Preis" auch solche über den Einsatz von Personal gefasst werden (an dieser Stelle werden die Ausführungen auf Personal beschränkt, das Kontakt zum Konsumenten hat). Dazu gehören einerseits die Moderatoren, welche Produkte präsentieren und den Zuschauer durch die Sendung begleiten, und andererseits Mitarbeiter des Call-Centers, welche die telefonische Betreuung der Kunden und die Buchungsabwicklung übernehmen.

Wie viele Moderatoren beschäftigt werden sollen, ist abhängig von der Anzahl der Sendungen. Generell ist es jedoch ratsam, einen Mix an Moderatoren einzusetzen, da sich unterschiedliche Charaktere mit verschiedenen Fähigkeiten für jeweils andere Sendungen und Produkte eignen. Wie viele Call-Center-Mitarbeiter benötigt werden, ist abhängig vom Arbeitsumfang, den die einzelnen Sendungen erfordern (vgl. GRUNINGER-HERMANN 1999, S. 56-59).

Gestaltung des Fernsehbildes und -tons

Bei der Gestaltung des Fernsehbildes und -tons werden visuelle und auditive Signale festgelegt, aus denen eine Sendung besteht. Insgesamt gibt es eine Vielzahl möglicher Bild-Ton-Kombinationen.

Als Tonelemente kommen vor allem Sprache, Geräusche und Musik in Frage. Insbesondere die Sprache ist für die Kommunikation im Fernsehen von großer Bedeutung – denn erst durch sie bekommen visuelle Eindrücke ihre begriffliche Identität. Als Sprachelemente sind sowohl die Aussagen des Moderators als auch die Stimme eines Sprechers, der Filmbeiträge kommentiert, zu berücksichtigen. Geräusche werden im Fernsehen genutzt, um Bilder authentischer erscheinen zu lassen (beispielsweise kann Meeresrauschens ein Strandbild emotional aufladen). In eben solchem Maß vermag Musik, Emotionen hervor zu rufen. Aus diesem Grund werden Produktpräsentationen und weitere Sendungsinhalte in der Regel mit Musik untermalt.

Texte, Graphiken, Fotos, Videos und Animationen zählen zu den Bildelementen, die dazu dienen, das Programm für die Zuschauer attraktiv zu gestalten. Zuspieler[20] über das Hotel oder das Urlaubsland und graphische oder textliche Einblendungen (so genannte Inserts oder Masken) ergänzen die Produktpräsentation des Moderators. Hinzu kommen bildliche Einblendungen von Telefonnummern, Programmtafeln und des Anbieterlogos (vgl. GRUNINGER-HERMANN 1999, S. 43-48).

Präsentation

Die Aufgabe eines Moderators besteht darin, die Produkte innerhalb einer TV-Shoppingsendung zu präsentieren. Zur Unterstützung der Moderatoren in der Produktpräsentation gibt es drei Gestaltungsoptionen.

- Die erste Möglichkeit bezieht sich auf die Gestaltung der inhaltlichen Aussage. Je nach Produkt sollen durch zusätzliche Angaben mögliche Besorgnisse der Zuschauer entkräftet und die Kauflust gefördert werden. Die Aussageinhalte sind durch die Sendungsleitung oftmals vorgeschrieben.

- Die zweite Option betrifft den zeitlichen Ablauf der Präsentation. Sie umfasst idealtypisch verschiedene Phasen: Zuerst erfolgt die Begrüßung und direkte Ansprache des Publikums, wobei es sich um eine ständig zu wiederholende Kontaktaufnahme handelt, da das Publikum im Fernsehen wechselt. Darauf folgen die Bedürfnisweckung und die Beurteilung des Produktes anhand der Darstellung von spezifischen Merkmalen (direkte Strandlage, All-Inclusive-Verpflegung etc.), wonach zum Kauf aufgerufen wird. Bei der Aufforderung zum Kauf des Produktes werden zudem Hinweise auf die Buchungsabwicklung sowie die Angebotsnummer und Telefonnummer des Call-Centers gegeben.

- Die kommunikative Umsetzung der Aussage ist die dritte Gestaltungsmöglichkeit, wobei die Präsentation der Produkte sowohl mit verbalen als auch nonverbalen Mitteln unterstützt werden kann. Die Sprache,

[20] Als Einspieler oder auch Zuspieler werden filmische Kurzbeiträge bezeichnet.

als wichtigstes verbales Mittel, kann je nach Art des Produktes variieren (vgl. GRUNINGER-HERMANN 1999, S. 59-64). Für die Ankündigung einer Reise für Senioren würde man also eine andere Sprache wählen als bei Jugendreisen. Als nonverbale Präsentationsmittel benutzt der Moderator seine Körpersprache: Blickkontakt, Gesichtsausdruck, Gestik, Körperhaltung etc.

Verbreitungsgebiet

Die Festlegung der Verbreitung des jeweiligen Programms gehört ebenfalls zu den absatzpolitischen Instrumenten eines TV-Reiseshoppingsenders. Dabei gilt es, sowohl die bereits angesprochenen Verbreitungswege der Sender (Kabel oder Satellit, vgl. Kap. 3.1.1) als auch die Zeitfenster für die Sendungen festzulegen (vgl. Kap. 3.1.3).

Programm- und Sendungsgestaltung

Ein weiteres absatzpolitisches Instrument ist die Programm- und Sendungsgestaltung. Durch sie wird festgelegt, wie verschiedene Inhalte, welche bereits für das Sortiment geplant wurden, zu verteilen sind bzw. zu welchen Zeitpunkten welche Produkte oder Themen im Programm gezeigt werden sollen. OTTLER (1998, S. 35) definiert die Programm- und Sendungsgestaltung wie folgt: *„Unter dem Programm einer Fernsehanstalt versteht man ein differenziertes (komplexes) Produkt, das aus einer Vielzahl von Einzelprogrammen (Sendungen) höchst unterschiedlicher Inhalte (Themen), Sendelängen, Funktionen und Herkunft besteht, die nach einem mittelfristig konstanten Zeitraster (Sende- und Programmschema) im Tages- und Wochenablauf kontinuierlich angeboten (ausgestrahlt) werden."*

Das Ziel der Programm- und Sendungsplanung ist es, die zur Verfügung stehende Sendezeit den Inhalten so zuzuweisen, dass eine gewinnmaximale Sendezeitausnutzung erreicht werden kann. Da sich Zuschauer im Tagesverlauf unterscheiden und verschiedene Zielgruppen zu verschiedenen Zeiten fernsehen, ist es von großer Bedeutung, Dauer, Zeitpunkt und Häufigkeit der Produktpräsentationen auf diese Gegebenheiten abzustimmen. Eine zeitliche Planung in Abstimmung auf das Mediennutzungsverhalten der Zuschauer ist also erforderlich, um eine zielgruppenorientierte Zuteilung einer Sendung bzw. einer Produktgruppe zu gewährleisten (vgl. GRUNINGER-HERMANN 1999, S. 64).

Somit ist es für Anbieter wichtig, Kenntnis über das eigene Publikum zu erlangen. Informationen über Zuschauer können dabei aus allgemeinen Erhebungen über die Fernsehnutzung in Deutschland (vgl. Kap. 3.1.3) abgeleitet oder durch die Analyse eigener Kundendaten gewonnen werden.

Auf der Basis von generellen bzw. speziellen Zielgruppenanalysen können die Anbieter ihr Programm und ihre Sendungen zeitlich und inhaltlich planen. Wie diese Planung aussehen kann, soll anhand eines Beispiels verdeutlichen werden: Wenn bekannt ist, dass morgens hauptsächlich Senioren das Programm einschalten, wäre es ratsam, Inlandsreisen anstelle von Cluburlauben in das frühe Programm zu integrieren. Wenn am Abend häufig Familien die TV-Reiseshoppingsendungen sehen, dann bietet sich das Thema „Familienurlaub" an. Wie die einzelnen absatzpolitischen Instrumente im Hinblick auf die Programm- und Sendungsplanung exakt gestaltet werden, hängt von den jeweiligen Zielen der einzelnen Anbieter ab.

Die Kriterien, die aus Verbrauchersicht relevant sind, sowie die Anreize und Hinderungsgründe, die aus Sicht der Kunden für bzw. gegen TV-Reiseshopping sprechen, werden in Kapitel 3.4.1 behandelt.

3.3.3 Der US-amerikanische und britische TV-Reiseshoppingmarkt

Im Vergleich zum deutschen TV-Reiseshoppingmarkt sollen im Folgenden der US amerikanische und der britische Markt genauer untersucht werden, die einige Besonderheiten aufweisen.

In den Vereinigten Staaten entwickelte sich Teleshopping – weitestgehend ohne gesetzliche Auflagen wie Werbezeitenbeschränkungen – früher als in Deutschland (vgl. Kap. 3.2.1). Zudem war das US-amerikanische Fernsehen nie durch wesentliche programminhaltliche oder pädagogische Gesetzesauflagen eingeschränkt, wodurch es von Beginn an eine betont kommerzielle Ausrichtung erhielt (vgl. KARSTENS/SCHÜTTE 2005, S. 110).

Im Vergleich zum deutschen Teleshoppingmarkt sind Homeshoppingsendungen in den USA durch einen stärkeren Unterhaltungs- und Showcharakter geprägt. Ebenso spielt der Vertrieb von Markenartikeln eine größere Rolle. Diese Tatsache ist auch darauf zurückzuführen, dass Teleshopping in den USA seit Jahren als eine selbstverständliche und bequeme Form des Einkaufens begriffen und von den Fernsehnutzern voll akzeptiert wird (vgl. GRUNINGER-HERMANN 2005, S. 67).

Wesentlich früher als in Deutschland gab es in den USA eine größere Auswahl an verschiedenen Fernsehkanälen. Gründe dafür sind vor allem die lokale bzw. regionale Struktur des US-amerikanischen Fernsehmarktes und die große Bedeutung von Kabelnetzen, wobei es regional und national unterschiedliche Strukturen gibt (vgl. KARSTENS/SCHÜTTE 2005, S. 110). Ob Arbeitslosenkanal (unemployment channel), Patientenkanal (patient channel), eigene Sender von Universitäten (university channels), Bibelkanäle, NASA TV oder spezielle Baseball- oder Footballkanäle – das Fernsehangebot der USA scheint unbegrenzt. Insgesamt versorgen rund 1.300 Fernsehstationen und rund 12.000 Kabelsysteme mehr als 106 Mio. Haushalte in den USA – etwa 70% von ihnen beziehen Kabelfernsehen.

Aufgrund der positiven Haltung gegenüber Teleshopping und der Vielzahl an Spartenkanälen erweist sich auch die Ausgangslage für TV-Reiseshopping als unproblematisch. Schwierig bei der Analyse des US-amerikanischen TV-Reiseshoppingmarktes sind jedoch die lokalen und regionalen Strukturen des Gesamtmarktes. So ist davon auszugehen, dass auch auf regionalem Niveau TV-Reiseshoppingsender existieren. Aufgrund fehlender statistischer Angaben ist es jedoch nahezu unmöglich, sie aus der Angebotsfülle heraus zu filtern. So können z. B. die Bewohner von Manhattan/New York City allein über den Kabelnetzbetreiber TIME WARNER CABLE über 1.900 Programme empfangen. Andere Betreiber unterhalten wiederum alternative Kanäle – teilweise in ebenso großem Umfang (vgl. www.timewarnercable.com).

Ein national ausgerichteter Sender, sowohl über Satellit als auch in über 90 Mio. Kabelhaushalten in den USA empfangbar, ist der TRAVEL CHANNEL. Seit der Einführung im Jahr 1987 bezeichnet sich das Unternehmen selbst als den einzigen Fernsehsender der Vereinigten Staaten, der sich ausschließlich mit dem Thema „Reise" befasst. Dabei beschränken sich die Unternehmensaktivitäten jedoch nicht nur auf das Fernsehen: Der TRAVEL CHANNEL bietet Zuschauern zudem ein Online-Reiseportal, eine Video-on-Demand-Plattform und einen Online-Reiseblogg (vgl. www.travelchannel.com). Dabei positioniert sich der TRAVEL CHANNEL On-Air vor allem als Vermittler von Informationen. Reisebuchungen werden im Internet getätigt, weshalb das Unternehmen nicht direkt als TV-Reiseshoppingsender anzusehen ist. Die einzelnen Sendungen sind eher als Magazinsendungen mit speziellen Themen angelegt. Einzig durch Verweise auf das Internet entsteht teilweise ein Verkaufscharakter.

Das Produktportfolio des TRAVEL CHANNELS umfasst im Prinzip alle Bereiche. Allerdings liegen die Schwerpunkte, analog zum Reiseverhalten der US-Amerikaner, auf dem Inland (rund 94% der Bevölkerung der USA verreisen im eigenen Land, wobei Florida und Kalifornien die beliebtesten touristischen Ziele sind; vgl. KÖNIG 2000, S. 328). Besonders auffällig sind außerdem die Themen der Reisesendungen, die vom TRAVEL CHANNEL präsentiert werden: Die Inhalte reichen von Kreuzfahrten oder Freizeitparks bis hin zu Abenteuersendungen, Beiträgen über bizarres Essen in den einzelnen Staaten und Berichten von Personen, die im Urlaub als Geiseln genommen wurden. Neben produktbezogenen Inhalten, die auch in Deutschland das Programm der Reisesendungen im Wesentlichen bestimmen, besteht in den USA eine deutlich stärkere Unterhaltungs- und Erlebnisorientierung.

Weitere Unterschiede zwischen den TV-Reiseshoppingmärkten werden im Vergleich zu Großbritannien deutlich. Im Gegensatz zu Deutschland und den USA ist der digitale Fernsehempfang über Satellit dort weit verbreitet. Bereits im Jahr 2005 verfügten rund 62% der Haushalte über digitale Empfangsmöglichkeiten. Aus diesem Grund gibt es in Großbritannien eine Vielzahl von Spartensendern, generell im Bereich des Teleshopping und speziell auch des TV-Reiseshopping (vgl. GOLDHAMMER/LESSIG 2005, S. 70). Die vier großen britischen TV-Reiseshoppingsender, die im Jahr 2009 aktiv waren, sind:

- SKY TRAVEL,
- THOMAS COOK TV,
- THOMSON TV und
- TRAVEL CHANNEL UK.

Dabei positionieren sich die ersten drei Anbieter als reine TV-Reiseshoppingsender. Im Fokus des Programms stehen Verkaufsshows zu verschiedenen Destinationen; beliebt sind außerdem Sendungen über Kreuzfahrten. Während SKY TRAVEL jedoch Produkte unterschiedlicher Reiseveranstalter im Angebot hat, beschränken sich THOMAS COOK TV und THOMSON TV hauptsächlich auf den Verkauf der eigenen Produkte – beide Sender werden von den jeweiligen gleichnamigen Veranstaltern betrieben, wobei THOMSON zur TUI-Gruppe gehört. Die Sender sind 24 Stunden täglich über digitalen Satelliten empfangbar; Buchungsmöglichkeiten bestehen sowohl im Internet als auch über angeschlossene Call-Center[21].

Aufgrund der Vielzahl an Spartensendern, Reiseshoppingsendern und der digitalen Struktur des Fernsehmarktes ist zudem davon auszugehen, dass in Großbritannien weitere TV-Reiseshoppingsendungen in die Programme anderer Sender integriert sind.

Von den oben genannten Anbietern zeigt einzig der TRAVEL CHANNEL UK mehr redaktionelle als verkaufsorientierte Beiträge. Im Gegensatz zu den anderen Sendern sieht man hier nur wenige Studiomoderationen. Vielmehr reisen Reporter durch die Welt und berichten aus verschiedenen Ländern über reiserelevante Inhalte. Direkte Buchungsmöglichkeiten fehlen bei TRAVEL CHANNEL UK komplett; selbst im Internet ist es nicht möglich, zu buchen. Durch den Reiseveranstalter THOMSON TRAVEL als Mitbetreiber wird dieser Bereich jedoch extern abgedeckt (vgl. www.travelchannel.co.uk).

3.3.4 Problembereiche und Erfolgsfaktoren

Aus den Analysen des US-amerikanischen und britischen TV-Reiseshoppingmarktes lassen sich auch Problembereiche und Erfolgsfaktoren für den deutschen Markt ableiten.

Das Beispiel Großbritannien zeigt, dass ein hoher Digitalisierungsgrad der Übertragungswege wesentlicher Bestandteil für erfolgreiches TV-Reiseshopping ist. Nur ein hoher Digitalisierungsgrad ermöglicht auch Spartensendern, eine große Zahl an Zuschauern zu erreichen, ohne auf teure Kabelnetzplätze angewiesen zu sein. Eine Differenzierung des Marktes durch kostengünstige digitale Möglichkeiten zur Programmverbreitung wie in Großbritannien wäre auch für den deutschen Markt ein Erfolg versprechender Entwicklungstrend (vgl. GOLDHAMMER/LESSIG 2005, S. 73). Wenn auch in Deutschland eine hinreichend große Zahl von Zuschauern über digitale Empfangswege wie den Satelliten ASTRA erreichbar ist, wird die Etablierung von Spezialkanälen, zu denen auch TV-Reiseshoppingsender gehören, immer kostengünstiger – und deshalb wahrscheinlicher (vgl. Kap. 3.2.2).

Insbesondere vor dem Hintergrund von Finanzierungsproblemen der bestehenden Anbieter ist die Digitalisierung ein wichtiges Kriterium. Für den Erwerb und die Unterhaltung einer Kabellizenz fallen in Deutschland hohe Gebühren an. Hinzu kommen Produktionskosten für Sendungen, Kosten für die Räumlichkeiten, Gehaltszahlungen an Mitarbeiter und dergleichen – die Umsetzung und Implementierung der zahlreichen absatzpolitischen Instrumente ist in jedem Fall kostenintensiv. Hält man sich erneut vor Augen, dass viele Reiseshoppingsender als Reisemittler auftreten und sich hauptsächlich durch Provisionszahlungen der Veranstalter finanzieren, wird schnell deutlich, dass dieses Finanzierungsmodell kaum dazu führen kann, schwarze Zahlen zu schreiben.

Im Vergleich zu Deutschland erweist sich die Bevölkerung in Großbritannien gegenüber dem gesamten Homeshoppingbereich außerdem als viel aufgeschlossener. Aufgrund des differenzierten Marktes ist sie an fernsehbasierte Produktverkäufe nahezu jeder Art gewöhnt; das Image der Shoppingsender ist positiv. Diese Aufgeschlossenheit trägt wesentlich zum Erfolg des britischen TV-Reiseshoppings bei.

Auch in Deutschland könnte eine zunehmende Zahl von Spezialkanälen zu einer größeren Dynamik des Marktes beitragen – zum einen, weil neue Zielgruppen erschlossen würden, und zum anderen, weil voraussichtlich auch die generelle Akzeptanz und Nutzung des Teleshopping (mit daraus resultierenden positiven Entwicklungstendenzen für das TV-Reiseshopping) zunehmen würde (vgl. GOLDHAMMER/LESSIG 2005, S. 73). Wenn die allgemeine Akzeptanz steigt (wozu sowohl seriöse Anbieter als auch individuelle Produkte beitragen würden), dann ist auch von einer Verbesserung des Images auszugehen (vgl. Kap. 3.2.4). Ein weiterer Schritt in Richtung einer dynamischeren Marktstruktur wäre sicherlich auch der Abbau von gesetzlichen Beschränkungen.

---

21 vgl. http://travel.sky.com; www.thomascook.com/tv; www.thomsontv.com, 05/2009

Vergleicht man die in Deutschland und Großbritannien im Fernsehen angebotenen Produkte, sind im Grunde keine Unterschiede erkennbar. In der Hauptsache werden Pauschalreisen jeglicher Art beworben, was darauf schließen lässt, dass sich diese Reisen am besten verkaufen (vgl. Kap. 3.2.3). Besonders Erfolg versprechend scheint es zudem zu sein, wenn namhafte Reiseveranstalter TV-Reiseshoppingsender unter ihrer eigenen Marke betreiben. Abgeleitet werden kann diese Erkenntnis aus den Geschäftsmodellen von THOMAS COOK TV und THOMSON TV. In ihrer Rolle als Reiseveranstalter verfügen die beiden Anbieter über eigene Produkte. Somit entfällt die Einschränkung, dass sie nur auf Provisionszahlungen angewiesen sind. Für sie ist TV-Reiseshopping ein zusätzlicher Vertriebsweg neben stationären Reisebüros und Online-Direktvertriebsmaßnahmen. Auch für deutsche Reiseveranstalter bestünde hier zukünftig die Möglichkeit, weitere Vertriebskanäle aufzubauen. Voraussetzung ist jedoch auch hier eine kostengünstige digitale Verbreitung, um anfallende Produktionskosten ausgleichen zu können. Momentan scheint es jedoch sowohl für Reisemittler als auch für Reiseveranstalter schwierig zu sein, im TV-Reiseshopping Gewinne zu erzielen.

Möglich für die Anbieter ist es jedoch, sich neben dem Verkauf von Reisen ein weiteres Standbein aufzubauen, durch das zusätzliche Erträge erwirtschaftet werden. Denkbar wäre z. B. die Gründung einer Produktionsfirma, die Beiträge mit reiserelevanten Inhalten für externe Medienunternehmen, Internet-Portale oder andere Fernsehsender produziert und sie ihnen gegen einen bestimmten Betrag zu Verfügung stellt. Darüber hinaus besteht die Möglichkeit, Werbezeiten zu verkaufen (andere touristische Unternehmen könnten bei dem TV-Reiseshoppingsender klassische Spots schalten, für die sie je nach Länge bezahlen).

Vor dem Hintergrund der Finanzkrise und der daraus resultierenden Werbekrise erweist sich diese Vorgehensweise jedoch gegenwärtig als problematisch (auch bei den großen Privatsendern schrumpfen die Werbeeinnahmen). Der Großteil der Sender rechnet erst im Jahr 2011 mit einem konjunkturellen Aufschwung und damit auch mit einer Erholung der Werbemärkte (vgl. GOLDHAMMER 2009). Vorstellbar – aber im Zuge von Sparmaßnahmen ebenfalls schwierig – wäre es zudem, ganze Sendungen von Reiseveranstaltern oder Leistungsträgern (in denen dann nur die Produkte eines bestimmten Anbieters zum Verkauf angeboten werden) sponsern zu lassen. Grundlage dafür ist jedoch erneut eine hohe Reichweite, denn ohne diese kommt es für Unternehmen kaum in Frage, in Spotschaltungen oder Sponsoringmaßnahmen zu investieren.

Aus den Ausführungen über TV-Reiseshopping in den USA lassen sich weitere Erfolgsfaktoren ableiten. Bei dem größten und im ganzen Land empfangbaren Sender TRAVEL CHANNEL handelt es sich per Definition nicht um einen TV-Reiseshoppinganbieter, da die Unterhaltung, und nicht der Verkauf im Vordergrund steht – und möglicherweise ist eben diese Tatsache der Schlüssel zum Erfolg des Unternehmens. Unterschiedliche Themenberichte mit reiserelevanten Inhalten dienen dazu, die Zuschauer zu informieren, ihnen Lust auf Urlaub und Reisen zu machen bzw. sie einfach zu unterhalten.

In Deutschland bestehen TV-Reiseshoppingsendungen hingegen zu großen Teilen daraus, dass die Zuschauer von den Moderatoren zum Kauf aufgefordert werden. Vielleicht wäre jedoch eine unterschwelligere, sanftere Methode der Absatzförderung weitaus sinnvoller. Zudem bestünde durch die häufigere Ausstrahlung von Magazinsendungen die Möglichkeit, sich vom Teleshopping weiter zu distanzieren und ein qualitativ hochwertigeres Programm zu zeigen – mit positiven Effekten für das allgemeine Image. Gleichzeitig könnte für Werbekunden eventuell ein interessanteres und vielseitigeres Umfeld geschaffen werden, denn auch in Deutschland gehört der Wunsch nach Unterhaltung zu den Hauptgründen, warum ferngesehen wird (vgl. Kap. 3.1.3). Zur Unterstützung des Vertriebs müssten dann jedoch weitere Medien wie z. B. das Internet integriert werden. Die fortschreitende Digitalisierung und IPTV könnten sich günstig darauf auswirken (vgl. Kap. 3.1.1).

Fazit: Aus der Analyse des US-amerikanischen und britischen TV-Reisemarktes können vier wesentliche Erfolgsfaktoren für den deutschen Markt abgeleitet werden:

- Ausbau kostengünstiger, digitaler Möglichkeiten zur Programmverbreitung,
- Aufbau zusätzlicher Geschäftsbereiche der Anbieter neben TV-Reiseshopping,
- Steigerung der generellen Akzeptanz und der Nutzerzahlen sowie Verbesserung des Images durch eine zunehmende Ausdifferenzierung und einer größeren Dynamik des Marktes,
- Integration von mehr Unterhaltung und Information in das Programm durch Magazinsendungen.

3.4 Die Nachfrageseite

Fernsehen ist das meist genutzte Massenmedium in Deutschland. Insbesondere der Wunsch nach Informationen und Unterhaltung begründen die hohe, seit Jahren ungebrochene Beliebtheit innerhalb der bundesdeutschen Bevölkerung. Unabhängig davon, ob gefragt wird, welches Medium in der Freizeit am häufigsten genutzt wird oder auf welches Medium am wenigsten verzichtet werden kann: Das Fernsehen liegt in nahezu jeder Mediennutzungsstatistik weit vorne (vgl. Kap. 3.1.3).

Angesichts einer Vielzahl von frei empfangbaren Sendern und Programmen in Deutschland stehen die Nachfrager vor der Entscheidung, welche Angebote sie zu welchen Zeitpunkten annehmen wollen (vgl. KARSTENS/SCHÜTTE 2005, S. 67). Während die Gesamtnachfrage nach Fernsehen gleich bleibend hoch ist, variiert sie je nach Sender und Sendung.

Über die Nutzer des TV-Reiseshopping und ihre Motive ist bislang nur wenig bekannt. In einer Studie kamen PRECHT/JUNGHÄNEL im Jahr 2001 zu dem Ergebnis, dass es sich bei den Nutzern hauptsächlich um Männer und Frauen mittleren Alters handelt (Durchschnittsalter: 47 Jahre), die als typische Versandhandelskunden und Vielseher klassifiziert werden können. Die Buchungen erfolgen zumeist als Impulskäufe; sie werden überwiegend innerhalb von zwei Tagen nach Ausstrahlung des jeweiligen Angebots getätigt. Zudem handelt es sich bei den Fernseh-Kunden um Verbraucher, die nicht gerne im Reisebüro oder im Internet buchen (vgl. JUNGHÄNEL/PRECHT 2001, S. 50-57).

Ob diese Typisierung noch heute Gültigkeit besitzt, ist fraglich. Um über aktuelle Daten verfügen zu können, wurde im Rahmen der Arbeit eine eigene empirische Untersuchung durchgeführt (vgl. Kap. 4).

Bevor die Kunden des TV-Reiseshopping an späterer Stelle ausführlich beschrieben werden, sollen zunächst Anreize und Hinderungsgründe für das Format aus Verbrauchersicht dargestellt werden (Kap. 3.4.1). Anschließend wird das Image des TV-Reiseshopping aus Sicht der Nachfrager behandelt (Kap. 3.4.2). Eine Kurzzusammenfassung und ein Ausblick bilden den Abschluss des vorliegenden Kapitels.

3.4.1 Anreize und Hinderungsgründe für TV-Reiseshopping aus Verbrauchersicht

Für die Wahl von TV-Reiseshoppingsendern als Vertriebskanal oder als Informationsquelle für die Urlaubsplanung gibt es naturgemäß sowohl Anreize als auch Hinderungsgründe, die nicht zuletzt von individuellen Präferenzen abhängig sind. Nicht alle Faktoren, die als Stärken oder Schwächen aufgeführt werden können, sind jedoch von gleicher Bedeutung.

Eine Repräsentativbefragung über Teleshopping gab im Jahr 2005 erste Aufschlüsse über die Bekanntheit und Nutzung dieses Vertriebskanals (vgl. GOLDHAMMER/LESSIG 2005, S. 89-95). Zwar sind die Ergebnisse nicht pauschal auf TV-Reiseshopping als Vertriebsmedium anwendbar, einige (ausgewählte) Punkte lassen sich jedoch übertragen. Zum einen wurden Personen, die Teleshopping nicht nutzen, nach den Ablehnungsgründen gefragt. Die häufigsten Aussagen waren ein fehlendes Interesse an den Produkten, die Auffassung, Teleshopping sei unsinnig, sowie die Aussage, dass man zu wenig Zeit für diese Einkaufsform habe. Außerdem hielten einige Befragte die Art der Produktpräsentation für unseriös und aufdringlich, die Produkte selbst für überteuert. Ein weiterer Ablehnungsgrund war die Angst vor Datenmissbrauch.

Der direkte Aufruf zum Kauf wird auch von den Kunden des TV-Reiseshopping als aufdringlich und unseriös eingestuft (vgl. Tab. 8 und Kap. 4.2.1). Aufgrund von fehlenden direkten Vergleichsmöglichkeiten mit anderen Produkten zeigen sich Verbraucher zudem skeptisch bezüglich des als gut angepriesenen Preis-Leistungsverhältnisses. Die Angst vor Datenmissbrauch besteht beim TV-Reiseshopping ebenfalls zweifellos. Da personenbezogene Daten wie auch Kontodaten oder die Kreditkartennummer für eine Buchung am Telefon angegeben werden müssen, wird die Reservierung über ein Call-Center zum Teil als unsicher angesehen.

Neben den oben genannten Gründen, die generell gegen die Nutzung des Teleshopping und speziell auch des TV-Reiseshopping sprechen, gibt es jedoch auch Kaufkriterien, die als positiv bewertet werden (vgl. GOLDHAMMER/LESSIG 2005, S. 89-95). Die GOLDMEDIA-Befragung identifizierte die Qualität der Ware, die ausführliche Produktpräsentation und die Preise der Produkte als wichtige Kriterien, die für das Teleshopping sprechen.

Da im Tourismus die Ware (also die Reise) erst nach ihrem Antritt beurteilt werden kann, ist das erste Argument zur Qualität der Ware für die Herausarbeitung von Anreizen für TV-Reiseshopping eher ungeeignet.

Gut übertragbar ist hingegen der Punkt der ausführlichen Produktpräsentation, denn wie beim Teleshopping wird auch beim TV-Reiseshopping das Produkt zumeist durch Moderatoren genau erklärt, Filmbeiträge unterstützen diese Präsentation und geben Informationen über das Hotel und das Urlaubsland. Ob man Warenpreise als gut oder schlecht beurteilt, liegt sicherlich an den eigenen finanziellen Mitteln und den jeweiligen Vergleichsmöglichkeiten; deshalb kann dieser Aspekt sowohl für die Pro- als auch für die Contra-Seite gelten. Ein weiteres übertragbares Kriterium aus dem Teleshopping ist die Bequemlichkeit des Einkaufs von zu Hause aus (vgl. Tab. 8).

Tab. 8: Anreize und Hinderungsgründe für TV-Reiseshopping aus Verbrauchersicht

Anreize	Hinderungsgründe
- Bequeme Reisebuchung von zu Hause - Keine Bindung an Ladenöffnungszeiten - Umfangreiches Produktportfolio - Gutes Preis-Leistungsverhältnis - Teilweise Exklusiv-Angebote - Inspiration und Unterhaltung - Vermittlung einer „authentischen" Vorstellung einer Reise durch Filmbeiträge - Alternative Möglichkeit der Reiseauswahl und -buchung - Ausführliche Produktpräsentation	- Mangelndes Einkaufserlebnis - Keine individuelle Zusammenstellung der Reise möglich - Kein Preis-Leistungsvergleich mit Angeboten anderer Veranstalter möglich - Keine individuelle Suche nach Reiseangeboten möglich - Keine individuelle Beratung unabhängig von den präsentierten Angeboten - Angst vor Datenmissbrauch - Direkte Kaufaufrufe wirken aufdringlich

Quelle: Eigene Darstellung in Anlehnung an Brettschneider/Stark 2006, S. 404

Ungeachtet der Kritik gibt es durchaus einige gute Gründe für die Nutzung des TV-Reiseshoppings als Buchungsstelle. Jedoch hängen diese positiven Kriterien oftmals mit persönlichen Einstellungen zusammen: Nicht jeder Kunde empfindet es als bequem, von zu Hause zu buchen, lässt sich von diesem Format gerne inspirieren oder bewertet das Preis-Leistungsverhältnis als gut. Natürlich lässt sich argumentieren, dass persönliche Einstellungen jede generelle Einschätzung Lügen strafen können. Dennoch scheinen die Argumente auf der Contra-Seite gewichtiger: Es liegt am Format der Reiseshoppingsendungen, dass Preisvergleiche nur unter größerem Aufwand möglich sind, Reisen nicht individuell zusammengestellt werden können und eine persönliche Beratung nur am Telefon über ein Call-Center stattfinden kann. Hinzu kommt die Angst vor Datenmissbrauch, die ohne Zweifel ein großes Hindernis darstellt. Nur wer einem Medium vertraut, wird dort seine Daten offenlegen.

Ein hohes Vertrauen in einen Anbieter oder einen neuen Vertriebskanal ist jedoch oftmals mit einem Lernprozess verbunden: Auch bei Buchungen im Internet herrschte lange Zeit große Angst vor Datenmissbrauch, die inzwischen jedoch weitestgehend abgebaut werden konnte. Mit dem Ziel, die Angst vor einem falschen Gebrauch der Daten zu verringern, wurde zum einen die Sicherheit deutlich verbessert (z. B. durch TLS-Verschlüsslungen[22]). Zum anderen haben sich die Konsumenten an diese Form des Einkaufens gewöhnt – die Benutzung des Internets und auch das Einkaufen über dieses Medium ist für viele Personen mittlerweile selbstverständlich (vgl. Kap. 2.3.3). Somit ist es gut vorstellbar, dass auch Reisebuchungen im Fernsehen in einigen Jahren als weniger risikoreich angesehen werden – je nachdem, wie der Lernprozess vonstattengeht und in welchem Maße die Anbieter intensive Sicherheitsanstrengungen kommunizieren.

Das folgende Kapitel behandelt einen weiteren möglichen Hinderungsgrund: das Image.

3.4.2 Das Image als mögliche Hemmschwelle

Das Image der Teleshoppingsender und -sendungen kann nicht als positiv bewertet werden (vgl. Kap. 3.2.3) – oftmals werden Teleshoppingsendungen von den Zuschauern als unseriöse Werbesendungen eingestuft (vgl.

[22] TLS (Transport Layer Security) ist ein Verschlüsselungsprotokoll zur sicheren Datenübertragung im Internet. Die Vorgängerbezeichnung ist SSL (Secure Sockets Layer); vgl. de.wikipedia.org/wiki/Transport_Layer_Security, 07/2010

ANDRES 2003). Diese Negativ-Einschätzung überträgt sich auch auf TV-Reiseshopping. Zu nah scheint hier die Verbindung des Vertriebsmediums zum herkömmlichen Teleshopping zu sein, um grundsätzlich positiv beurteilt zu werden.

Images spielen bei der Entscheidung für oder gegen das Einschalten eines Programms eine maßgebliche Rolle – denn positive Images fördern nicht nur die Bekanntheit, sondern auch das Vertrauen beim Kunden (vgl. HOLFELDER 2004, S. 20). Wichtig für eine positive Beurteilung eines Unternehmens durch die Bevölkerung ist auch das vom Unternehmen selbst entworfene, nach außen hin konsequent kommunizierte „Corporate Image", das Bild in der Öffentlichkeit.

Ob die Bevölkerung die Images der wenigen Anbieter des TV-Reiseshopping in Deutschland positiv bewertet, ist fraglich. Einzig SONNENKLAR TV scheint überhaupt eine konsequente Unternehmenskommunikation nach außen umzusetzen. So finden Kunden in jedem der drei Vertriebswege des Unternehmens (online, stationär und Fernsehen) ein einheitliches Logo sowie ein weitgehend einheitliches Design („Corporate Design"). Der ehemalige Anbieter TV TRAVEL SHOP hat durch die Umbenennung in VOYAGES und später durch die wenig kommunizierte Umbenennung in REISEKANAL sicherlich viel an Bekanntheit und Vertrauen bei den Kunden eingebüßt, da ein klares Unternehmensprofil nicht mehr erkennbar war. Andere Anbieter und Reiseshoppingsendungen sind hierzulande ohnehin kaum bekannt (vgl. Kap. 4.1.2) – sie verfügen weitestgehend über keine Verankerung im „Relevant Set" der Zuschauer.

Die Nachfrager des TV-Reiseshopping in Deutschland ordnen den Anbietern also entweder kein Image oder ein negatives Image zu (wobei hierzu keine externen empirischen Daten vorliegen, vgl. aber Kap. 4.2). Eine Ausnahme bilden vermutlich Kunden, die bereits positive Erfahrungen mit Buchungen bei diesen Anbietern gemacht haben. Sowohl der Bekanntheitsgrad der Anbieter als auch die Erfahrungen der Zuschauer mit dieser Form des touristischen Vertriebs sind jedoch generell als sehr gering einzuschätzen. Den Anbietern ist es deshalb noch nicht gelungen, sich positiv in der Gedankenwelt der Konsumenten zu verankern. Abhilfe können nur eine konsequente Markenkommunikation, Ausbau der Reichweite und Eigenwerbung schaffen.

3.5 Kurzzusammenfassung und Ausblick

Obwohl das Fernsehen ein Medium ist, das auch die Freizeit der deutschen Bevölkerung maßgeblich mitgestaltet, und insgesamt viel ferngesehen wird, ist es Anbietern des TV-Reiseshoppings bislang noch nicht gelungen, eine genügend hohe Zahl an Zuschauern bzw. Kunden zu erreichen, um mit anderen touristischen Vertriebsmodellen konkurrieren zu können. Maßgeblich verantwortlich hierfür ist zum einen die zu geringe Reichweite, die auch mit der geringen Präsenz der Sender im Kabelnetz zusammenhängt. Zum anderen hemmen anscheinend das schlechte Image, administrative Einschränkungen und die für heutige Ansprüche unzureichende Flexibilität des Mediums Fernsehen die Entwicklung der Nachfrage. Hinzu kommt, dass der wirtschaftliche Erfolg des TV-Reiseshopping lediglich vom Absatz der (fordistischen) Pauschalreisen abhängt; dieses Produktportfolio entspricht jedoch nicht der aktuellen Forderung nach Individualität.

Wie das Beispiel Großbritannien zeigt, besitzt TV-Reiseshopping durchaus ein großes Potenzial, Reisen erfolgreich und gewinnbringend verkaufen zu können. Insbesondere die anschauliche Produktpräsentation durch (im besten Fall) aktuelle und emotionale Filmbeiträge ist in der Lage, zum Erfolg dieses Vertriebsweges beizutragen. Zudem können Zuschauer bzw. Kunden durch Hotel- und Destinationsvideos einen genaueren Eindruck über die Gegebenheiten vor Ort erlangen, als dies durch Bilder oder kurze Einspieler im Internet oder Kataloge im stationären Reisebüro möglich ist. Diese guten Informationsmöglichkeiten werden von potentiellen Kunden tatsächlich gerne genutzt – Buchungen werden jedoch zumeist woanders abgeschlossen. Mit diesem Problem hatte auch das Internet lange Jahre zu kämpfen. Bei zunehmender Erfahrung der Kunden mit diesem Vertriebsweg stiegen jedoch auch die Buchungen kontinuierlich an. Hingegen ging das Phänomen „look, not book" immer weiter zurück (auch wenn es noch existiert, vgl. Kap. 2.3.2). Die Erfahrungswerte der Nachfrager mit TV-Reiseshopping sind momentan jedoch zu gering, um in nächster Zeit mit einer Änderung dieses Zustands rechnen zu können.

Die Darstellungen der Grundlagen von T-Commerce und TV-Reiseshopping und die Analyse des TV-Reiseshoppingmarkts haben bislang verschiedene Ergebnisse über den touristischen Fernsehvertrieb geliefert. Zugleich werfen diese Ausführungen allerdings die Frage auf, wie TV-Reiseshopping gegenwärtig beurteilt wird. Zur Beantwortung dienen die folgenden Kapitel, in denen sowohl die Ergebnisse einer Passantenbefragung zum Thema „Image" als auch einer Kundenbefragung zum Thema „Motive für Reisebuchungen im Fernsehen" (vgl. Kap. 4) sowie einer Expertenbefragung vorgestellt werden (vgl. Kap. 5).

Zunächst werden aber die Stärken und Schwächen des TV-Reiseshopping noch einmal tabellarisch zusammengefasst (vgl. Tab. 9).

Tab. 9: Stärken und Schwächen des TV-Reiseshopping

Stärken	Schwächen
Technische Entwicklung und Digitalisierung	
- In Bezug auf den steigenden Digitalisierungsgrad sind die Zukunftsprognosen für TV-Reiseshopping positiv: die Verbreitungsmöglichkeiten erhöhen sich mit dem Grad der Digitalisierung, während die Verbreitungskosten sinken.	- Bislang ist der Digitalisierungsgrad in Deutschland noch nicht ausreichend entwickelt, um tatsächlich positive Effekte für TV-Reiseshopping zu haben.
Reichweite	
- Durch eine hohe Reichweite kann das Fernsehen mehr Menschen ansprechen als jedes andere Medium.	- Da die Sender oftmals nicht im Kabelnetz vertreten sind, fällt die Reichweite der TV-Reiseshoppingsender i. d. R. deutlich geringer aus als die von Vollprogrammen.
Mediennutzung und Freizeit	
- Fernsehen ist das meistgenutzte Medium in Deutschland und zugleich die beliebteste Freizeitbeschäftigung. Am Thema „Reisen" besteht in der Bevölkerung ein hohes Interesse.	- Nur wenige Vollprogramme werden tatsächlich viel gesehen. Spartensender wie TV-Reiseshoppingsender verfügen hingegen über deutlich geringere Marktanteile und Zuschauerzahlen.
Rechtliche Grundlagen	
- Als Mediendienste unterliegen Reiseshoppingsender keinen Werbezeitenbeschränkungen.	- In ihrer Eigenschaft als Dauerwerbesendungen dürfen Reiseshoppingsendungen nur in eingeschränktem Maße in das Programm anderer Sender integriert werden.
Produktmerkmale	
- Reisen lassen sich durch Bilder, Clips und Videos gut im Fernsehen darstellen. - Das Thema „Urlaub" weckt regelmäßig das Interesse der Zuschauer. - Pauschalreisen lassen sich aufgrund ihres geringeren Erklärungsbedarfs gut im Fernsehen bewerben und verkaufen.	- Reisen sind erklärungsbedürftige Güter. Im Teleshopping lassen sich jedoch insbesondere leicht zu erklärende Gegenstände gut verkaufen. - Das Produktportfolio ist eingeschränkt, da individuelle Reisen im Fernsehen nur unter großem Aufwand beworben und verkauft werden können.
Buchungsabwicklung und Kaufverhalten	
- Durch die Buchungsabwicklung über ein Call Center oder das Internet können sich TV-Reiseshoppingkunden zwischen zwei unterschiedlichen Buchungswegen entscheiden. - TV-Reiseshopping spricht auch ältere Zielgruppen an, die weniger häufig im Internet buchen (45+).	- Buchungen per Telefon (Call-Center) werden von manchen Kunden als unsicher empfunden. - Teleshopping lebt i. d. R. von Impulskäufen, Reisebuchungen werden zumeist im Voraus geplant. Zudem sind die Preise von TV-Reiseshopping- höher als von Teleshoppingprodukten, was sich hinderlich auf Spontankäufe auswirkt.
Weitere Aspekte	
Emotionen - Fernsehen ist in der Lage, Emotionen wie Urlaubswünsche bei Zuschauern zu wecken. - Bilder, insbesondere Clips und Videos, weisen einen besonders hohen Emotionsgehalt auf.	Image - TV-Reiseshopping hat, ebenso wie Teleshopping, mit Imageproblemen zu kämpfen. Insbesondere der offensive Verkaufscharakter der Sendungen scheint dazu beizutragen.
Aktualität - Fernsehen vermittelt den Anschein von Aktualität, welches Zuschauer als positiv bewerten.	Finanzierung - Durch geringe Provisionszahlungen, oftmals fehlende Werbekunden und hohe Produktionskosten kommt es bei TV-Reiseshoppinganbietern zu Finanzierungsproblemen.

Quelle: Eigene Darstellung

4 TV-Reiseshopping aus Verbrauchersicht – empirische Forschungsergebnisse

Noch vor wenigen Jahren waren die Erwartungen der Anbieter an den damals neuen touristischen Vertriebsweg des TV-Reiseshopping hoch. Die zukünftige Entwicklung wurde als positiv eingeschätzt, ein weiterer Vertriebsweg im Zuge einer Orientierung zum Multikanalvertrieb schien gefunden. Inzwischen ist die anfängliche Begeisterung verflogen. Wie in den vorherigen Kapiteln dargestellt, konnte sich weder die erforderliche Fernsehtechnik schnell genug entwickeln (insbesondere die Verlagerung der Hauptverbreitungswege zum Satelliten ist hier zu nennen), noch nahmen Verbraucher das Fernsehen als Reisebuchungsmedium entsprechend an.

Die Zuschauer- und Buchungszahlen blieben weit hinter den Erwartungen zurück. So gelang es auch kaum einem Anbieter, sich dauerhaft am Markt zu etablieren. Negative Eigenschaften wie etwa die fehlende Interaktivität und unzureichende Individualität, das (vermutete) Risiko bei der Reisebuchung über ein Call-Center und das schlechte Image des Teleshopping scheinen eine weitere Entwicklung negativ zu beeinflussen – ungeachtet der positiven Aspekte dieser Buchungsform, denn zum einen ist das TV-Reiseshopping sehr bequem, zum anderen vermittelt es durch Filmbeiträge eine authentische Vorstellung des Reiseziels.

Bislang liegen nur wenige empirische Studien zum Phänomen des TV-Reiseshopping vor (vgl. GOLDHAMMER/LESSIG 2005, BRETTSCHNEIDER/STARK 2006; JUNGHÄNEL/PRECHT 2001). Angesichts dieser unbefriedigenden Forschungslage wurden im Rahmen dieser Arbeit zwei eigene empirische Untersuchungen zum TV-Reiseshopping aus Verbrauchersicht durchgeführt:

- Eine Passantenbefragung konzentrierte sich dabei auf die Analyse des Images von TV-Reiseshopping aus Verbrauchersicht (vgl. Kap. 4.1).

- In einer Kundenbefragung wurden die Motive von TV-Reiseshoppingkunden für Reisebuchungen im Fernsehen untersucht (vgl. Kap. 4.2).

4.1 Passantenbefragung: Das Image des TV-Reiseshopping

Das Image des TV-Reiseshopping ist maßgeblich dafür verantwortlich, wie sich dieser Vertriebsweg zukünftig entwickelt. In diesem Kontext wurde bereits die These formuliert, dass das schlechte Image des herkömmlichen Teleshopping direkt auf TV-Reiseshopping übertragen und dadurch eine positive Entwicklung erschwert wird (vgl. Kap. 3.2.4 und 3.4.2). Die empirische Untersuchung soll Aufschluss darüber geben, inwieweit sich diese These bestätigt und welche Faktoren begünstigend oder hemmend auf die zukünftige Entwicklung des TV-Reiseshopping wirken. Zentrale Fragen sind in diesem Zusammenhang:

- Wie ist das Image dieses Vertriebsweges zu beurteilen – auch im Vergleich zum herkömmlichen Teleshopping sowie zu stationären Reisebüros und Online-Reisebüros?

- Was sind Gründe für ein vermeintlich schlechteres Image?

- Wie beurteilen Verbraucher das TV-Reiseshopping als Vertriebsmedium?

- In welchem Maße wird es – auch zukünftig – genutzt?

Im weiteren Verlauf von Kapitel 4.1 wird zunächst die Methodik der Passantenbefragung erläutert, bevor näher auf einzelne Ergebnisse eingegangen wird.

4.1.1 Methodik der empirischen Untersuchung

Um generalisierbare Aussagen über das Image des TV-Reiseshopping zu erhalten, wurde die Methode einer Passantenbefragung benutzt, bei der die Probanden der Umfrage zufällig ausgewählt wurden. Der Fragebogen wurde so konzipiert, dass ihn auch diejenigen Probanden beantworten konnten, die keine persönlichen

Erfahrungen mit TV-Reiseshopping gemacht hatten. Insgesamt wurden 202 Personen befragt; die Befragung wurde an einem Wochenende an unterschiedlichen Standorten durchgeführt (vgl. Tab. 10)

Tab. 10: Passantenbefragung: Erhebungswellen und Fallzahlen

Befragungsmethode, -zeitraum und -ort	Fallzahl
Passantenbefragung Face-to-Face-Befragung	202 gesamt
Fr., 23.10.2009: Hannover, Stadtteil Linden Nord	53
Sa., 24.10.2009: Hannover, Stadtteil Linden Mitte und Fußgängerzone zwischen Hauptbahnhof und Kröpke	103
So., 25.10.2009: Hannover, Passage im Hauptbahnhof	46

Quelle: Eigene Erhebung 2009

Als Grundgesamtheit, welche der Stichprobe zugrunde liegt, wurden für diese Befragung alle Personen ab 14 Jahren definiert, die sich zum Befragungszeitraum an den Standorten aufhielten (diese Altersgrenze wird auch in anderen touristischen Großerhebungen benutzt – z. B. der REISEANALYSE).

Als Untersuchungsmethode wurde eine Face-to-Face-Befragung gewählt. Gegenüber schriftlichen Befragungen hat dieses Verfahren unter anderem den Vorteil, dass die Reihenfolge der Fragen eingehalten wird und bei inhaltlichen Unklarheiten direkt Abhilfe geschaffen werden kann (vgl. JACOB/EIRMBTER 2000, S. 132).

Der Fragebogen der Passantenbefragung wurde vor der Erhebung ausführlichen Pretests unterzogen, so dass mögliche Fehler und Schwächen (speziell bei der Formulierung der Fragen) vor Beginn der Umfrage bereinigt werden konnten (vgl. Anhang 1). Die Erfassung und Auswertung aller Ergebnisse erfolgte computergestützt mit der Software SPSS für WINDOWS

4.1.2 Teleshopping und TV-Reiseshopping im Vergleich: Bekanntheit, Beurteilung, Nutzung und Potential

Bei der vergleichenden Analyse von Teleshopping und TV-Reiseshopping sind drei verschiedene Themenbereiche von zentraler Bedeutung:

- Zum einen wird aufgezeigt, inwieweit die Formate bekannt sind und tatsächlich genutzt werden.
- Zum anderen ist entscheidend, wie die Passanten die beiden Formate beurteilen – denn die Beurteilung ist hinsichtlich des Images von besonderer Relevanz.
- Abschließend wird dargestellt, ob auch zukünftige Nutzungsabsichten bestehen.

Zu Vergleichszwecken werden teilweise Daten einer GOLDMEDIA Befragung aus dem Jahr 2005 herangezogen (vgl. GOLDHAMMER/LESSIG 2005, S. 91-94).

Bekanntheit und tatsächliche Nutzung

Um den Bekanntheitsgrad des Teleshopping und TV-Reiseshopping zu erfassen, wurden zwei Methoden verwendet – eine ungestützte Frage sowie eine gestützte Frage.

Zunächst wurden die Probanden gefragt, ob sie einen oder mehrere Teleshopping- bzw. TV-Reiseshoppingsender kennen. Hierbei handelte es sich um eine offene Frage ohne Antwortvorgaben. Mit Hilfe dieser ungestützten Fragen lässt sich ermitteln, inwieweit Sender also allgemein bekannt und damit bereits im „Relevant Set" der Befragungsteilnehmer vorhanden sind (vgl. Abb. 31).

Abb. 31: Bekanntheit von Teleshopping- und TV-Reiseshoppingsendern
Fragen: Kennen Sie einen oder mehrere Teleshoppingsender?
Kennen Sie einen oder mehrere TV-Reiseshoppingsender? (ungestützt)

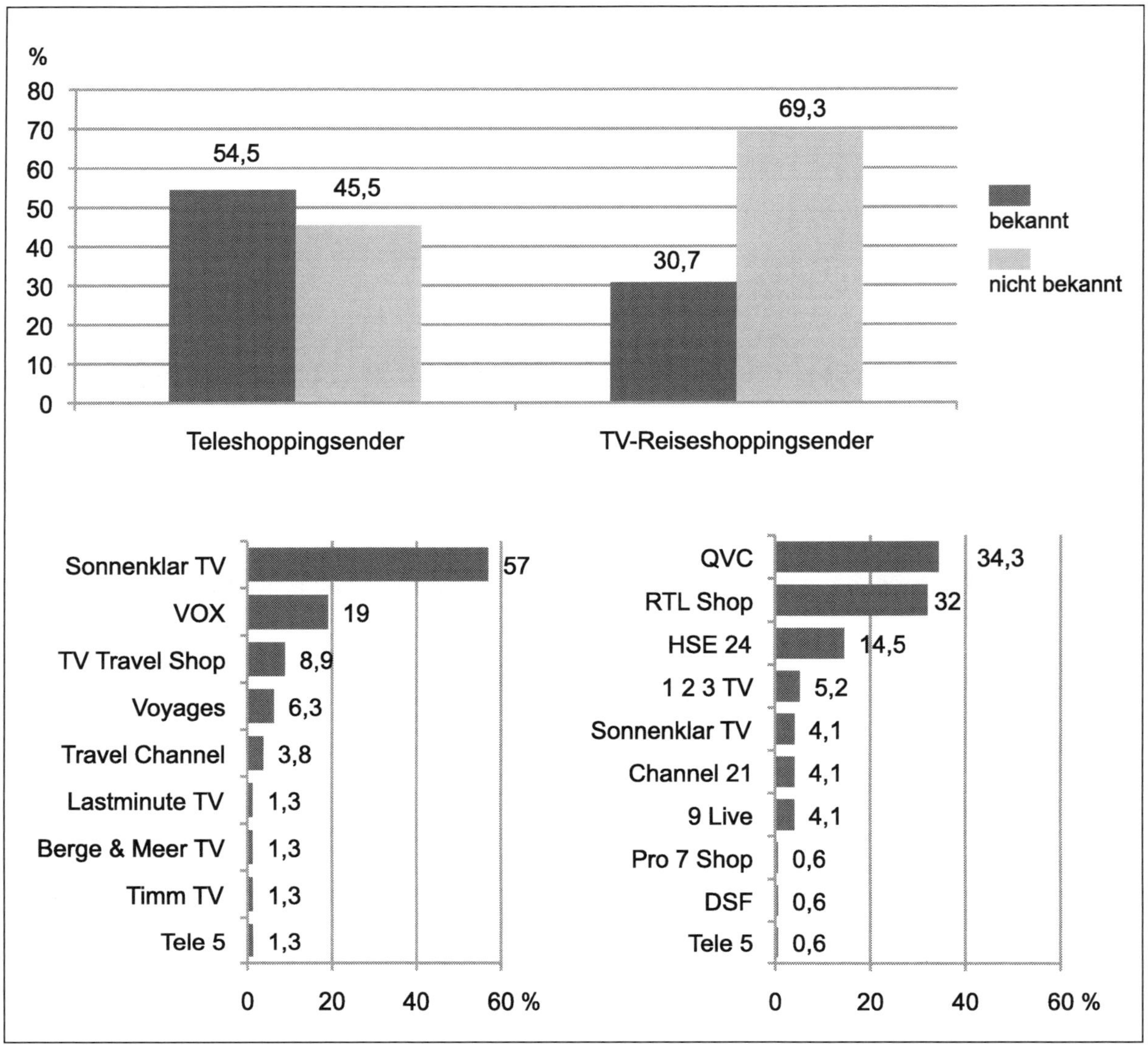

Quelle: Eigene Erhebung

TV-Reiseshoppingsender ungestützt: n = 202; gestützt: n = 62
Teleshoppingsender ungestützt: n = 202; gestützt: n = 102

Generell ist die Bekanntheit von Teleshopping- und TV-Reiseshoppingsendern gegeben. Auffällig ist jedoch, dass weit mehr Probanden spontan einen oder mehrere Teleshoppingsender benennen konnten als TV-Reiseshoppingsender. Von insgesamt 202 Personen nannten 54,5% einen oder mehrere Teleshoppingsender, aber nur 30,7% einen oder mehrere TV-Reiseshoppingsender.

Die Ergebnisse der offenen Fragen nach dem Bekanntheitsgrad fielen sehr unterschiedlich aus. Beispielsweise wurden Sender wie 9 Live oder DSF als Teleshoppingsender genannt. Zwar gehören diese Sender nicht zur Gruppe der Teleshoppinganbieter, aufgrund ihrer offensiven Aufrufe zur Teilnahme an Telefonquiz scheinen manche der Befragten jedoch eine Verbindung zum Teleshopping herzustellen. Die Mehrzahl der Probanden konnte Teleshopping- oder TV-Reiseshoppingsender nennen, die tatsächlich existieren.

Bei den Nennungen rangieren QVC, RTL Shop, HSE 24 und 1-2-3.TV auf den vorderen Plätzen – diese Tatsache ist nicht weiter überraschend, da es sich um die umsatzstärksten Sender handelt(e). Die Nennung von RTL Shop ist jedoch nicht mehr zutreffend, da der Sender seit ca. einem Jahr unter dem Namen Channel 21 firmiert, welcher nur von 4,1% der Befragten genannt wurde. Deutlich wird an dieser Stelle, dass ein starker Markenname wie RTL offenbar langfristig im „Relevant Set“ eines Zuschauers verankert bleibt. Ähnliches lässt sich auch bei der Betrachtung der vier weiteren genannten Sender feststellen. Weder 9 Live noch Tele 5 oder DSF sind Teleshoppingsender – als Fernsehsender sind sie jedoch bekannt. Zwar zeigen bzw. zeigten diese Sender einzelne Teleshoppingformate, der jeweilige Programmanteil ist jedoch gering. Gleiches gilt auch für den PRO 7 SHOP, eine Teleshoppingsendung des populären Senders ProSieben. Hervorzuheben ist jedoch, dass 4,1% der Befragten auch den TV-Reiseshoppingsender SONNENKLAR TV selbstständig als Teleshoppingsender einordneten. Dieses Ergebnis lässt auf einen relativ großen Bekanntheitsgrad des Senders schließen.

Im Gegensatz zu Teleshopping ist TV-Reiseshopping jedoch weitaus weniger bekannt. Nur 30,7% konnten einen oder mehrere Anbieter direkt benennen. Das Ergebnis deckt sich mit den Ergebnissen einer Umfrage der KARSTADTQUELLE NEW MEDIA AG und TELE 5, wonach im Jahr 2003 28% der Bevölkerung in Deutschland wussten, dass man Reisen über das Fernsehen buchen kann (vgl. BRETTSCHNEIDER/STARK 2006, S. 403). Dass die Bekanntheit heute ebenso gering ist wie vor sechs Jahren, ist jedoch kein gutes Zeichen für eine positive Entwicklung.

Bei den genannten TV-Reiseshoppinganbietern rangiert SONNENKLAR TV mit 59% an erster Stelle. Überraschend ist der überdurchschnittlich hohe Bekanntheitsgrad gegenüber anderen Sendern. Einzig VOX erreichte ebenfalls einen zweistelligen Prozentsatz und rangiert mit 19% an Platz zwei. Der Sender VOX ist jedoch keinesfalls ein TV-Reiseshoppingsender. Allerdings werden auf VOX regelmäßig bekannte Reisemagazine wie etwa „VOXTOURS" oder „WOLKENLOS" gezeigt. Diese Tatsache ist vermutlich, neben dem bekannten Markennamen VOX, ein Grund für den relativ hohen Bekanntheitsgrad.

Ebenfalls genannt wurden TV TRAVEL SHOP, VOYAGES und TRAVEL CHANNEL. TV TRAVEL SHOP, später umbenannt in VOYAGES, gehörte früher zu den größten TV-Reiseshoppingsendern in Deutschland (vgl. Kap. 3.3.1). Obwohl schon seit 2006 nicht mehr auf Sendung, ist eine Popularität nach wie vor gegeben. Im Gegensatz dazu liegt die Insolvenz von VOYAGES (REISEKANAL) erst ein Jahr zurück. Seine Bekanntheit hat der Sender jedoch offenbar schon länger eingebüßt. Der TRAVEL CHANNEL ist in Deutschland ein recht junger Sender (vgl. Tab. 7, Kap. 3.3.1), in den USA und Großbritannien hingegen seit langem erfolgreich. Auch TIMM TV war ein neuer TV-Reiseshoppingsender, der jedoch bereits nach kürzester Zeit wieder vom Markt verschwand, weshalb die Bekanntheit entsprechend gering ist (1,3%). Mit 1,3% sind LASTMINUTE TV und BERGE & MEER TV ebenfalls wenig populär. TELE 5 zählt nicht zu den TV-Reiseshoppingsendern; er wurde jedoch vermutlich genannt, weil der Sender Teleshoppingformate zeigt.

Angesichts der kurzen Marktauftritte und Namensänderungen war davon auszugehen, dass viele Teilnehmer die offene Frage nach TV-Reiseshopping- und Teleshoppingsendern nicht korrekt beantworten konnten. Um dennoch Aussagen über den Bekanntheitsgrad einzelner Sender innerhalb der Bevölkerung treffen zu können, wurde den Probanden auch eine geschlossene Frage – mit Antwortvorgaben – zu diesem Thema gestellt (vgl. Abb. 32). Außerdem sollte mit Hilfe dieser Fragen verifiziert werden, ob prominente Sendernamen wie VOX die Bekanntheit tatsächlich beeinflussen. Aus diesem Grund wurde bei der gestützten Abfrage der nicht existente Sender VOX REISESHOP in die Liste der Vorgaben aufgenommen.

Abb. 32: Popularität einzelner Teleshopping- und TV-Reiseshoppingsender

Fragen: Ich nenne Ihnen nun einmal einige TV-Shoppingsender. Bitte sagen Sie mir, ob Sie schon einmal davon gehört haben. Ich nenne Ihnen nun einmal einige TV-Reiseshoppingsender. Bitte sagen Sie mir, ob Sie schon einmal davon gehört haben.

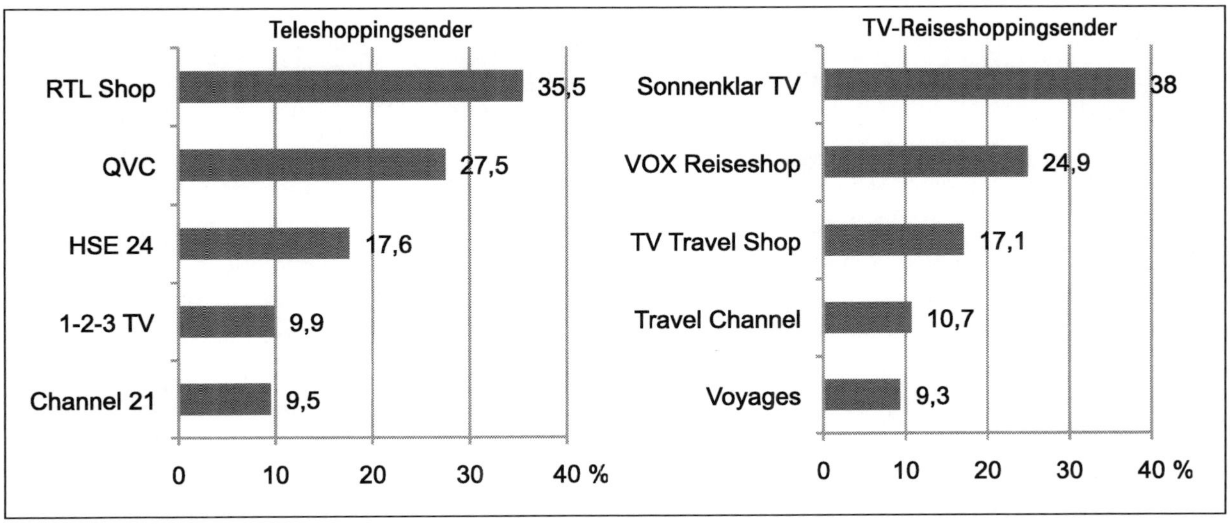

Quelle: Eigene Erhebung *Daten Teleshoppingsender n = 192, TV-Reiseshoppingsender n = 170*

Insgesamt waren die Teleshoppingsender bekannter als die TV-Reiseshoppingsender (n = 192 im Vergleich zu n = 170; vgl. Abb. 32). Da eine größere Anzahl der Probanden bereits spontan einen Teleshoppingsender benennen konnte, ist dieses Ergebnis jedoch nicht weiter verwunderlich (vgl. Abb. 31). Wie bei der ungestützten Frage nach dem Bekanntheitsgrad stehen auch nach Nennung der Sender die Anbieter SONNENKLAR TV, RTL SHOP und QVC an der Spitze, gefolgt von dem hier direkt angegebenen fiktiven VOX REISESHOP. Tatsächlich glauben also viele Personen, diesen Sender zu kennen oder zumindest schon einmal von ihm gehört zu haben. Der Markenname VOX und das Programm, welches einige Inhalte zum Thema „Reise" bereithält, können als Gründe genannt werden.

Im Vergleich zum Teleshopping ist das TV-Reiseshopping weitaus weniger bekannt. Dennoch ist die Popularität des TV-Reiseshopping und der Anbieter durchaus positiv zu bewerten, denn bei der gestützten Frage mit vorgegebenen Antwortmöglichkeiten gaben 84,2% der Befragten an, zumindest einen der fünf aufgeführten Sender zu kennen bzw. schon einmal davon gehört zu haben.

Ob sich die Bekanntheit des TV-Reiseshopping auch auf die tatsächliche Nutzung überträgt, sollte im Folgenden geklärt werden. Um erneut Vergleiche zum herkömmlichen Teleshopping ziehen zu können, wurden die Probanden gefragt, ob sie bereits etwas bei einem Teleshoppinganbieter gekauft und/oder eine Reise im Fernsehen gebucht haben. Dabei wurde vermutet, dass Teleshopping stärker genutzt wird als TV-Reiseshopping – und die gewonnenen Zahlen bestätigen diese These.

Nur 10,4% der Probanden gaben an, bereits einmal ein Produkt bei einem Teleshoppinganbieter gekauft zu haben. Im Fall des TV-Reiseshopping fällt die Nutzung noch geringer aus: eine Person von 202 erklärte, schon einmal bei einem TV-Reiseshoppinganbieter gebucht zu haben.

Auch andere Studien kommen zu einem ähnlichen Ergebnis (im Vergleich zur hier ermittelten Zahl zum herkömmlichen Teleshopping): Die Berliner Medienberatung GOLDMEDIA gelangte in einer Untersuchung im Jahr 2005 zu dem Resultat, dass etwa 10 Mio. Menschen bereits bei einem Teleshoppingsender bestellt haben; diese Zahl entspricht ca. 14,3% der gesamten kauffähigen deutschen Bevölkerung (vgl. GOLDHAMMER/LESSIG 2005, S. 115).

Etwas anders verhält es sich bei der Nutzung des TV-Reiseshopping. Allein der Marktführer SONNENKLAR TV gibt an, im Geschäftsjahr 2006/2007 rund 161 Mio. Euro Umsatz bei einer durchschnittlichen Zuschauerzahl von 550.000 pro Tag gemacht zu haben[23]. Aus diesen Zahlen lässt sich zwar kein genauer Wert bezüglich der Nutzerzahl errechnen, man muss jedoch davon ausgehen, dass er über den hier ermittelten 0,5% liegt. Im Allgemeinen zählt der Verkauf von Reisen jedoch nicht zu den umsatzstarken Produktgruppen innerhalb des Teleshopping. Hierzu gehören Schmuck, Bekleidung, Haushaltswaren und Kosmetik (vgl. GOLDHAMMER/LESSIG 2005, S. 100-102).

Beurteilung des Teleshopping und TV-Reiseshopping

Im Rahmen dieser Arbeit wurde bereits die These formuliert, dass sich ein negatives Image von Teleshoppingsendern und -sendungen auf die Beurteilung des TV-Reiseshopping überträgt. Um diese Annahme genauer zu analysieren, wurden die Umfrageteilnehmer aufgefordert, unterschiedliche Aspekte des Teleshopping und TV-Reiseshopping zu bewerten (vgl. Abb. 33).

Die unterschiedlichen Aspekte wurden sowohl in Bezug auf Teleshopping als auch auf TV-Reiseshopping jeweils ähnlich bewertet (vgl. Abb. 33). Besonders positiv schneidet dabei die bequeme Kauf- bzw. Buchungsmöglichkeit direkt von zu Hause aus ab, wobei TV-Reiseshopping mit 86,6% noch vor dem Teleshopping liegt. Ebenfalls positiv (mit jeweils über 50%) wurde die Anschaulichkeit beider Vertriebswege beurteilt. Da die Anschaulichkeit sinngemäß eine klar und einfach zu verstehende Darstellung beschreibt, halten die Befragten demnach das Fernsehen für gut bis sehr gut geeignet für die Darstellung von Produkten – also auch Reisen. Außerdem wird TV-Reiseshopping (51%) durchaus als informativ eingeschätzt (mit 47,5% wird Teleshopping diesbezüglich schlechter beurteilt). Daraus kann geschlossen werden, dass TV-Reiseshopping lieber zu Informations- als zu Buchungszwecken genutzt wird, auch wenn die bequeme Buchungsmöglichkeit positiv beurteilt wird (die Präferenz, TV-Reiseshopping als Informationsmedium zu nutzen, wird auch dadurch deutlich, dass nur eine Person im Rahmen dieser Befragung bereits bei einem TV-Reiseshoppinganbieter gebucht hatte).

[23] vgl. www.sonnenklar.tv/wir-ueber-uns/daten-fakten.html, 12/2009

Abb. 33: Beurteilung des Teleshopping und TV-Reiseshopping

Fragen: Wie beurteilen Sie persönlich folgende Aspekte des Teleshopping? Wie beurteilen Sie persönlich folgende Aspekte des TV-Reiseshopping? (Nur Antworten „trifft voll zu" und „trifft zu")

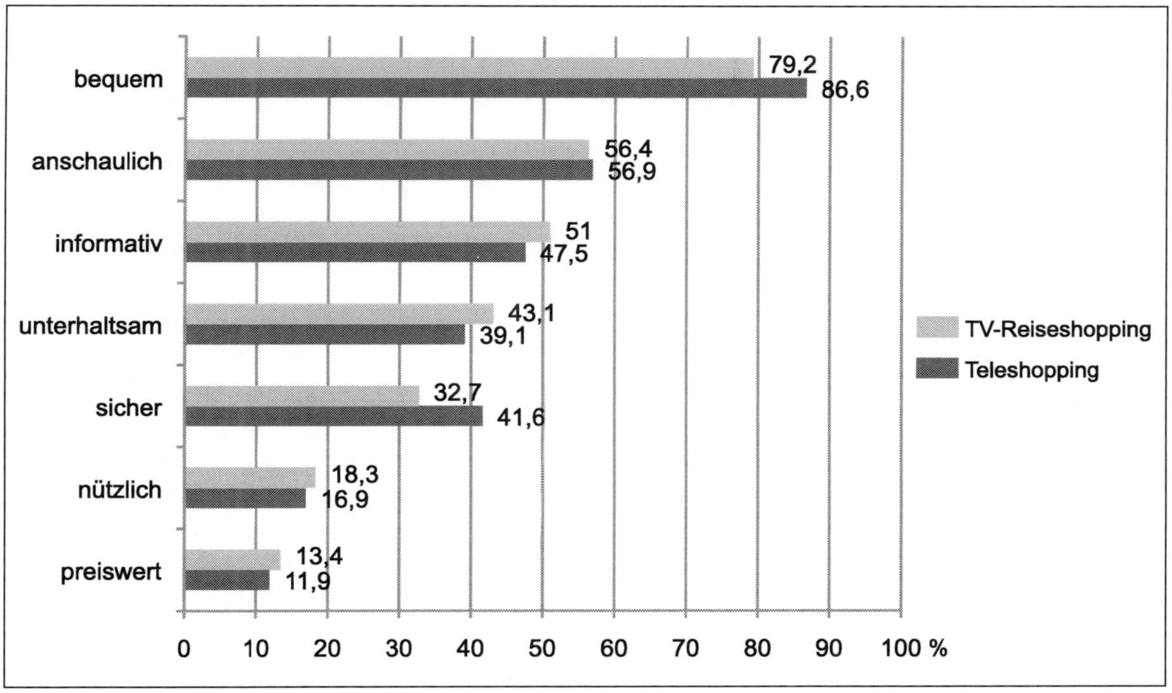

Quelle: Eigene Erhebung *Für TV-Reiseshopping und Teleshopping gilt je: n = 202*

Im Vergleich zu den anderen Aspekten erzielten „unterhaltsam" und „sicher" weniger gute Werte (unter 50% Zustimmung). Hier scheinen also Verbesserungen angebracht. Insbesondere die Sicherheit ist ausschlaggebend dafür, ob Zuschauer zu Kunden werden. Angesichts der verbreiteten Befürchtung, eigene Daten seien bei der Kauf- bzw. Buchungsabwicklung über ein Call-Center nicht ausreichend geschützt, wird sich kaum ein Zuschauer zum Kauf bzw. zur Buchung entschließen. Ob eine Sendung als unterhaltsam angesehen wird, hängt hingegen zum großen Teil mit eigenen Erwartungen zusammen. Dennoch zeigte die Analyse des britischen und US-amerikanischen TV-Reiseshoppingmarktes (vgl. Kap. 3.3.3), dass ein hoher Unterhaltungswert offenbar maßgeblich zum Erfolg einer Sendung beitragen kann. Somit ist auch dieser Aspekt keinesfalls zu vernachlässigen.

Eher negativ (unter 20% Zustimmung) wurden bei der Beurteilung von Teleshopping und TV-Reiseshopping die Aspekte „nützlich" und „preiswert" eingestuft. Weder Teleshopping noch TV-Reiseshopping werden also als brauchbare Einkaufsstätten angesehen. Außerdem werden die Preise offenbar als zu hoch eingeschätzt.

Vergleicht man die gewonnen Ergebnisse mit der zu Vergleichswecken bereits herangezogenen GOLDMEDIA-Befragung aus dem Jahr 2005, werden zum Teil ähnliche Ergebnisse deutlich (vgl. GOLDHAMMER/LESSIG 2005, S. 91-94). Übereinstimmend mit der vorliegenden Untersuchung werden dort als positive Aspekte von Teleshopping und als Kaufkriterien für diese Einkaufsstätte die „Bequemlichkeit des Einkaufs" und die „ausführliche Produktdemonstration" genannt – vergleichbar mit den hier abgefragten Aspekten „bequem", „anschaulich" und „informativ". In Abweichung von der vorliegenden Untersuchung ermittelte die GOLDMEDIA-Befragung jedoch den „Preis der Waren" als Kaufkriterium, während in der vorliegenden Umfrage gerade der Aspekt „preiswert" eine schlechte Beurteilung erhielt. Weitere Übereinstimmungen zu der vorliegenden Untersuchung lassen sich bei der Frage von GOLDMEDIA nach den Gründen für die Nicht-Nutzung von Teleshopping feststellen: Dort gaben über 40% der Befragten an, dass sie Teleshopping insgesamt als „unsinnig" empfinden. Auch die Mehrzahl der Teilnehmer an dieser Befragung empfanden Teleshopping und auch TV-Reiseshopping nicht als „nützlich", was dieser Aussage nahe kommt.

Als weiterer Grund für die Nicht-Nutzung wurde bei der GOLDMEDIA-Befragung die Angst vor Datenmissbrauch aufgeführt. Auch in der eigenen Untersuchung wurde Teleshopping eher als unsicher eingestuft, wobei der Wert für TV-Reiseshopping noch schlechter ausfiel. Möglicherweise hängt diese negative Einschätzung des Sicherheitsaspekts damit zusammen, dass das Misstrauen gegenüber Kaufabschlüssen mit Hilfe von Call-Centern bei Reisebuchungen noch durch die fehlende Möglichkeit verstärkt wird, das Produkt auszuprobieren und bei Nicht-Gefallen zurückgeben zu können (vgl. Kap. 2.1.1 und 3.2.3). Die Flüchtigkeit des Mediums Fernsehen trägt außerdem zur Ausweitung dieses Problems bei, da die rein visuelle Begutachtung eines Produktes sowie die Aufnahme und Bewertung produktbezogener Informationen durch die vom Sender bestimmte Zeitdauer der Präsentation bestimmt ist (vgl. GOLDHAMMER/LESSIG 2005, S. 92).

In der eigenen Untersuchung werden TV-Reiseshopping und Teleshopping als ähnlich gut bzw. schlecht beurteilt, es wird kaum ein Unterschied zwischen diesen beiden Einkaufs- bzw. Vertriebswegen gesehen. Da Teleshopping jedoch bekannter ist als TV-Reiseshopping, scheint die vorherrschende Meinung über Teleshopping tatsächlich auf den Fernsehvertrieb von Reisen übertragen zu werden und das Image mitzubestimmen.

Images sind psychische Konstrukte, die den Einstellungen zuzuordnen sind (vgl. Kap. 3.2.4). Dabei vereinen Images als ganzheitliche Betrachtung die Summe aller als relevant erachteten Einstellungsdimensionen. Zudem sind Images verhaltensbeeinflussend – es besteht ein Zusammenhang zwischen positiven bzw. negativen Images und positiven bzw. negativen Kaufentscheidungen (vgl. FREYER 2009, S. 565).

Wenn einzelne Aspekte von Telshopping und TV-Reiseshopping als überwiegend negativ eingestuft werden, dann wird auch das Gesamtimage entsprechend ausfallen und die Kaufentscheidung beeinflussen. Gleiches gilt im umgekehrten Fall für eine positive Einschätzung; allerdings haben die verschiedenen Bewertungsaspekte auch eine unterschiedliche Bedeutung. So fällt zwar die Beurteilung der Bequemlichkeit des Einkaufens positiv aus, die negative Einstellung zur Sicherheit vermag einen Kauf dennoch zu verhindern. Auch wenn Teleshopping und TV-Reiseshopping als unterhaltsam und informativ gelten – die negative Einschätzung des Aspekts „preiswert" wirkt sich ebenfalls hinderlich auf die Kaufentscheidung aus.

Grundsätzlich werden die Images von Teleshopping und TV-Reiseshopping – basierend auf der Bewertung der hier abgefragten Aspekte – von den Umfrageteilnehmern nicht gänzlich als negativ eingestuft. Jedoch überwiegt die schlechte Beurteilung kaufentscheidender Kriterien, weshalb die tatsächliche Nutzung des TV-Reiseshopping weitgehend ausbleibt.

Aber wie verhält es sich mit der zukünftigen Absicht, Produkte bei einem Teleshoppinganbieter zu kaufen oder Reisen bzw. einzelne Reiseleistungen bei TV-Reiseshoppinganbietern zu buchen? Auch die Beantwortung dieser Potenzialfragen erlaubt indirekt Rückschlüsse auf das Image. Die Ergebnisse werden im Folgenden dargestellt.

Zukünftige Nutzung

Unabhängig davon, ob die Teilnehmer der Umfrage bereits ein Produkt bei einem Teleshoppinganbieter gekauft oder bei einem TV-Reiseshoppinganbieter gebucht hatten, wurden sie danach gefragt, ob sie sich einen Kauf über das Fernsehen in Zukunft vorstellen können. Auf diese Weise kann festgestellt werden, ob die zukünftige Absicht mit der tatsächlichen Nutzung übereinstimmt. Zudem können Prognosen über den zukünftigen Erfolg abgeleitet werden (vgl. Abb. 34 und 35).

Für die Mehrzahl der Befragten kommt ein Einkaufen bei einem Teleshoppinganbieter auch in Zukunft nicht in Frage: Insgesamt 85,7% der Probanden gaben an, sich „auf keinen Fall" oder „eher nicht" vorstellen zu können, in den nächsten zwölf Monaten bei einem Teleshoppinganbieter einzukaufen (vgl. Abb. 34). Nur 10,9% wollten dies „wahrscheinlich" tun, 3,5% „auf jeden Fall". Zu einem etwas positiveren Ergebnis kommt hingegen die GOLDMEDIA-Befragung. Hier gaben rund ein Viertel (23,7%) der damaligen Nicht-Nutzer von Teleshopping an, sich in Zukunft eine Nutzung

Abb. 34: Zukünftige Nutzung des Teleshopping

Frage: Können Sie sich vorstellen, in den nächsten 12 Monaten etwas bei einem Teleshoppinganbieter zu kaufen?

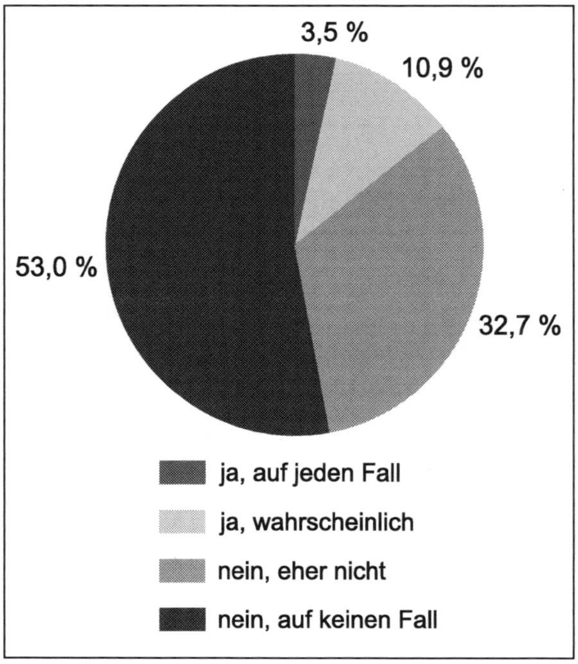

Quelle: Eigene Erhebung *n = 202*

vorstellen zu können. Bei GOLDMEDIA wurde jedoch nicht nur nach der zukünftigen Bestellabsicht, sondern auch nach der Bereitschaft gefragt, Sendungen zukünftig anzusehen. Somit ist für die reine Kaufabsicht von einem geringeren Prozentsatz auszugehen. Ähnlich wie in der eigenen Erhebung gaben 76,3% an, Teleshopping auch zukünftig nicht nutzen zu wollen (vgl. GOLDHAMMER/LESSIG 2005, S. 141).

Wenig positiv fällt aber vor allem die Absicht aus, TV-Reiseshopping als zukünftige Buchungsstelle in Betracht zu ziehen (vgl. Abb. 35). Um zu analysieren, ob es Unterschiede in der Nutzungsabsicht für verschiedene Reisearten oder einzelne Reiseleistungen gibt, wurden diese in die Frage nach der zukünftigen Nutzung des TV-Reiseshopping mit einbezogen. Ausgewählt wurden Reisearten, die im Fernsehen regelmäßig angeboten werden.

Abb. 35: Zukünftige Nutzung des TV-Reiseshopping

Frage: Können Sie sich vorstellen, in den nächsten 12 Monaten etwas bei einem TV-Reiseshoppingsender zu buchen?

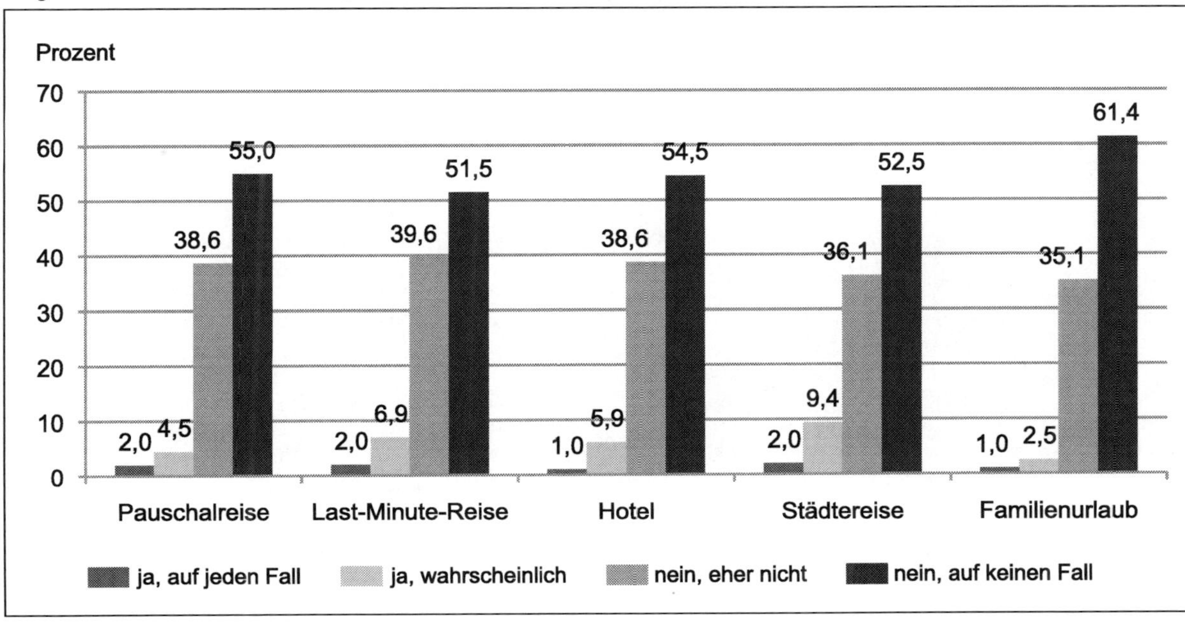

Quelle: Eigene Erhebung — *Für jede aufgeführte Reiseart gilt: n = 202*

Die Mehrzahl der Umfrageteilnehmer kann sich eine Reisebuchung im Fernsehen in den nächsten 12 Monaten „auf keinen Fall" oder „eher nicht" vorstellen. Die höchste Ablehnung (bezogen auf die Reiseart) erfuhr dabei der Familienurlaub mit 61,4% („nein, auf keinen Fall"). Weitere 35,1% wollten einen Familienurlaub „eher nicht" bei einem TV-Reiseshoppinganbieter buchen, was nahezu einer hundertprozentigen Ablehnung entspricht (96,5%). Vermutlich hängt diese geringe zukünftige Nutzungsabsicht auch damit zusammen, dass gerade beim Verreisen mit der ganzen Familie, also zumeist auch mit Kindern, kein Risiko bei der Planung und Buchung eingegangen werden soll. Fast ebenso deutlich fiel jedoch die Ablehnung bezüglich der anderen Reisearten aus: So konnten sich 93,6% „auf keinen Fall" und „eher nicht" vorstellen, eine Pauschalreise im Fernsehen zu buchen, 91,1% keine Last-Minute-Reise, 93,1% keine Hotelübernachtung und 88,6% keine Städtereise.

Die größte Zustimmung erhielt mit 11,4% dennoch die Buchung einer Städtereise. Ein Grund hierfür kann zum einen das generell hohe Interesse an dieser Reiseart sein. Zum anderen weisen Städtereisen ebenfalls einen relativ geringen Erklärungsbedarf auf. Von Interesse ist hauptsächlich die bereiste Stadt, deren Sehenswürdigkeiten und Besonderheiten, die sich im Fernsehen anschaulich bebildern lassen. Den zweithöchsten Wert erzielte die Last-Minute-Reise, obwohl der Prozentsatz hier bereits deutlicher unter 10% liegt. Last-Minute-Reisen verkaufen sich hauptsächlich über den Preis. Sollte dieser bei einem TV-Reiseshoppinganbieter niedriger sein als im Internet oder im stationären Reisebüro, steigt die Wahrscheinlichkeit, dass es zu einem Buchungsabschluss kommt.

In Bezug auf die Bewertung des Images von Teleshopping und insbesondere TV-Reiseshopping lassen sich durch die Analyse der zukünftigen Nutzungsabsichten keine positiven Zukunftsaussichten feststellen. Ebenso wie bei der tatsächlichen Nutzung fallen auch hier die Werte negativ aus – und das, obwohl eine Bekanntheit gegeben ist (vgl. Abb. 31 und 32) und einzelne Merkmale dieser Vertriebswege durchaus positiv beurteilt werden (vgl. Abb. 33).

Wie TV-Reiseshopping als Vertriebsmedium im Vergleich zu Online-Reisebüros und stationären Reisebüros bewertet wird, ist Thema der folgenden Abschnitte.

4.1.3 Die Beurteilung des TV-Reiseshopping im Vergleich zu anderen Vertriebswegen

Im Vergleich zu anderen touristischen Vertriebswegen wird das TV-Reiseshopping eher negativ beurteilt. Von Probanden der Passantenbefragung wurden nur wenige Aspekte besonders positiv beurteilt (vgl. Abb. 36).

Abb. 36: Beurteilung touristischer Vertriebswege im Vergleich

Fragen: Wie beurteilen Sie folgende Aspekte von Reisebüros? Wie beurteilen Sie folgende Aspekte von Online-Reisebüros? (Nur Antworten „trifft voll zu" und „trifft zu")

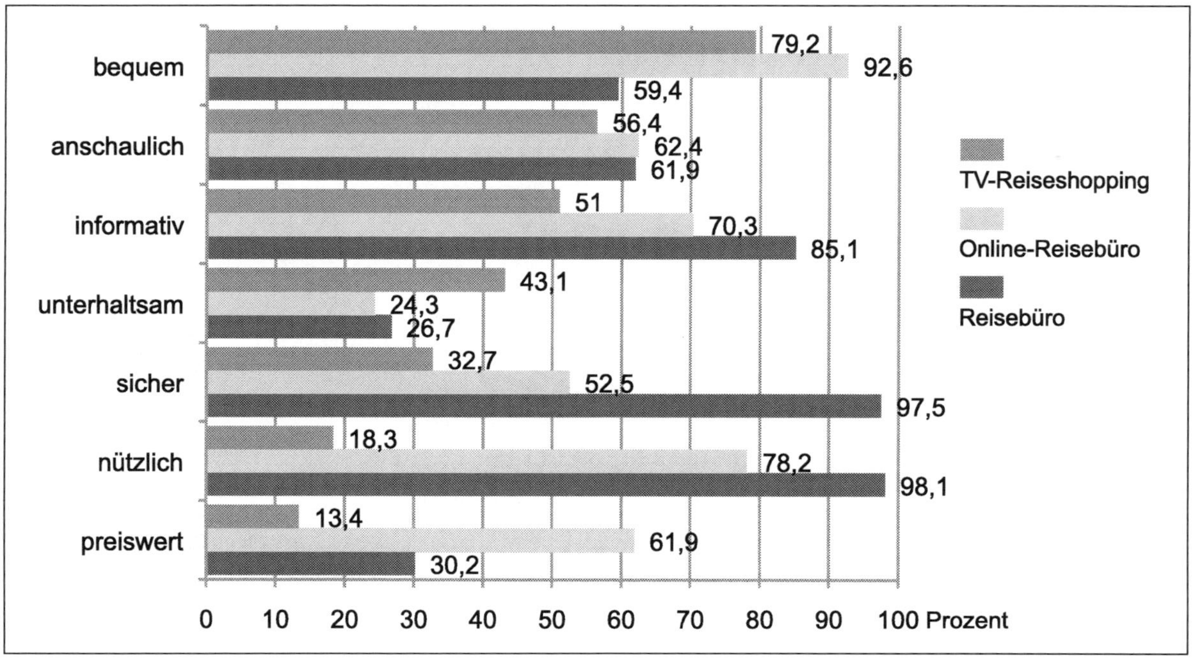

Quelle: Eigene Erhebung *Für jede Buchungsstelle gilt: n = 202*

Bei der Beurteilung der unterschiedlichen touristischen Vertriebsformen wird das Internet als besonders „bequeme" Buchungsstelle eingeschätzt. Mit 92,6% liegt es noch vor TV-Reiseshopping, das ebenfalls einen hohen Wert erzielt (79,2%). Ausschlaggebend hierfür ist, dass sowohl im Internet als auch im Fernsehen eine Buchung von zu Hause erfolgen kann. Warum gerade das Internet für bequemer als das Fernsehen betrachtet wird, hängt sicher mit der größeren Bekanntheit und Akzeptanz sowie der ständigen Verfügbarkeit dieses Mediums zusammen. Zwar ist auch Fernsehen ständig empfangbar, TV-Reiseshoppingsendungen können jedoch nur zu bestimmten Sendezeiten angesehen werden. Der Weg ins Reisebüro hingegen kostet Zeit und ist mit Aufwand verbunden. Somit wird das stationäre Reisebüro als relativ unbequeme Buchungsmöglichkeit angesehen.

Beim Aspekt „anschaulich" wurden für die drei Vertriebswege ähnliche Werte ermittelt. Nur mit wenig Vorsprung werden (in dieser Reihenfolge) Online-Reisebüros und stationäre Reisebüros für anschaulicher als TV-Reiseshoppingsender gehalten. Beim Fernsehen ergeben sich hierzu die Gestaltungselemente Filme und Moderationen, im Internet Bild- und Textmaterial und im stationären Reisebüro Kataloge und Informationen durch Mitarbeiter. Dieses Ergebnis verwundert, da speziell das Fernsehen als das Medium mit dem größten Potential gilt, durch Filme und bewegte Bilder realitätsnahe Eindrücke zu vermitteln und besonders anschaulich zu sein.

Ebenfalls unerwartet ist die Einschätzung, stationäre Reisebüros seien informativer als Online-Reiseportale und TV-Reiseshoppingsender, denn das Internet gilt inzwischen als wichtige Informationsquelle – auch für Produkte der Tourismusbranche (vgl. Exkurs zum Ablauf von Kauf- und Reiseentscheidungen). Viele Probanden betrachten jedoch die Informationsvermittlung durch Mitarbeiter, wie sie im stationären Reisebüro typisch ist, als besonders wertvoll – und nicht die für das Internet typische selbstbestimmte Informationssuche.

TV-Reiseshopping wird als die am wenigsten informative Buchungsstätte bewertet. Die nicht selbst beeinflussbaren, produktbezogenen Informationen, deren Zeitdauer allein vom Sender bestimmt wird, sind für die Umfrageteilnehmer offensichtlich nicht ausreichend.

Das TV-Reiseshopping gilt jedoch als „unterhaltsam" – bei diesem Aspekt rangiert es mit 43,1% an erster Stelle. Hingegen werden stationäre Reisebüros und Online-Reisebüros als weniger unterhaltsam eingestuft (26,7% bzw. 24,3%). Dieses Ergebnis lässt sich dadurch begründen, dass das Fernsehen generell als Unterhaltungsmedium gilt (vgl. Kap. 3.3.2).

Reisebüros werden von den Umfrageteilnehmern mit 97,5% als sicherste Buchungsstelle eingeschätzt und liegen damit vor Online-Reisebüros (52,5%) und TV-Reiseshoppinganbietern (32,7%). Dieses Ranking überrascht nicht, da die Buchung in einem Reisebüro persönlich bei einem Mitarbeiter erfolgt, zu dem in der Regel eine Vertrauensbasis besteht. Dass auch Internetbuchungen mit einem Wert von über 50% als relativ sicher eingestuft werden, hängt damit zusammen, dass ein Großteil der Kunden sich mittlerweile an diese Form der Reisebuchung gewöhnt hat – ganz im Gegensatz zu Fernsehbuchungen (letztlich ist es allerdings genauso sicher oder unsicher, seine Daten via Internet oder über das Telefon preiszugeben).

Außerdem wurden die Passanten zu jedem Vertriebsweg gefragt, ob sie diesen als „nützlich" ansehen. An erster Stelle rangiert hier mit 98,1% das stationäre Reisebüro. Mit 18,3% ist TV-Reiseshopping die Buchungsstätte, auf die am ehesten verzichtet werden kann und die als am wenigsten brauchbar und Nutzen bringend erscheint. Die hohe Bewertung des Aspekts in Bezug auf stationäre Reisebüros ist auch mit der Beliebtheit dieses Vertriebswegs zu erklären – denn nach wie vor ist das stationäre Reisebüro die populärste Buchungsstelle (vgl. F. U. R. 2010, S. 5).

Als preiswert gelten hingegen Online-Reisebüros. Im Internet kann der Kunde eigenständig nach Produkten suchen und die Chance, auf diesem Wege besonders preisgünstige Angebote zu finden, scheint hier besonders groß zu sein. Reisebuchungen in Reisebüros werden hingegen als teurer betrachtet. Da stationäre Reisebüros für den vermeintlich höheren Preis jedoch eine persönliche (und im besten Fall auch kompetente) Beratung bieten, ist die Beliebtheit dieser Buchungsstelle trotzdem hoch. Erneut an letzter Stelle rangiert TV-Reiseshopping: Nur 13,4% der Probanden halten diese Buchungsstelle für preiswert. Ein möglicher Grund hierfür ist, dass auch herkömmliche Teleshoppingprodukte (sogar noch mehr als TV-Reiseshoppingprodukte) als teuer angesehen werden und diese Meinung auf alle im Fernsehen angebotenen Produkte übertragen wird (vgl. Abb. 33). Außerdem fehlt im Fernsehen, anders als im Internet oder Reisebüro, die Möglichkeit, Preise direkt zu vergleichen.

Nahezu jeder Aspekt des TV-Reiseshopping wird schlechter bewertet als bei den beiden anderen touristischen Vertriebswegen. Zwar gilt das TV-Reiseshopping als bequem und durchaus auch als anschaulich und unterhaltsam, dennoch zeigen die ermittelten Werte, dass diese Buchungsstelle in der Einschätzung der Bevölkerung weit hinter stationären Reisebüros und Online-Reisebüros rangiert. Zudem sind die Kriterien preiswert, sicher und informativ von höherer Relevanz für eine Kaufentscheidung, was sich auch in der ermittelten Nutzungsstatistik des TV-Reiseshopping ausdrückt.

Die schlechteren Bewertungen haben entsprechende Auswirkungen auf das Image des TV-Reiseshopping innerhalb der Bevölkerung – es fällt weniger gut aus als das Image von Online-Reiseportalen und stationären Reisebüros. Ähnlich negativ ist auch das Image des herkömmlichen Teleshopping. Da herkömmliches Teleshopping bekannter und weiter verbreitet ist, kann tatsächlich davon ausgegangen werden, dass sein negatives Image auf das TV-Reiseshopping übertragen wird. Für einen zukünftigen Ausbau des Vertriebsweges TV-Reiseshopping ist diese Tatsache besonders nachteilig, da Images zu den wichtigsten Entscheidungskriterien in Bezug auf touristische Zielgebiete und auch Leistungsträger gehören (vgl. Freyer 2009, S. 577).

Bevor in einem Fazit die aus der Passantenbefragung gewonnenen Erkenntnisse noch einmal zusammengefasst werden, stellt das folgende Kapitel die soziodemographischen Daten der Umfrageteilnehmer dar.

4.1.4 Soziodemographische Merkmale der Umfrageteilnehmer

Die 202 Probanden der Passantenbefragung wurden bewusst zufällig ausgewählt. Somit fand auch keine Einflussnahme auf die Verteilung der Geschlechter, das Durchschnittsalter und das Bildungsniveau statt (vgl. Tab. 11).

Insgesamt ist das Geschlechterverhältnis zwischen den Befragten dennoch ausgeglichen. Interessant bei der Frage nach der Geschlechterverteilung ist jedoch nicht vorrangig, wie hoch der weibliche bzw. der männliche

Tab. 11: Soziodemographische Daten der Probanden

Geschlecht	52% weiblich, 48% männlich
Alter	Durchschnitt 37,1 Jahre Minimum 15 Jahre, Maximum 73 Jahre
Bildung	17,8% Hauptschul-/Volksschulabschluss 29,2% Realschulabschluss/Mittlere Reife 27,7% Abitur/Fachabitur 24,3% Fachhochschule/Universitätsabschluss 1% Schüler

Quelle: Eigene Erhebung

Anteil an der Umfrage war. Vielmehr ist von Bedeutung, ob ein Unterschied in der Beurteilung von Teleshopping und TV-Reiseshopping zwischen den Geschlechtern besteht. Andere Studien besagen, dass die meisten Produktkäufe im Teleshopping in den Anfangsjahren von Frauen getätigt wurden. Mittlerweile sollen hinsichtlich Bekanntheit und Nutzung jedoch kaum noch Unterschiede zwischen den Geschlechtern bestehen. Insbesondere mit einer veränderten Sortimentspolitik (mehr Elektroartikel sowie Heimwerkerbedarf) werden zunehmend auch Männer angesprochen (vgl. GOLDMEDIA GmbH/HSE 24 2005).

Die eigene Untersuchung kommt hingegen zu dem Ergebnis, dass sowohl Teleshopping als auch TV-Reiseshopping bei Frauen bekannter sind. Zudem werden Teleshoppingprodukte häufiger von Frauen gekauft (vgl. Abb. 37).

Hinsichtlich der zukünftigen Kaufabsichten bestehen zwischen Männern und Frauen kaum Unterschiede. Bezogen auf TV-Reiseshopping kann jedoch festgestellt werden, dass für Städte- oder Last-Minute-Reisen bei Frauen eine höhere Buchungsabsicht besteht (obwohl diese natürlich insgesamt gering ist). Ebenfalls geringe Unterschiede zwischen den Geschlechtern bestehen bei der Beurteilung von Teleshopping und TV-Reiseshopping. Bemerkenswert ist nur, dass beide Formate von weiblichen Personen insgesamt positiver beurteilt werden (vgl. Abb. 37).

Das durchschnittliche Alter der Befragungsteilnehmer liegt bei ca. 37 Jahren (vgl. Tab. 10). Mit Hilfe dieser Information lassen sich jedoch noch keine Aussagen darüber treffen, welche Altersgruppe das Teleshopping oder das TV-Reiseshopping am meisten nutzt. Am bekanntesten sind Teleshopping und TV-Reiseshopping in der Altersgruppe zwischen 14 und 35 Jahren (Teleshopping: 72 Fälle, TV-Reiseshopping: 37 Fälle). Die These, das Teleshopping sei vor allem bei älteren Personen beliebt, wird somit von dieser Umfrage nicht bestätigt. Auch das TV-Reiseshopping ist in jüngeren bis mittleren Alterssegmenten durchaus ein Begriff. Vor allem in Hinblick auf eine altersspezifische Programm- und Sendungsplanung ist dieses Ergebnis von Bedeutung.

Ebenfalls relevant ist die Analyse der tatsächlichen und potentiellen Nutzung von Teleshopping und TV-Reiseshopping in Bezug auf das Alter. Da die Nutzungswerte im Rahmen der eigenen Erhebung jedoch gering ausgefallen sind, können sie nicht sinnvoll in Bezug zum Alter gesetzt werden. Die GOLDMEDIA-Befragung kam jedoch zu dem Ergebnis, dass der Nutzungsschwerpunkt in der Altersgruppe zwischen 36 und 55 Jahren liegt (vgl. GOLDHAMMER/LESSIG 2005, S. 99).

Das Bildungsniveau der Probanden ist in der vorliegenden Erhebung insgesamt auffällig hoch – es liegt deutlich über dem der bundesdeutschen Bevölkerung (vgl. Tab. 10). Im Bundesdurchschnitt verfügten im Jahr 2008 39,3% über einen Haupt- oder Volksschulabschluss, 21,1% über einen Realschul- oder gleichwertigen Abschluss, 24,4 % konnten das Abitur oder Fachabitur vorweisen und 12% hatten einen Universitäts- oder Fachhochschulabschluss (vgl. www.destatis.de, 12/2009).

Das hohe Bildungsniveau der Umfrageteilnehmer mag auch dazu geführt haben, dass insbesondere die Nutzungsstatistiken negativ ausgefallen sind, denn Teleshoppingnutzer finden sich generell in den unteren bis mittleren Bildungssegmenten (Hauptschul- bzw. Realschulabschluss). In den höheren Bildungssegmenten ist demnach zwar die Nutzung gering, der Bekanntheitsgrad fällt hingegen vergleichsweise hoch aus (vgl. GOLDHAMMER/LESSIG 2005, S. 120).

Hinsichtlich des demographischen Profils lässt sich in Bezug auf das TV-Reiseshopping zusammenfassend festhalten, dass:

- TV-Reiseshopping bei weiblichen Personen bekannter ist als bei männlichen,
- die Buchungsabsicht bei Frauen größer ist,
- Frauen TV-Reiseshopping insgesamt positiver bewerten als Männer,
- TV-Reiseshopping im Alterssegment von 14-35 Jahren am bekanntesten ist.

Abb. 37: Geschlechtsspezifische Beurteilungen

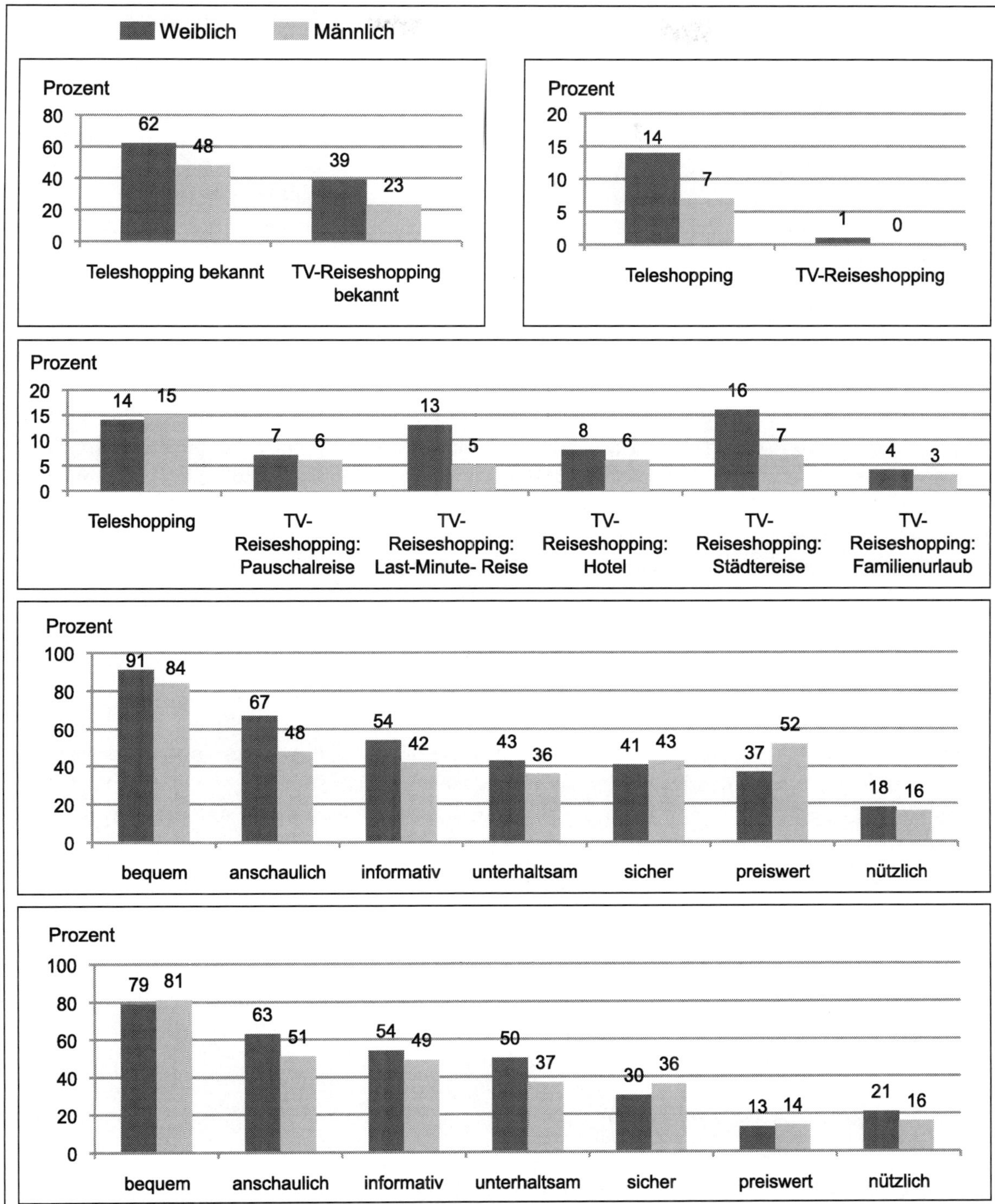

Quelle: Eigene Erhebung *Je Graphik gilt: n = 202*

Nur eine Person gab im Rahmen der Passantenbefragung an, bereits einmal eine Reise bei einem TV-Reiseshoppinganbieter gebucht zu haben. Ungeachtet der generellen Kritik war diese Person sehr zufrieden – sowohl mit der Vielfalt der Produktauswahl als auch mit dem Preisniveau der Angebote, dem Unterhaltungswert und Informationsgehalt des Programms, der Qualität der Filmbeiträge, der Bequemlichkeit der Reisebuchung, der Sicherheit der Buchungsabwicklung und der Qualität der Beratungsleistungen (auf einer Skala von „sehr zufrieden" bis „nicht zufrieden"). Aufgrund dieser Beurteilung ist anzunehmen, dass gute, persönliche Erfahrungen mit TV-Reiseshopping zu einer deutlichen Verbesserung der persönlichen Meinung und des allgemeinen Images führen können. Sind die tatsächlichen Nutzer möglicherweise weitaus zufriedener, als es das Image vermuten lässt? Um diese These zu überprüfen, wurde – zusätzlich zu der Passantenbefragung – eine Online-Kundenbefragung durchgeführt (vgl. Kap. 4.2).

Fazit: Die Analyse des Images von TV-Reiseshopping kommt insgesamt zu einem negativen Ergebnis; offenbar scheint dieser touristische Vertriebsweg die Bedürfnisse vieler Nachfrager nicht zu erfüllen.

Als problematisch einzuschätzen ist bereits der geringe Bekanntheitsgrad von TV-Reiseshoppingsendern: Nur rund 30% der Umfrageteilnehmer waren in der Lage, spontan einen Anbieter zu nennen (damit liegt diese Buchungsstätte deutlich hinter dem Teleshopping). Einzig der Sender SONNENKLAR TV bildet hier eine Ausnahme.

Noch geringer als der Bekanntheitsgrad sind die Werte für die aktuelle und künftige Nutzung von TV-Reiseshopping: Nur wenige Umfrageteilnehmer können sich vorstellen, in Zukunft eine Reise im Fernsehen zu buchen.

Dennoch wird von den Probanden zu großen Teilen bestätigt, dass TV-Reiseshopping bequem, informativ und anschaulich ist. Diese positive Einschätzung wird jedoch durch die negative Beurteilung kaufentscheidender Kriterien überlagert. „Unnütz", „teuer" und „unsicher" sind Aspekte, die eine zukünftige Nutzung nachhaltig beeinträchtigen können.

Im Vergleich zu stationären und Online-Reisebüros wird das TV-Reiseshopping nahezu durchgehend schlechter bewertet (ihm wird nur ein höherer Unterhaltungswert zugestanden). Selbst wenn dieser Aspekt ein wichtiges Kriterium für den Erfolg von TV-Reiseshopping ist, so erscheint er nicht als ausreichend für den Markterfolg.

Tatsächlich ist das Image von TV-Reiseshopping – ausgehend von einem negativen Image des herkömmlichen Teleshoppings – schlechter als das der Vertriebswege „stationär" und „online".

4.2 Kundenbefragung: Motive für Reisebuchungen im Fernsehen

Um erfolgreich wirtschaften zu können, ist es für jeden touristischen Anbieter von großer Relevanz, seine Kunden genau zu kennen. Folgende zentrale Fragen stellen sich in diesem Zusammenhang auch für TV-Reiseshoppinganbieter:

- Welche Produkte präferiert die eigene Klientel?
- Welche Gründe sprechen aus Kundensicht für das Ansehen einer Reiseshoppingsendung?
- Wie wichtig sind verschiedene absatzpolitische Instrumente aus Sicht der Kunden?
- Worin sehen Kunden Stärken und Schwächen des Fernsehvertriebs?
- Wann und wie oft erfolgte eine Buchung?
- Wo werden Personen, die bereits im Fernsehen gebucht haben, zukünftig buchen?

Diese Fragen werden im folgenden Kapitel beantwortet. Im Gegensatz zur Passantenbefragung, deren Ergebnisse zum Großteil auf generellen Einschätzungen, aber nicht auf persönlichen Erfahrungen basieren, liefert die vorliegende Kundenbefragung Daten durch Personen, die mindestens einmal eine Reise bei einem TV-Reiseshoppinganbieter gebucht haben.

Zentrales Ziel der Befragung war es, die Motive für Reisebuchungen im Fernsehen zu untersuchen. Im Fokus steht dabei nicht das Image, sondern die Beurteilung der Produkt-, Sende- und Programmplanung (vgl. Kap. 3.3.2).

4.2.1 Methodik der empirischen Untersuchung

Um neben einer generellen Einschätzung des Images von TV-Reiseshopping auch Aussagen über die tatsächlichen Erfahrungen von Benutzern mit dieser Vertriebsform zu erhalten, wurde eine Online-Kundenbefragung durchgeführt. Die insgesamt 464 Kundendatensätze stellte der mittlerweile insolvente TV-Reiseshopping-sender VOYAGES der Verfasserin freundlicherweise zur Verfügung. Da es sich bei der Befragung um eine wissenschaftliche Erhebung handelte, erteilte die frühere Geschäftsführung des Senders die Erlaubnis, die Daten zu verwenden. Weil die Weitergabe personenbezogener Daten rechtlich jedoch nicht unumstritten ist, verpflichtete sich die Verfasserin, vorab eine E-Mail mit der Bitte um Beteiligung an alle Probanden zu schicken. Somit konnten die Kunden selber entscheiden, ob sie gewillt waren, an der Befragung teilzunehmen. Aufgrund des zögerlichen Rücklaufs nach dem ersten E-Mail-Versand wurde jedem Kunden in zeitlichem Abstand eine zweite und dritte E-Mail mit der Bitte um Teilnahme geschickt. Aus Gründen der Übersichtlichkeit wurden die Datensätze dabei auf drei Verteiler aufgegliedert (vgl. Tab. 12).

Tab. 12: Kundenbefragung: Erhebungswellen und Fallzahlen

Befragungsmethode und -zeitraum	Fallzahl
Kundenbefragung Schriftliche Online-Befragung auf *www.charlottefreitag.de*	
Kundendaten Verteiler 1 (150 Empfänger) Erster E-Mail Versand: 08.10.09, 10.00 Uhr Zweiter E-Mail Versand: 19.10.2009, 09.00 Uhr Dritter E-Mail Versand: 05.11.2009, 15.00 Uhr Kundendaten Verteiler 2 (137 Empfänger) Erster Versand: 20.10.09, 17.00 Uhr. Zweiter E-Mail Versand: 26.10.2009, 08.30 Uhr Dritter E-Mail Versand: 05.11.2009, 15.00 Uhr Kundendaten Verteiler 3 (177 Empfänger) Erster E-Mail Versand: 26.10.09, 09.00 Uhr. Zweiter E-Mail Versand: 02.11.2009, 08.30 Uhr Dritter E-Mail Versand: 05.11.2009, 15.00 Uhr	54 gesamt
Gesamt: 464 Empfänger	

Quelle: Eigene Erhebung

Wenn die angeschriebenen Kunden zur Beantwortung der Fragen bereit waren, konnten sie einen Link anklicken, welcher sie zur eigens für die Befragung eingerichteten Homepage der Verfasserin leitete (www.charlottefreitag.de). Dort erhielten die Probanden eine weitere Erklärung zur Umfrage. Durch Klicken auf den Button „Umfrage beginnen" wurde der Fragebogen gestartet, wobei das Klicken auf die „Weiter" Buttons jeweils zur nächsten Frage führte. Auf das Nichtbeantworten einer Frage wurde durch eine so genannte Ausfüllkontrolle hingewiesen. Das Ende der Befragung stellte ein Button „Absenden" dar. Durch diesen Befehl wurden die Daten anonym in eine Datenbank übertragen (das zugrunde liegende System war das Programm TYPO3), welche nach Abschluss der Umfrage ausgewertet werden konnte.

Insgesamt war für die Umfrage ein Zeitraum von einem Monat angesetzt. Der in den E-Mails angegebene Link wurde ansonsten weder schriftlich (auch nicht im Internet) noch mündlich weiter beworben, weshalb das Ausfüllen des Fragebogens durch Personen, die nicht zur Gruppe der angeschriebenen Kunden gehörten, weitestgehend ausgeschlossen werden konnte. Die hier beschriebene Vorgehensweise entspricht in allen Aspekten den geforderten Qualitätsstandards für Online-Befragungen (vgl. ADM 2001, S. 3-6).

Insgesamt fiel die Fallzahl bei dieser Befragung recht klein aus. Diese Tatsache hängt auch mit den speziellen Schwierigkeiten von Online-Befragungen zusammen. Problematisch ist zum einen ein hoher Anteil an Interviewabbrechern. Hierdurch sinkt die Ausschöpfung der Stichprobe, worunter wiederum die Aussagekraft der Ergebnisse leidet. Ferner besteht ein generelles Misstrauen gegenüber Aufforderungen von unbekannten Quellen, einem ebenfalls unbekannten Link zu folgen. Computerviren oder Datenmissbrauch werden befürchtet. Unabhängig von der Befragungsmethode ist zudem eine gewisse Befragungsmüdigkeit innerhalb der Bevölkerung zu erkennen. Trotz aller Schwierigkeiten ist die Gesamtzahl der Interviews jedoch als positiv zu bewerten. Obwohl die Erhebung nicht als repräsentativ gelten kann, sind die Ergebnisse dennoch als wichtige Tendenzaussagen zu betrachten, die einen grundlegenden Einblick in die Motivation der Kunden für oder auch gegen Reisebuchungen im Fernsehen gewähren.

Der thematische Aufbau des Fragebogens der Kundenbefragung erfolgte in Anlehnung an die Inhalte von Kapitel 3. Um die Motive der Kunden für Reisebuchungen im Fernsehen zu analysieren, wurden insgesamt 16 Fragen zu den Seh- und Buchungsgewohnheiten der Nutzer, den angebotenen Produkten, der Sende- und Programmplanung, den Stärken und Schwächen sowie der Zukunft des TV-Reiseshopping gestellt. Am Ende dieser Befragung wurden die demographischen Daten Alter, Geschlecht und Bildungsstand abgefragt (vgl. Anhang 2).

Da sich die Probanden der Online-Kundenbefragung ohne Hilfe eines Interviewers im Fragebogen zurechtfinden mussten, wurde besonders auf klar definierte Instruktionen, eine leicht verständliche Bedienbarkeit, optisch hervorgehobene Buttons und vordefinierte Eingabefelder Wert gelegt. Um eine Qualität und Aussagekraft der Resultate zu gewährleisten, wurden auch für diesen Fragebogen Pretests durchgeführt. Außerdem erfolgte eine eingehende Prüfung der technischen Funktionalität. Die Auswertung des Fragebogens erfolgte erneut mit SPSS für WINDOWS.

4.2.2 Seh- und Buchungsgewohnheiten der TV-Reiseshoppingkunden

Um das eigene Programm gezielt auf die Interessen der Zuschauer und Kunden ausrichten zu können ist es für TV-Reiseshoppinganbieter wichtig, das Seh- und Buchungsverhalten zu analysieren.

Im Allgemeinen spielt beim Teleshopping die Zufallskomponente eine entscheidende Rolle, da die Mehrzahl der Zuschauer während des Zappens auf entsprechende Sender aufmerksam wird und das Programm zufällig und meist nur über kurze Zeiträume konsumiert (vgl. GOLDHAMMER/LESSIG 2005, S. 102). Auch für TV-Reiseshoppingkunden wird angenommen, dass sie die entsprechenden Sendungen in den wenigsten Fällen gezielt einschalten. Außerdem unterscheidet sich das Fernsehpublikum je nach Tagesverlauf. Somit ist eine bedarfsgerechte Programmplanung in der Praxis nur schwer umsetzbar.

Sehgewohnheiten der TV-Reiseshoppingkunden

Vor dem Hintergrund der angesprochenen Schwierigkeiten einer bedarfsgerechten Programmkonzeption ist es wichtig, das gesamte Programm so interessant zu gestalten, dass die Zapper nicht mehr den Wunsch haben, die zufällig ausgewählte TV-Reiseshoppingsendung zu verlassen. Dem frühzeitigen Abschalten von Sendungen kann beispielsweise durch besonders interessante Inhalte, exklusive und preisgünstige Produkte oder emotional ansprechende Filmbeiträge entgegengewirkt werden. Für die Anbieter ist es generell erstrebenswert, dass Zuschauer das Programm über einen längeren Zeitraum ansehen – so steigt die Wahrscheinlichkeit, dass Zuschauer zu Kunden werden (vgl. GOLDHAMMER/LESSIG 2005, S. 129).

Abb. 38: Sehdauer und Sehverhalten der TV-Reiseshoppingkunden (in Prozent)

Fragen: Wenn Sie einmal zurückdenken, wie lange schauen Sie das Programm in der Regel an?
Schalten Sie das Programm gezielt ein oder werden Sie beim Zappen auf das Programm aufmerksam?

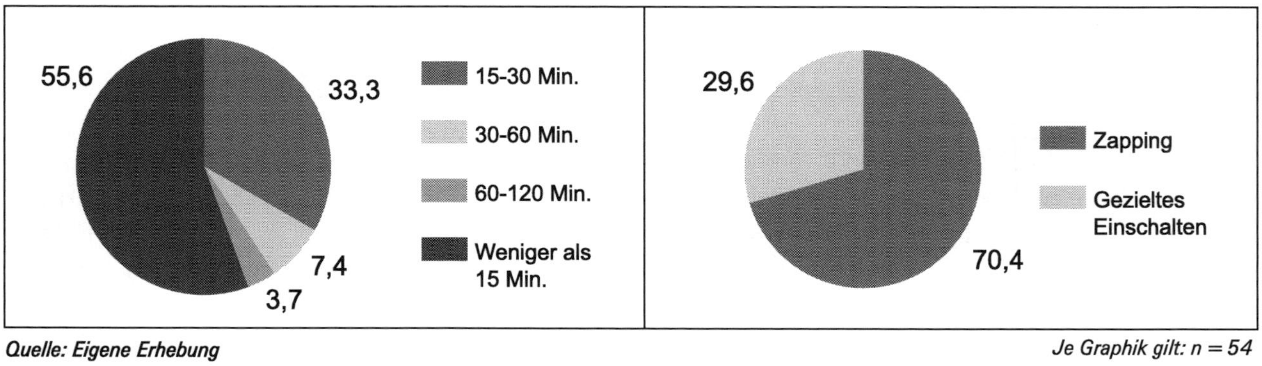

Quelle: Eigene Erhebung *Je Graphik gilt: n = 54*

Die Mehrzahl der Probanden dieser Erhebung sehen TV-Reiseshoppingsendungen tatsächlich nur für kurze Zeit (vgl. Abb. 38). So gaben 55,6% an, das Programm weniger als 15 Minuten zu konsumieren, 33,3% stuften ihre Sehdauer zwischen 15 und 30 Minuten ein. Lediglich ein kleiner Teil folgte einer Sendung zwischen 30 und 60 Minuten (7,4%) oder 60 und 120 Minuten (3,7%). Auch die These, dass es sich bei den Zuschauern hauptsächlich um Personen handelt, die eine TV-Reiseshoppingsendung eher zufällig verfolgen, kann durch die vorliegende Kundenbefragung bestätigt werden. Insgesamt 70,4% der Befragten erklärten, durch Zapping auf die Sendung aufmerksam geworden zu sein. 29,6% berichteten, das Programm eines TV-Reiseshoppingsenders gezielt einzuschalten. Dieser Wert ist durchaus als positiv zu betrachten, denn Studien zum herkömmlichen Teleshopping kamen zu dem Ergebnis, dass ca. 80% der Zuschauer zufällig einschalten (vgl. GOLDHAMMER/LESSIG 2005, S. 130). Offenbar verfügt TV-Reiseshopping also durchaus über ein Publikum, dass das Programm bewusst und vielleicht sogar regelmäßig verfolgt.

Auch die Gründe, warum Reiseshoppingsendungen angesehen werden, wurden durch die Untersuchung erfasst (vgl. Abb. 39). Dabei konnten die Probanden zwischen den Aspekten Buchung, Information und Unterhaltung wählen, da diese drei Eigenschaften die Hauptaufgaben des TV-Reiseshopping zusammenfassen. Idealtypisch müssten natürlich alle Zuschauer den Buchungswunsch als Grund für die Wahl einer Reiseshoppingsendung anführen.

Abb. 39: Gründe für das Anschauen von TV-Reiseshoppingsendungen

Frage: Schauen Sie eine TV-Reiseshoppingsendung vor allem an, um eine Reise zu buchen, um sich zu informieren oder aus Unterhaltungsgründen? (nur Antworten „trifft voll zu" und „trifft zu")

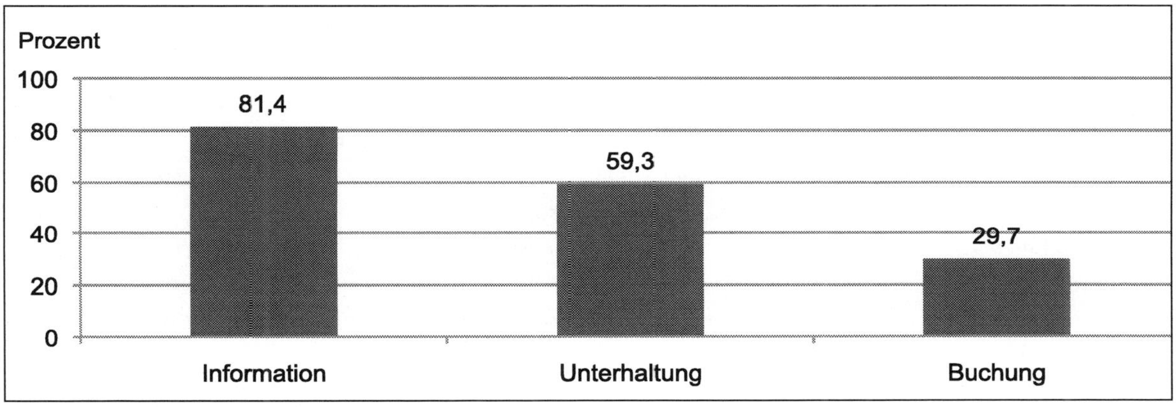

Quelle: Eigene Erhebung *n = 54*

Generell nutzen viele Zuschauer TV-Reiseshoppingsendungen insbesondere, um sich zu informieren (vgl. Kap. 3.5). Auch von den Probanden der eigenen Kundenbefragung wird das Fernsehen als Informationsmedium für touristische Inhalte offenbar gerne genutzt: So gaben 81,4% der Teilnehmer an, TV-Reiseshoppingsendungen zu Informationszwecken anzusehen. Hingegen wählten 59,3% das Programm aus Unterhaltungsgründen, während nur 29,7% die Sendungen einschalteten, um eine Reise zu buchen (vgl. Abb. 39).

Fernsehen gilt vorrangig als Informations- und Unterhaltungsmedium – diese Tatsache wird auch durch die vorliegenden Werte deutlich. Dennoch ist es positiv zu beurteilen, dass immerhin knapp ein Drittel der Befragten angab, das Fernsehen auch zu Buchungszwecken von Reisen zu nutzen. Dieses Ergebnis zeigt, dass TV-Reiseshopping auch über eine Klientel verfügt, die das Fernsehen als Buchungsmedium akzeptiert und nutzt.

Buchungsgewohnheiten

Bei den durch TV-Reiseshopping generierten Buchungen handelt es sich überwiegend um Impulskäufe, die in den meisten Fällen innerhalb von zwei Tagen nach Ausstrahlung des jeweiligen Angebots getätigt werden (vgl. JUNGHÄNEL/PRECHT 2001, S. 50-57). Diese Tatsache kann auch durch die eigene Untersuchung bestätigt werden (vgl. Abb. 40).

Abb. 40: Buchungsgewohnheiten der TV-Reiseshoppingkunden (in Prozent)

Fragen: Wenn Sie einmal zurückdenken, ist eine Buchung im Fernsehen bei Ihnen eher spontan oder geplant erfolgt? Wie häufig haben Sie bereits im Fernsehen gebucht? Und in welchem Zeitraum nach einer Sendung haben Sie die Buchung vorgenommen?

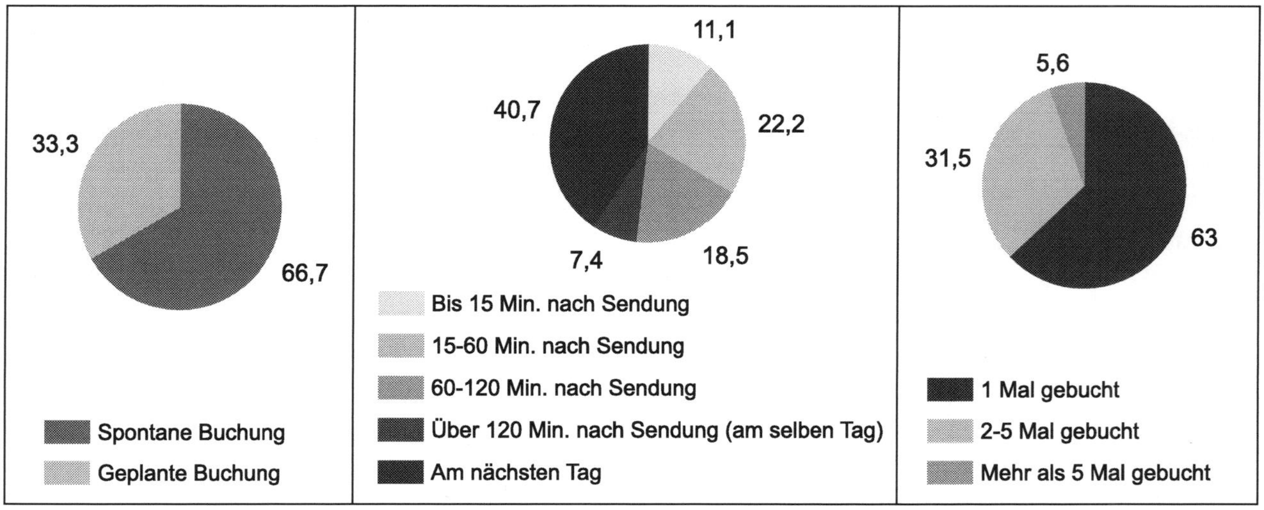

Quelle: Eigene Erhebung *Je Graphik gilt: n = 54*

Insgesamt 66,7% der Befragten gaben an, eine Buchung spontan vorgenommen zu haben (vgl. Abb. 40). Bei 33,3% erfolgte die Buchung geplant. Dabei ist unter einer spontanen Buchung zu verstehen, dass sich die Kunden impulsiv für eine bestimmte Reise entscheiden. Der hier ermittelte hohe Anteil an Spontankäufen deckt sich mit Ergebnisse zum klassischen Teleshopping, welches ebenfalls hauptsächlich von Impulskäufen lebt. Spontanes Kaufverhalten steht jedoch im Gegensatz zum üblichen touristischen Kaufverhalten – generell erfolgen die meisten Buchungen geplant und erst nach gründlicher Information (vgl. Kap. 3.2.3). Geplante Buchungen setzten allerdings voraus, dass z. B. Angebote verschiedener Anbieter vorab verglichen werden oder der Buchung ein Entscheidungsprozess vorausgeht. Somit erfolgen zwar die meisten Buchungen bei TV-Reiseshoppinganbietern spontan; insgesamt werden Reisebuchungen jedoch geplant, weshalb der Anteil der Gesamtbuchungen im Fernsehen gering ausfällt.

Trotz der Spontaneität der Buchung fand der konkrete Abschluss in vielen Fällen jedoch erst am nächsten Tag statt (40,7%); durch dieses Ergebnis wird die Aussage relativiert, dass im Fernsehen öfter spontan gebucht wird. Erfolgt eine Buchung nicht direkt nach einer Sendung, besteht allerdings generell die Gefahr von Verzögerungseffekten, da in dieser Zeit Vergleiche zu anderen Buchungsstellen eingeholt werden können und die Gefahr von Abwanderungen zu anderen Anbietern besteht.

Grundsätzlich gehört auch das Fernsehen zu den Kanälen, über die zwar Informationen eingeholt werden, nicht jedoch zwingend gebucht wird (vgl. Abb. 40; STEINBACH 2003, S. 209). Verzögerungseffekte sind somit keine Seltenheit. Im Fall der vorliegenden Untersuchung wurden jedoch viele Buchungen in sehr kurzen Zeiträumen nach einer Sendung vorgenommen. Nur 7,4% gaben an, mit der Buchung länger als zwei Stunden gewartet zu haben. Die restlichen Buchungen erfolgten in Zeiträumen zwischen 15 und 120 Minuten nach Sendungsschluss.

Auffällig – und ebenfalls typisch für Impulskäufe – ist jedoch, dass die Mehrzahl der Kunden bislang nur ein Mal bei einem TV-Reiseshoppinganbieter gebucht hat (63%). Mehrfachkunden bilden mit 37,6% die Minderheit (32%: 2-5 Mal gebucht, 5,6%: Mehr als 5 Mal gebucht).

Ziel jedes TV-Reiseshoppinganbieters sollte es aber sein, sowohl Zuschauer zu Kunden als auch Kunden zu Stammkunden zu machen. Eine nachhaltige Kundenbindung stößt im Fall des TV-Reiseshopping jedoch offenbar auf Schwierigkeiten. Gründe hierfür liefert die folgende Analyse der Beurteilung des TV-Reiseshopping aus Kundensicht.

4.2.3 Die Beurteilung des TV-Reiseshopping aus Kundensicht

Ob TV-Reiseshopping als Buchungsplattform tatsächlich genutzt wird, hängt vor allem von der Beurteilung dieses Vertriebsweges ab. So müssen die angebotenen Produkte ein Kaufinteresse hervorrufen, Sendungsinhalte als interessant und unterhaltsam beurteilt und kaufentscheidende Kriterien als gut bewertet werden (z. B. die Sicherheit der Buchung oder das Preis-Leistungsverhältnis) Vor diesem Hintergrund wird im Folgenden dargestellt, wie das TV-Reiseshopping aus Sicht der Kunden, die an dieser Befragung teilgenommen haben, beurteilt wird. Dabei wird insbesondere auf das Produktinteresse, die Programm- und Sendeplanung sowie Stärken und Schwächen dieses Vertriebswegs eingegangen.

Produktinteresse

Um zu erfahren, welche Produkte besonders gut über das Medium Fernsehen abgesetzt werden können, wurden die Probanden gefragt, welche Angebote für sie besonders interessant sind (vgl. Abb. 41). Bei dieser Frage geht es zunächst um ein generelles Produktinteresse. Wird eine Reiseart als besonders interessant beurteilt, ist davon auszugehen, dass sie tendenziell auch eher gebucht wird als andere. Für TV-Reiseshoppinganbieter ist es aus diesem Grund äußerst wichtig, die Produktpräferenzen ihrer Zuschauer zu kennen – denn nur so können sie ihr Sortiment im Sinne der Kunden gestalten.

Abb. 41: Produktinteresse der TV-Reiseshoppingkunden

Frage: Wie interessant finden Sie die beim TV-Reiseshopping angebotenen Produkte? (nur Antworten „sehr interessant" und „interessant")

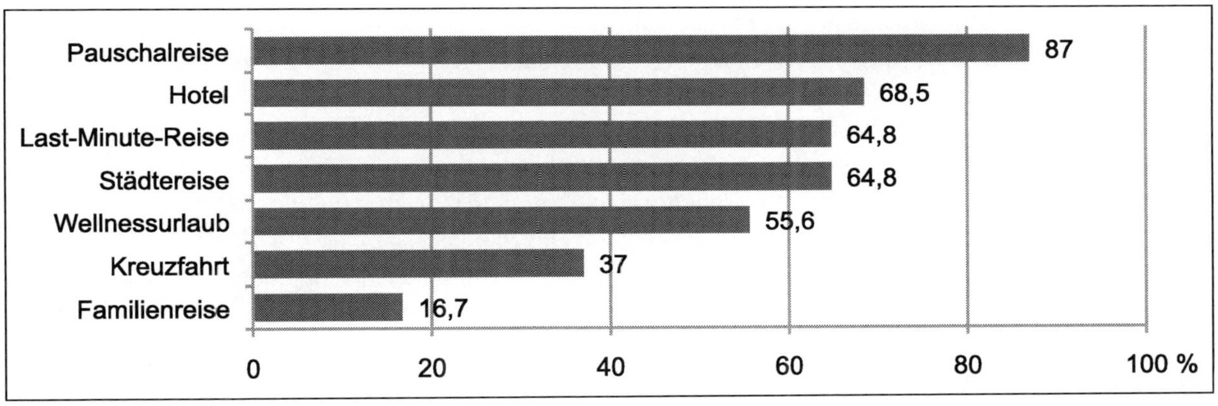

Quelle: Eigene Erhebung *n = 54*

Alle Reisearten (und das Hotel als Einzelleistung), die für die Analyse des Produktinteresses abgefragt wurden, sind Produkte, die von TV-Reiseshoppinganbietern grundsätzlich angeboten werden. Dabei ist die Pauschalreise das Produkt, welches über das Fernsehen als Vertriebsmedium vorwiegend abgesetzt wird (vgl. Kap. 3.2.3) – und auch in dieser Befragung ist das generelle Produktinteresse an Pauschalreisen am höchsten: 87% der Probanden fanden diese Reiseart sehr interessant oder interessant. Ebenfalls als interessant (oder sehr interessant) wurden Last-Minute-Reisen, Hotels und Städtereisen empfunden.

Als weniger interessant wurden hingegen Familienreisen und Kreuzfahrten eingestuft. Die Tatsache, dass Kreuzfahrten nur auf ein geringeres Interesse stoßen, ist verwunderlich, da speziell die Nilkreuzfahrten zu den Produkten zählen, die von TV-Reiseshoppingkunden prinzipiell gerne gebucht werden. Einen mittleren Wert erzielten Wellnessurlaube. Zwar sind sie als Reiseart durchaus beliebt, eine Präferenz besteht allgemein aber eher bei weiblichen Personen.

Insgesamt ist das Interesse an den verschiedenen Produkten, die beim TV-Reiseshopping angeboten werden, hoch. Dennoch existieren deutlich Unterschiede in Bezug auf die Buchungshäufigkeit (vgl. Abb. 42).

Bei den gebuchten Produkten dominiert mit 43,8% eindeutig die Pauschalreise. Diese Dominanz hängt auch damit zusammen, dass die Pauschalreise einen vergleichsweise geringen Erklärungsbedarf aufweist und Kunden zumeist über eine gewisse Erfahrung mit dieser Reiseart verfügen. Zudem lassen sich wichtige Komponenten von Pauschalreisen wie die Destination und das Hotel durch Filmbeiträge gut und anschaulich vorstellen, weshalb das Portfolio von TV-Reiseshoppinganbietern auch im Wesentlichen auf Pauschalreisen beschränkt ist (vgl. Kap. 3.2.3). Die Beschränkung erklärt sich zusätzlich auch mit den Provisionszahlungen, die bei der Pauschalreise am höchsten sind. Für die Sender ist es daher am rentabelsten, hauptsächlich Pauschalreisen anzubieten.

Abb. 42: Gebuchte Produkte

Frage: Welche Produkte haben Sie schon im Fernsehen gebucht? (Mehrfachnennung möglich)

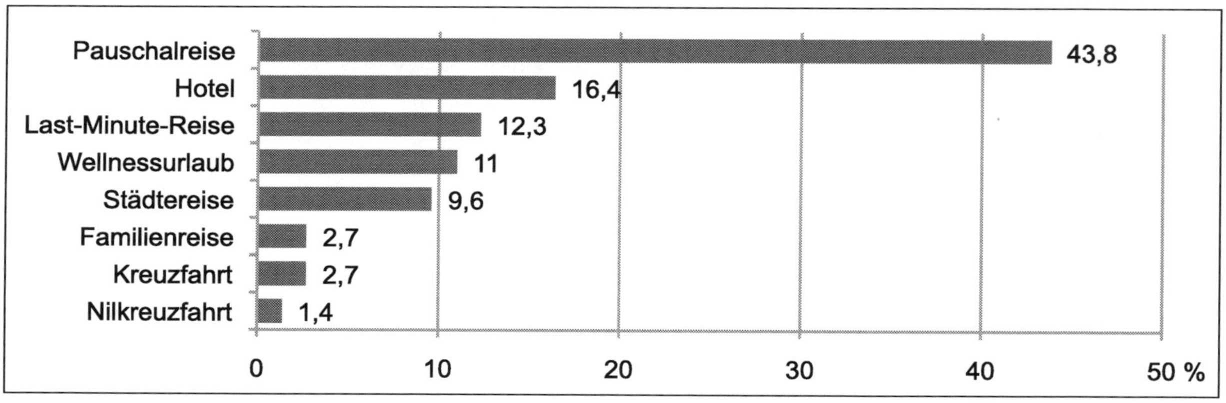

Quelle: Eigene Erhebung *n = 54*

Gleichfalls für den Fernsehvertrieb geeignet sind Hotels, da ihr Angebot ebenfalls leicht zu erklären ist. Allerdings wurden sie von den Probanden deutlich weniger gebucht (16,4%). Ein Erklärungsansatz hierfür ist, dass insbesondere Hotels zunehmend über das Internet abgesetzt werden. Die Buchungspräferenz für das Internet erklärt sich dadurch, dass dort der Hotelbuchung leicht noch ein Flug- oder Bahnticket hinzugefügt werden kann, was per Fernsehbuchung nicht möglich ist.

Deutlich geringer nachgefragt als Pauschalreisen wurden auch Last-Minute-Reisen (12,3%), Wellnessurlaube (11%) und Städtereisen (9,6%). Für Familienurlaube und Kreuzfahrten scheinen andere Buchungsstellen vorgezogen zu werden. Bei Fernsehbuchungen ist und bleibt die Pauschalreise dominant (also ein typisch fordistisches Produkt).

Das Produktinteresse und die getätigten Buchungen sind wichtige Indikatoren dafür, welches Sortiment von tatsächlichen und auch potentiellen Kunden gewünscht ist. Um zu analysieren, ob die Kunden mit dem (in der Regel) angebotenen Produktsortiment zufrieden sind oder ob sie eventuell ganz andere Reisearten bevorzugen würden, wurden die Probanden außerdem danach gefragt, welche Produkte sie einmal gerne im Fernsehen buchen würden (vgl. Abb. 43). Dabei wurden sowohl klassische Fernsehprodukte als auch Reisearten, die seltener nachgefragt und im Fernsehen wenig angeboten werden, in die Frage mit einbezogen.

Abb. 43: Zukünftiges Produktinteresse

Frage: Welche Produkte würden Sie gerne im Fernsehen buchen? (Mehrfachnennungen möglich)

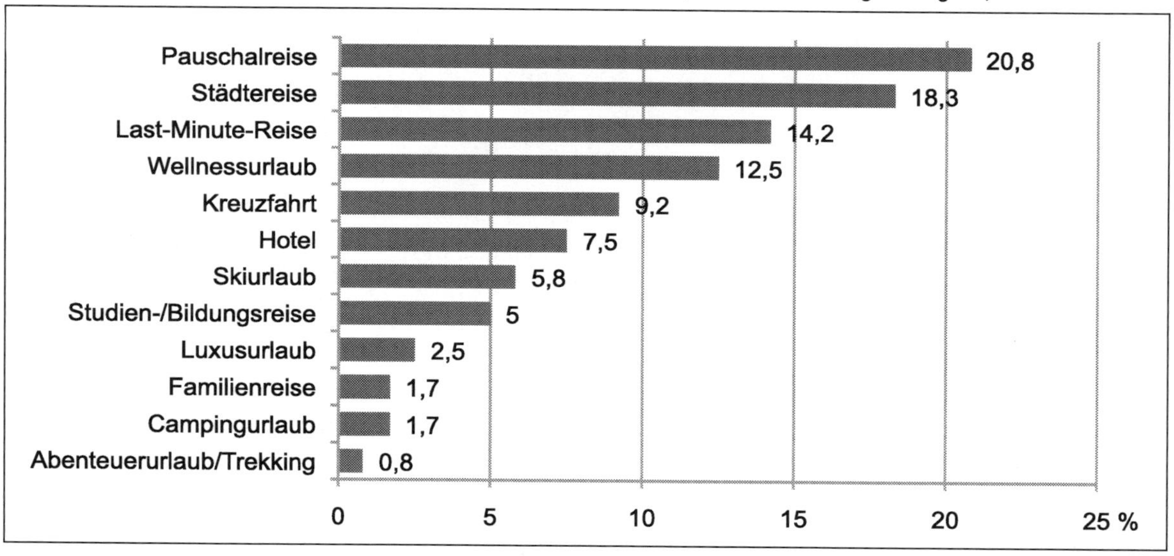

Quelle: Eigene Erhebung *n = 46*

Fragt man die Kunden nach ihrem zukünftigen Produktinteresse, dann verliert die Pauschalreis an Dominanz (vgl. Abb. 43). Zwar liegt sie im Spektrum der Produkte mit 20,8% vorne, der Abstand zu anderen Produkten ist jedoch relativ gering. Vor allem Städtereisen, Last-Minute-Reisen und Wellnessurlaube sind Produkte, die Kunden künftig gerne buchen würden. Insgesamt kommt jedoch allen Produkten eine hohe Bedeutung zu, die ohnehin fester Bestandteil des Portfolios von TV-Reiseshopping sind. Alternative Angebote wie Trekking, Camping oder Luxusurlaube werden auch in Zukunft keinen Absatz über das Fernsehen finden. Ein relativ großes Interesse besteht noch für Studienreisen oder Skiurlaube.

Generell scheint also auch zukünftig ein Sortiment für TV-Reiseshoppinganbieter Erfolg versprechend, das zum großen Teil aus Pauschalreisen besteht. Jedoch ist darauf zu achten, dass auch andere Reisearten mit einbezogen werden, um eine größere Auswahlmöglichkeit zu gewährleisten. Insbesondere Städtereisen, Wellness, Kreuzfahrten und Last-Minute-Reisen sollten dabei berücksichtigt werden. Familienurlaube, wie sie im Fernsehen angeboten werden, benötigen hingegen keinen Platz im Sortiment – die Nachfrage scheint hierfür zu gering.

Programm- und Sendeplanung

Nicht nur das Produktsortiment, sondern auch einzelne Sendungen und letztendlich das gesamte Programm sollten auf die Wünsche der Kunden ausgerichtet sein. Nur ein Programm, welches die Interessen der Zuschauer bedient, kann auch eine ausreichend hohe Zahl an potentiellen Kunden erreichen (im Fall des TV-Reiseshopping). Dabei gilt es, eine Vielzahl von Aspekten zu berücksichtigen, die erst in ihrer Kombination den möglichen Erfolg eines Programms begründen. Die zu integrierenden absatzpolitischen Instrumente sind das Sortiment, die Preise, die Moderatoren, die Gestaltung des Fernsehbildes und -tons sowie die Produktpräsentation (vgl. Kap. 3.3.2). Die verschiedenen Sendungsinhalte und absatzpolitischen Instrumente werden von den Kunden allerdings unterschiedlich beurteilt (vgl. Abb. 44).

Abb. 44: Relevanz verschiedener Aspekte des TV-Reiseshopping

Frage: Als wie wichtig beurteilen Sie folgende Aspekte einer TV-Reiseshoppingsendung? (nur Antworten „sehr wichtig" und „wichtig")

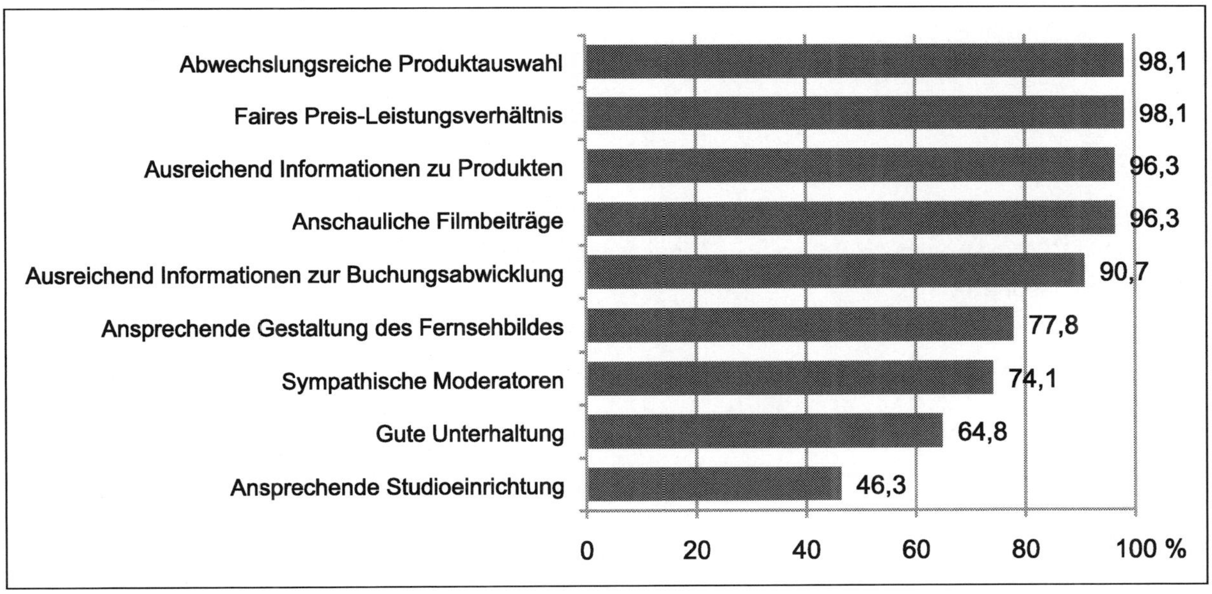

Quelle: Eigene Erhebung *n = 54*

Eine abwechslungsreiche Produktauswahl (98,1%), ein faires Preis-Leistungsverhältnis (98,1%), ausreichende Informationen zu Produkten (96,3%) und anschauliche Filmbeiträge (96,3%) sind die Aspekte einer TV-Reiseshoppingsendung, welche von den Kunden als besonders wichtig betrachtet werden (vgl. Abb. 44). Außerdem können auch ausreichende Informationen zur Buchungsabwicklung (90,7%) in hohem Maße zur Attraktivität einer Sendung beitragen. Wird diesen kaufentscheidenden Kriterien von Seiten der Anbieter nicht genügend Beachtung geschenkt, lehnen die potentiellen Kunden mit großer Wahrscheinlichkeit eine

Reisebuchung im Fernsehen ab und schauen sich eine TV-Reiseshoppingsendung nicht über einen längeren Zeitraum an. Ebenfalls als wichtig, jedoch nicht in ebenso hohem Maße, bewerten die Kunden sympathische Moderatoren (74,1%), die ansprechende Gestaltung des Fernsehbildes (77,8%) und den Aspekt der guten Unterhaltung (64,8%). Hierbei handelt es sich weniger um harte kaufentscheidende Faktoren als um weiche, gestalterische Elemente, die einer Sendung eine gewisse Faszination verleihen können (vgl. Kap. 3.2.3).

Insbesondere für die Außenwirkung eines Anbieters und dessen Image spielen diese Kriterien eine große Rolle. Auch die Studioeinrichtung gehört zu den gestalterischen Elementen. Sie vermag sowohl die inhaltliche Aussage einer Sendung zu unterstützen als auch für verschiedene Stimmungen zu sorgen. Von den Probanden wird sie mit 46,3% jedoch als am wenigsten relevant und nicht ausschlaggebend für die Kaufentscheidung gewertet – die Studioeinrichtung ist dennoch sicherlich ein wichtiger „weicher" Faktor, der jedoch eher eine indirekte Wirkung hat (in Form einer unbewussten Beeinflussung der Kunden).

Bis auf die Studioeinrichtung wurden alle abgefragten Aspekte als „wichtig" bis „sehr wichtig" beurteilt. Für TV-Reiseshoppinganbieter bedeutet dieses Ergebnis, dass der Markterfolg auf der Kombination zahlreicher Elemente basiert. Gestaltet man einen Bereich einer Sendung nach den Wünschen der Kunden, andere jedoch nicht, wird eine solche Vorgehensweise kaum die Attraktivität eines Senders oder einer Sendung steigern. Interessant ist in diesem Zusammenhang auch, welche Sendungsmerkmale die Kunden für verbesserungswürdig halten (vgl. Abb. 45).

Abb. 45: Verbesserungsvorschläge aus Kundensicht

Frage: Welche Bereiche einer Sendung könnte man ihrer Meinung nach noch verbessern? (Offene Frage)

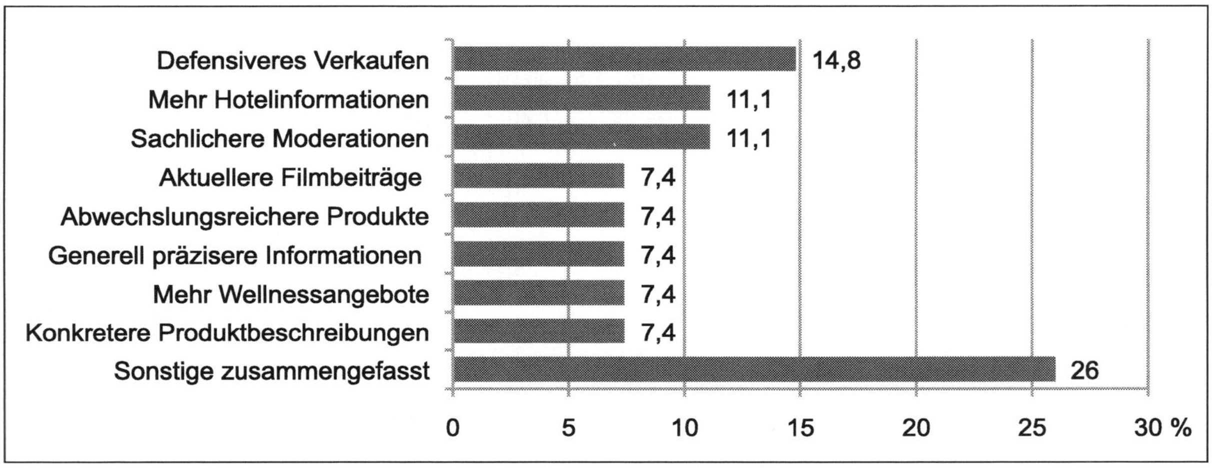

Quelle: Eigene Erhebung *n = 20*

Die ermittelten Verbesserungsvorschläge für TV-Reiseshoppingsendungen lassen sich in vier Themenbereiche unterteilen (vgl. Abb. 45):

- Verkaufsmethoden,
- Informationen,
- Produkte,
- Filmbeiträge.

Zum einen werden die direkten Kaufaufrufe, die wenig sachlich erscheinen, kritisiert, denn die Kunden wünschen sich sowohl defensiveres Verkaufen (14,8%) als auch sachlichere Moderationen (11,1%). Zum anderen bezieht sich die Kritik auf die Informationen: Die Probanden legen generell Wert auf präzisere Informationen (7,4%) und auch konkretere Produktbeschreibungen (7,4%), wobei insbesondere mehr Hotelinformationen gewünscht werden (11,1%). Außerdem wünschen sich die Kunden abwechslungsreichere Produkte (7,4%) und in diesem Zusammenhang vor allem mehr Wellnessangebote (7,4%). Das Produktportfolio des TV-Reiseshopping scheint aus Kundensicht also verbesserungswürdig. Der letzte Themenbereich, der von den Befragten aufgeführt wurde, betrifft die Qualität der Filme: 7,4% legen Wert auf aktuellere Beiträge. Ebenfalls gewünscht (jedoch aufgrund der geringen Anzahl von Nennungen unter „Sonstige" zusammengefasst) wurden zudem konkretere Preisangaben, eine höhere Verbreitung im Kabelnetz, mehr Informationen zu

Urlaubsaktivitäten, mehr Werbung für einzelne Sendungen sowie Angebote zu Senioren-, Singlereisen und Urlaub mit Hund. Die Buchungssicherheit wurde bei den Verbesserungsvorschlägen hingegen erstaunlicherweise nicht erwähnt.

Im Folgenden werden nun die Gründe für oder gegen Reisebuchungen im Fernsehen aus Kundensicht dargestellt.

Stärken und Schwächen aus Verbrauchersicht

Zu den offensichtlichen Stärken des TV-Reiseshopping zählen vor allem die bequeme Möglichkeit, von zu Hause aus buchen zu können, die Vermittlung einer authentischen Vorstellung einer Reise durch Filmbeiträge, ein ausgewogenes Preis-Leistungsverhältnis, ein umfangreiches Produktportfolio und die Fähigkeit, Zuschauer zu inspirieren und zu unterhalten. Als zentrale Schwächen bzw. Hinderungsgründe für den Absatz von Reisen über das Medium Fernsehen gelten hingegen, dass Reiseleistungen nicht individuell kombiniert werden können, kein Preis-Leistungsvergleich mit ähnlichen Angeboten anderer Reiseveranstalter möglich ist, kaum eine individuelle Beratung stattfindet und oftmals Angst vor Datenmissbrauch besteht (vgl. BRETTSCHNEIDER/STARK 2006, S. 404; Kap. 3.4.1).

Um zu analysieren, wie TV-Reiseshoppingkunden die generellen Stärken und Schwächen persönlich beurteilen, wurden sie in der Untersuchung jeweils um eine Einschätzung gebeten; im Folgenden werden zunächst die Anreize für Reisebuchungen im Fernsehen dargestellt (vgl. Abb. 46).

Abb. 46: Anreize für Reisebuchungen im Fernsehen

Frage: Was sind bzw. waren für Sie ausschlaggebende Gründe, im Fernsehen zu buchen? (nur Antworten „trifft voll zu" bis „trifft zu")

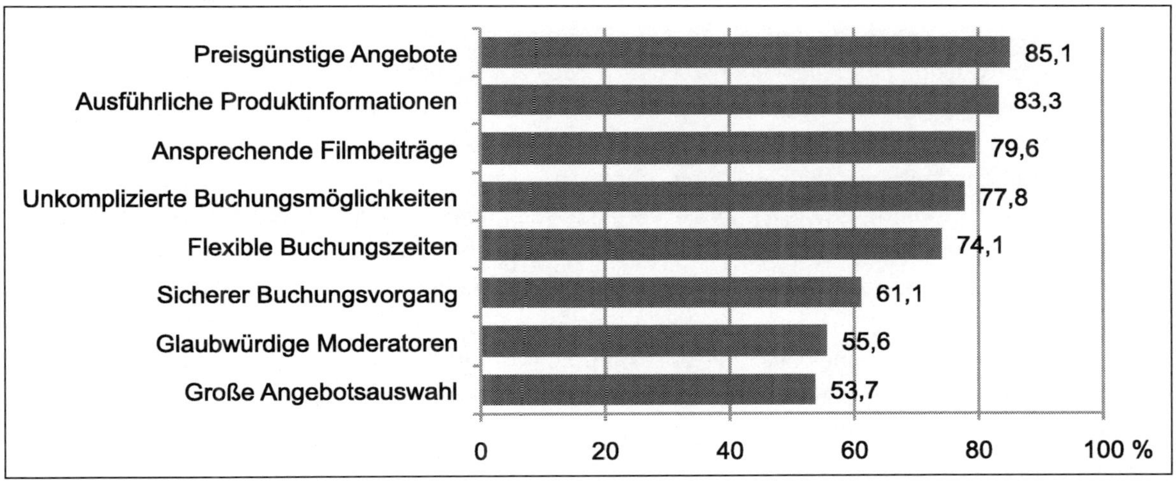

Quelle: Eigene Erhebung *n = 54*

Mit jeweils über 80% sind vor allem preisgünstige Angebote und ausführliche Produktinformationen die wichtigsten Beweggründe dafür, eine Reise im Fernsehen zu buchen. Außerdem wurden die Filmbeiträge (79,6%) sowie die unkomplizierten Buchungsmöglichkeiten (77,8%) und die flexiblen Buchungszeiten (74,1%) besonders positiv beurteilt; sie zählen somit zu den Stärken des TV-Reiseshopping aus Kundensicht. Auch die Sicherheit des Buchungsvorgangs wurde mit immerhin 61.1% als Grund für eine Buchung genannt – offenbar sinkt die Angst vor Datenmissbrauch bei Call-Center-Buchungen, wenn der Erfahrungswert steigt (zur Erinnerung: Alle Personen, die an dieser Umfrage teilgenommen haben, hatten mindesten einmal eine Reise bei einem TV-Reiseshoppinganbieter gebucht). Glaubwürdige Moderatoren und eine große Angebotsauswahl spielen hingegen mit 55,6% bzw. 53.7% eine untergeordnete Rolle.

Zu den Hinderungsgründen einer Reisebuchung im Fernsehen gab es weitaus weniger Nennungen als zu den Anreizen (vgl. Abb. 47).

Abb. 47: Hinderungsgründe für Reisebuchungen im Fernsehen

Frage: Und gibt es auch Gründe, die Sie von einer weiteren Buchung im Fernsehen abhalten würden? (nur Antworten „trifft voll zu" bis „trifft zu")

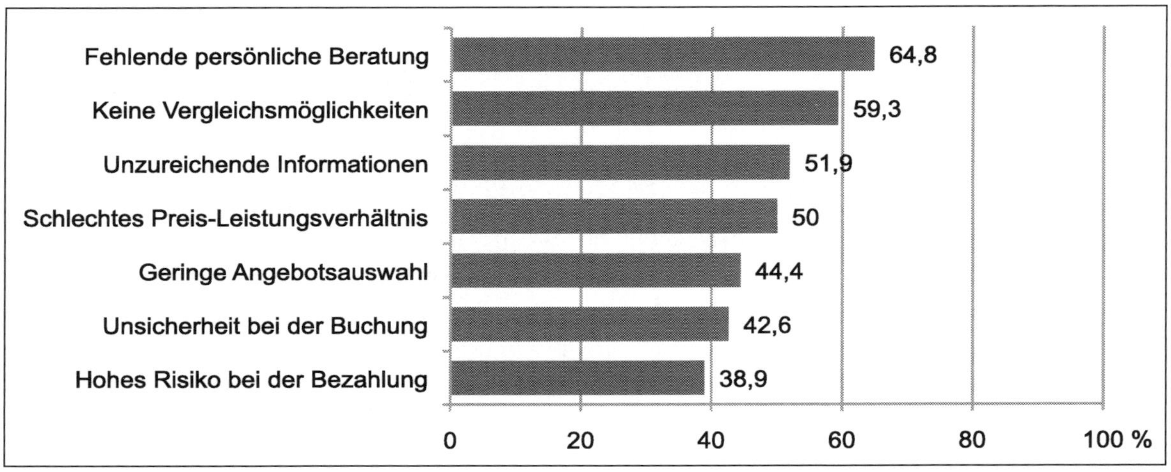

Quelle: Eigene Erhebung *n = 54*

Die fehlende persönliche Beratung wird von den Probanden eher kritisch beurteilt (64,8%), gefolgt von der nicht ausreichenden Möglichkeit, Angebote zu vergleichen (59,3%). Weitere Hinderungsgründe für eine Reisebuchung im Fernsehen sind unzureichende Informationen (51,9%) sowie das (vermeintlich) schlechte Preis-Leistungsverhältnis (50%). Anderen Kritikpunkte sind die geringe Angebotsauswahl, etwaige Unsicherheiten bei der Buchung oder Risiken bei der Bezahlung (die Daten zeigen aber, dass die Mehrzahl der Kunden diese Besorgnis mit der ersten Buchung – und einer positiven Erfahrung – bereits abgelegt haben.

Generell bestätigt die Kundenbefragung, dass aus Verbrauchersicht die Filmbeiträge sowie die flexiblen und unkomplizierten Buchungsmöglichkeiten zu den herausragenden Stärken des TV-Reiseshopping gehören. Auch preisgünstige Angebote und ausführliche Produktinformationen zählen in ebenso hohem Maße zu den Vorteilen des TV-Reiseshopping (vgl. Abb. 46). Nicht bestätigt werden kann hingegen die generell in der Fachliteratur anzutreffende Einschätzung, dass die Angst der Kunden vor Sicherheitsmängeln, die fehlende Face-to-Face-Beratung sowie fehlende Vergleichsmöglichkeiten den Erfolg des TV-Reiseshopping nachhaltig beeinträchtigen (vgl. Tab. 8 und Kap. 3.4.1). Zwar werden fehlende persönliche Beratung und die geringen Vergleichsmöglichkeiten bemängelt, doch diese Kritik hat keinen direkten Einfluss auf das künftige Buchungsverhalten.

Insgesamt fällt die Beurteilung des TV-Reiseshopping offenbar umso positiver aus, je mehr (und bessere) Erfahrungen die Kunden mit diesem Vertriebskanal gemacht haben. Vergleicht man die Werte mit der Passantenbefragung, wird deutlich, dass Personen, die keine eigenen Erfahrungen mit Reisebuchungen im Fernsehen gemacht haben, sämtliche Aspekte des TV-Reiseshopping deutlich schlechter bewerten (vgl. Kap. 4.1.2).

Ausschlaggebend für den Erfolg des TV-Reiseshopping ist aber nicht nur eine möglichst gute Bewertung, sondern vor allem auch ein zukünftig hohes Buchungsaufkommen. Ob diese Bilanz in Zukunft positiv ausfallen wird, ist jedoch fraglich. Bislang konnten keine eindeutigen Vorteile des Fernsehens gegenüber Reisebuchungen in stationären oder Online-Reisebüros festgestellt werden – mit Ausnahme der Möglichkeit, die Produkte durch Filme emotionaler zu beschreiben. Außerdem liegen sowohl das Image als auch die Bekanntheit deutlich hinter anderen Vertriebswegen.

4.2.4 Zukünftiges Buchungsverhalten im Vergleich zu anderen Vertriebswegen

Mit 44% war das Reisebüro im Jahr 2009 die wichtigste Buchungsstelle für Urlaubsreisen, wobei der Anteil seit 2005 etwas gesunken ist. Zuwächse verzeichnen hingegen Buchungen über Internet-Portale sowie Online-Direktbuchungen der Unterkunft (vgl. F. U. R. 2010, S. 5). Insgesamt findet also eine Verlagerung in Richtung Online-Buchungen statt. Das Fernsehen wird als Buchungsstelle hingegen in keiner Statistik aufgeführt – offenbar, da keine nennenswert hohen Buchungszahlen existieren (einzig SONNENKLAR TV ist als Erfolgsbeispiel zu nennen, wobei zu beachten ist, dass der Ludwigsburger Sender nicht allein auf den Fernsehvertrieb setzt, sondern ebenfalls ein gleichnamiges Internet-Portal sowie stationäre Reisebüros unterhält; vgl. Kap. 6).

Die Probanden haben bereits im Fernsehen gebucht – und waren im Großen und Ganzen, wie die bisherige Analyse im Rahmen der Kundenbefragung gezeigt hat, zufrieden mit dieser Buchungsstelle. Ob sie sich auch in Zukunft für eine Reisebuchung im Fernsehen entscheiden und wo die Umfrageteilnehmer verschiedene Leistungen am ehesten buchen würden, wird im Folgenden dargestellt (vgl. Abb. 48).

Abb. 48: Zukünftiges Buchungsverhalten der TV-Reiseshoppingkunden

Fragen: Wenn Sie jetzt an Ihre nächste Reise denken, würden Sie gewisse Reisearten oder Teilleistung gerne im Reisebüro buchen? Und was würden Sie gerne im Internet buchen? Gibt es auch Reisen, die Sie gerne im Fernsehen buchen würden? (nur Antworten „sehr wahrscheinlich" und „wahrscheinlich")

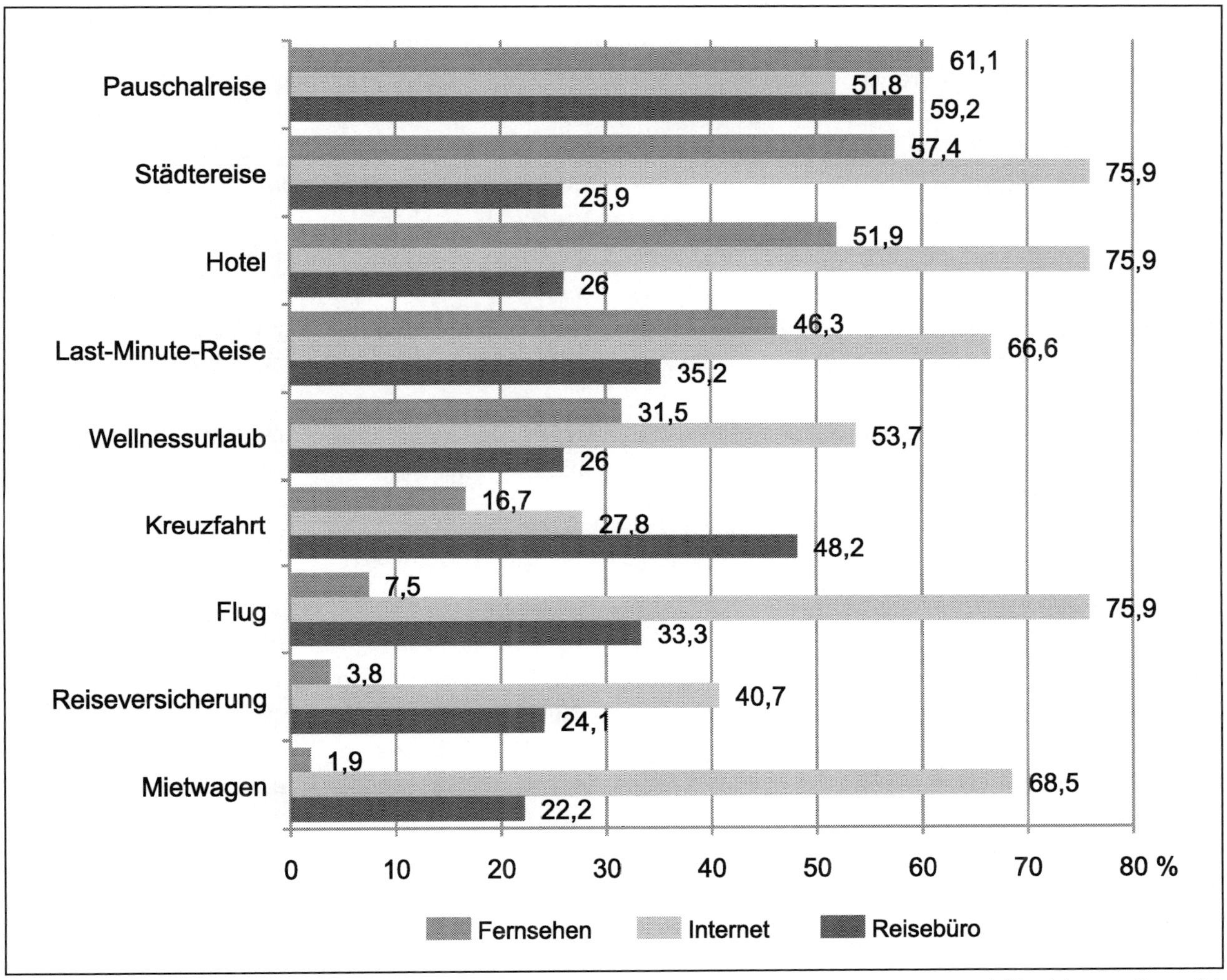

Quelle: Eigene Erhebung *Je Vertriebsweg gilt: n = 54*

Die Pauschalreise ist die Reiseorganisationsform, die von TV-Reiseshoppingkunden im Fernsehen überwiegend gebucht wurde – und auch in Zukunft gehen 61,1% der Umfrageteilnehmer „sehr wahrscheinlich" bzw. „wahrscheinlich" davon aus, Pauschalreisen bei TV-Reiseshoppinganbietern nachzufragen (vgl. Abb. 48). Insgesamt halten die Probanden es sogar für wahrscheinlicher, eine Pauschalreise im Fernsehen als im Internet oder im stationären Reisebüro zu buchen. Im Gegensatz dazu werden Städtereisen, Hotels, Last-Minute-Reisen und Wellnessurlaube in Zukunft stärker im Internet nachgefragt. Dort können die Kunden selbst auf die Suche nach günstigen Angeboten gehen; außerdem bestehen besser Vergleichsmöglichkeiten als beim TV-Reiseshopping. Dennoch steht das Fernsehen als Buchungsort dieser Produkte an zweiter Stelle vor dem stationären Reisebüro.

Kreuzfahrten werden in Zukunft überwiegend im stationären Reisebüro gebucht. Ein Grund für diese Präferenz ist der hohe Erklärungsbedarf, den diese Reiseart aufweist. Darüber hinaus sind die Erfahrungen mit dieser Urlaubsform relativ gering; deshalb wird das Risiko einer Buchung als höher empfunden.

Für Flugbuchungen wird künftig das Internet bevorzugt; an zweiter Stelle rangiert das stationäre Reisebüro. Beim TV-Reiseshopping werden Flugbuchungen hingegen kaum getätigt werden – zumal Flugtickets (sowie Mietwagen und Reiseversicherungen) im Fernsehen auch selten angeboten werden. Reiseversicherungen und Mietwagen werden voraussichtlich ebenfalls am ehesten im Internet gebucht.

Die Ergebnisse zeigen, dass die Probanden zukünftig vor allem das Internet nutzen werden, um Reisen oder einzelne Reiseleistungen zu buchen. Allerdings wird auch das Fernsehen als Buchungsstelle in Betracht gezogen – insbesondere für Pauschalreisen, Städtereisen, Hotels und Last-Minute-Reisen. Stationäre Reisebüros spielen bei der Wahl der Buchungsstelle für die Probanden hingegen eine untergeordnete Rolle. Eine Ursache liegt wahrscheinlich darin, dass TV-Reiseshoppingkunden eine bequeme Form der Reisebuchung bevorzugen – von zu Hause aus und ohne Bindung an Ladenschlusszeiten. Diese Merkmale treffen sowohl auf das Fernsehen als auch das Internet als Buchungsstellen zu. So wurden auch die flexiblen Buchungszeiten und unkomplizierten Buchungsmöglichkeiten als Vorteile einer Reisebuchung im Fernsehen bestätigt (vgl. Abb. 46).

Außerdem verfügen die Probanden bereits über gewisse Erfahrungen mit Reisebuchungen im Fernsehen. Je nachdem, ob diese positiv oder negativ ausgefallen sind, steigt oder sinkt die Wahrscheinlichkeit einer erneuten Buchung. Diese Tatsache wird auch durch einen Vergleich zwischen den TV-Reiseshoppingkunden und den Teilnehmern der Passantenbefragung deutlich. Bei der Passantenbefragung gab die Mehrzahl der Probanden an, dass sie sich nicht vorstellen können, zukünftig eine Reise im Fernsehen zu buchen. Am ehesten, jedoch auch mit einer sehr geringen Wahrscheinlichkeit von 11,4%, konnten sich die Umfrageteilnehmer dabei die Buchung einer Städtereise vorstellen. Für Personen, die bereits im Fernsehen gebucht haben, ist es erheblich wahrscheinlicher, eine solche Handlung zu wiederholen. Ob zukünftige Buchungen jedoch tatsächlich getätigt werden, hängt auch mit der Verbesserung einiger Aspekte des TV-Reiseshopping durch die Anbieter zusammen (vgl. Abb. 44 und Abb. 45).

Für TV-Reiseshoppinganbieter ist es jedoch nicht nur wichtig, die Bedürfnisse der eigenen Kunden zu kennen, sondern auch die Kunden selbst. Die soziodemographischen Daten von Kunden erlauben Rückschlüsse auf ihre Präferenzen.

4.2.5 Soziodemographische Merkmale der Umfrageteilnehmer

Bislang wurden nur wenige empirische Untersuchungen zu TV-Reiseshopping veröffentlicht (vgl. Kap. 4). Aus diesem Grund fielen auch die Informationen über die Nutzer und ihre Motive nur unvollständig aus (vgl. Kap. 3.4). Die eigene Erhebung konnte bereits Daten zu den Seh- und Buchungsgewohnheiten der TV-Reiseshoppingkunden, zur Beurteilung verschiedener Bereiche des TV-Reiseshopping aus Kundensicht sowie zum zukünftigen Buchungsverhalten dieser Kunden liefern. Um zusätzlich soziodemographische Informationen über TV-Reiseshoppingkunden zu erhalten, wurden die Umfrageteilnehmer auch um Angabe ihres Alters, ihres Geschlechts und ihres Bildungsgrades gebeten. Dabei ist jedoch zu beachten, dass die gewonnenen Daten aufgrund der geringen Stichprobengröße nicht als repräsentativ gelten können. Eine Vorstellung darüber, wie der typische TV-Reiseshoppingkunde aussieht, vermitteln sie aber dennoch.

Tab. 13: Soziodemographische Daten der Probanden

Geschlecht	51,9% weiblich, 48,1% männlich
Alter	Durchschnitt 45,6 Jahre Minimum 23 Jahre, Maximum 73 Jahre
Bildung	9,2% Hauptschul-/Volksschulabschluss 27,8% Realschulabschluss/Mittlere Reife 27,8% Abitur/Fachabitur 35,2% Fachhochschule/Universitätsabschluss

Quelle: Eigene Erhebung

Da die Kundenbefragung anonym im Internet erfolgte, konnte kein Einfluss auf die Zusammensetzung der Stichprobe genommen werden. Die Ergebnisse zeigen, dass sich bei der Geschlechterverteilung ein sehr ausgeglichenes Bild ergibt: Männer und Frauen nutzen das TV-Reiseshopping in nahezu gleichem Maße. Das Durchschnittsalter von 45,6 Jahren deckt sich weitgehend mit den wenigen empirischen Daten, die bislang über TV-Reiseshoppingkunden veröffentlicht worden sind (vgl. JUNGHÄNEL/PRECHT 2001, S. 50-57).

Bezüglich des Bildungsniveaus ist festzuhalten, dass die Umfrageteilnehmer über einen hohen Bildungsstand verfügen, der deutlich über dem Durchschnitt liegt. Im bundesdeutschen Vergleich können beispielsweise nur 12% einen Universitäts- oder Fachhochschulabschluss vorweisen, jedoch 39,3% einen Haupt- oder Volksschulabschluss (vgl. www.destatis.de 12/2009). Es kann jedoch nicht davon ausgegangen werden, dass TV-Reiseshoppingkunden generell über einen hohen Bildungsgrad verfügen (hierzu liegen keine vergleichbaren Studien vor). Bekannt ist nur, dass der typische Teleshoppingkunde eher einen niedrigen bis mittleren Bildungsstand aufweist (vgl. Kap. 4.2.3). Da Reisen jedoch zumeist teurer als herkömmliche Teleshoppingprodukte sind und das Einkommen positiv mit dem Bildungsstand korreliert, ist davon auszugehen, dass TV-Reiseshoppingkunden über einen höheren Bildungsstand verfügen als typische Teleshoppingkunden. Der hier ermittelte besonders hohe Bildungsstand wurde jedoch vermutlich auch dadurch beeinflusst, dass die Bereitschaft, freiwillig an einer Befragung im Rahmen einer wissenschaftlichen Arbeit teilzunehmen, mit dem Bildungsgrad steigt.

Im Folgenden werden die wichtigsten Ergebnisse der Kundenbefragung in einem Fazit zusammengefasst.

Fazit: Im Rahmen der vorliegenden Kundenbefragung konnten folgende Motive für Reisebuchungen im Fernsehen identifiziert werden:

- Preisgünstige Angebote,
- ausführliche Produktinformationen,
- ansprechende Filmbeiträge,
- flexible Buchungszeiten,
- unkomplizierte Buchungsmöglichkeiten.

Hinderungsgründe sind hingegen vor allem die fehlenden Möglichkeiten, persönlich (Face-to-Face) beraten zu werden und Angebote vergleichen zu können. Zudem werden die offensiven Kaufaufrufe im Rahmen der Reiseshoppingsendungen als störend empfunden.

Diese verbesserungswürdigen Bereiche haben die befragten Kunden in der Vergangenheit jedoch nicht davon abgehalten, Reisen oder einzelne Reiseleistungen im Fernsehen zu buchen. Auch wenn Sendungen hauptsächlich zu Informationszwecken und nur über kurze Zeiträume angesehen werden, schalten doch immerhin ca. 30% der Probanden das Programm ganz gezielt ein.

Bei den bisherigen Buchungen fiel die Produktwahl der Probanden zumeist auf eine Pauschalreise. Ein Großteil der befragten Kunden plant auch zukünftig, diese Reiseform bei TV-Reiseshoppinganbietern nachzufragen. Außerdem werden im Fernsehen (neben dem Internet) die Buchungen von Hotels, Wellnessurlauben, Städte- und Last-Minute-Reisen in Erwägung gezogen.

Das beliebteste Buchungsmedium der Umfrageteilnehmer wird künftig jedoch das Internet sein. Stationäre Reisebüros bleiben von den befragten Kunden weitestgehend unberücksichtigt.

4.3 Zusammenfassung: Bedeutung der Ergebnisse für TV-Reiseshopping

Die empirische Untersuchung der Nachfrageseite des TV-Reiseshopping gibt sowohl Aufschluss über das Image des TV-Reiseshopping als auch über die Motive der Kunden, Reisen im Fernsehen zu buchen. Mit Hilfe der Passanten- und Kundenbefragung konnten neue Erkenntnisse über die Bedeutung von TV-Reiseshopping als touristischem Vertriebsmedium gewonnen werden.

Die Passantenbefragung hat ergeben, dass sowohl TV-Reiseshopping als auch Teleshopping ein negatives Image besitzen. Da die Umfrageteilnehmer bis auf eine Person noch keine Erfahrungen mit TV-Reiseshopping gemacht haben, mussten sie sich für ihre Beurteilung auf das verlassen, was sie persönlich denken, was ihnen von ihrem Umfeld zugetragen wurde und was sie über klassisches Teleshopping – das deutlich bekannter ist als TV-Reiseshopping – zu wissen glauben. Die zumeist schlechte Bewertung des Reisevertriebs über das Fernsehen ist also tatsächlich auf ein schlechtes Image zurückzuführen. Zudem hat die Befragung ergeben, dass die Images der touristischen Buchungsstellen „online" und „stationär" deutlich besser sind als das Image des TV-Reiseshopping.

Die durchgeführte Kundenbefragung hat allerdings gezeigt, dass sich das Image des TV-Reiseshopping verbessern kann, sobald Personen persönliche Erfahrungen mit dieser Buchungsstelle gemacht haben. Hier fiel die Bereitschaft, zukünftig Reisen im Fernsehen zu buchen, deutlich höher aus als bei der Passantenbefragung. Zudem wurden einzelne Aspekte des TV-Reiseshopping von den Kunden deutlich besser beurteilt als von den Probanden, die über keine Buchungserfahrung verfügen. Dennoch wird TV-Reiseshopping auch bei Personen, die bereits im Fernsehen gebucht haben, zukünftig nicht die beliebteste Buchungsstelle sein – stattdessen wird das Internet von dieser Zielgruppe bevorzugt. Da das TV-Reiseshopping bei Personen, die schon eine Reise im Fernsehen gebucht haben, jedoch bereits im „Relevant Set" verankert ist, wird dieser Personenkreis Veränderungen in Bezug auf die absatzpolitischen Instrumente (auch zur Imagekorrektur) höchstwahrscheinlich eher wahrnehmen.

Ein möglicher Grund für die Dominanz des Internets als zukünftige Buchungsstelle ist sicherlich die Tatsache, dass beim TV-Reiseshopping fordistische Produkte wie einfache Pauschalreisen im Mittelpunkt der Verkaufsaktivitäten stehen (vgl. Kap. 2.5). Der Wunsch der Kunden nach Individualität kann somit beim TV-Reiseshopping nur bedingt berücksichtigt werden – denn bereits die Produktpräsentation erlaubt wenig individuellen Spielraum. Selbst wenn das Fernsehen in der Lage ist, mit Bildern und Filmbeiträgen Emotionen zu wecken und den Erlebnishunger des Reisepublikums zu befriedigen, so kann es mit dem Internet als einer flexiblen, zeiteffizienten und individualisierten Buchungsstelle nicht konkurrieren.

Diese grundlegende Fragestellung nach der Zukunft des TV-Reiseshopping wird in Kap. 5 vertieft; sie war u. a. Gegenstand einer Expertenbefragung, deren Ergebnisse im Folgenden dargestellt werden.

5 TV-Reiseshopping aus Expertensicht – empirische Forschungsergebnisse

Im Rahmen dieser Arbeit wurden bereits die Grundlagen, Eigenschaften und Potenziale des TV-Reiseshopping behandelt. Im Mittepunkt der Kap. 3 und 4 standen die Stärken und Schwächen dieses Vertriebsweges sowie die Anreize und Hinderungsgründe für Reisebuchungen im Fernsehen. Der gegenwärtige Stellenwert des TV-Reiseshopping wurde zum einen auf der Basis einer Literaturanalyse dargestellt; angesichts einer unbefriedigenden Forschungslage war es zum anderen notwendig, eigene empirische Untersuchungen durchzuführen.

Auf der Grundlage einer Passanten- und einer Kundenbefragung konnten in Kap. 4 bereits Aussagen zum zukünftigen Buchungsverhalten der Bundesbürger getroffen werden. Diese Sichtweise der Nachfrager soll im Folgenden um die Perspektive von Experten ergänzt werden. Im Rahmen dieser Arbeit wurde dazu eine Expertenbefragung durchgeführt; im Mittelpunkt dieser empirischen Erhebung stand die Frage nach der Zukunft dieses Vertriebskanals. Darüber hinaus wurde die Experten zu unterschiedlichen Aspekten des TV-Reiseshopping befragt, die auch in den beiden anderen Erhebungen untersucht worden sind: Produkt, Technik, Finanzierung, Image, Informationen, Emotionen und Unterhaltung sowie Buchung.

Im Folgenden werden zunächst Methodik und Vorgehensweise der Expertenbefragung erläutert (Kap. 5.1). Kapitel 5.2 widmet sich anschließend der Beurteilung des TV-Reiseshopping aus Expertensicht, bevor in Kapitel 5.3 die Perspektiven des Fernsehvertriebs von Reisen beurteilt werden.

5.1 Methodik der empirischen Untersuchung

Für die Expertenbefragung wurden 20 Personen ausgewählt und nach ihren Meinungen zu verschiedenen Themenbereichen in Bezug auf TV-Reiseshopping befragt. Als Befragungsmethode diente das telefonische Interview, die 20 Einzelgespräche fanden im Zeitraum zwischen dem 22. Januar und 7. Februar 2010 statt.

Um möglichst viele unterschiedliche Betrachtungsweisen in die Befragung einfließen zu lassen, wurden sowohl Personen befragt, die sich wissenschaftlich mit dem Thema „Tourismus und Vertrieb" auseinandersetzen, als auch Experten, die bei touristischen Unternehmen wie Online-Reiseportalen, Reiseveranstaltern oder TV-Reiseshoppingsendern tätig sind bzw. waren (vgl. Anhang 4). Bei der Auswahl der Experten wurde großer Wert darauf gelegt, dass die Personen bereits Erfahrungen mit TV-Reiseshopping gemacht oder sich auf anderem Wege eine fundierte Meinung gebildet hatten (z. B. dadurch, dass der Reiseveranstalter Produkte für eine TV-Reiseshoppingsendung geliefert hatte, eine Person bereits selber über dieses Thema etwas publiziert hatte oder bei einem TV-Reiseshoppingsender angestellt war).

Beim Aufbau des Fragebogens wurde darauf geachtet, präzise Fragen zu denjenigen Themenbereichen zu stellen, die für die vorliegende Arbeit von zentraler Bedeutung sind. Dabei kamen sowohl offene als auch geschlossene Fragen zum Einsatz (vgl. Anhang 3). Um die 20 Experten vor dem telefonischen Interview über den Inhalt der Befragung zu informieren, erhielten sie zunächst eine E-Mail, in der die unterschiedlichen Themen aufgeführt waren (vgl. Abb. 49). Der gesamte Fragebogen wurde nur in drei Fällen, auf ausdrücklichen Wunsch der Experten, vor den Interviews versandt. So liegen in den meisten Fällen spontane Meinungsäußerungen vor.

Neben diesen Themenbereichen enthält der Fragebogen der Expertenbefragung auch drei Szenarien, die jeweils auf unterschiedliche Weise die Zukunft des TV-Reiseshopping beschreiben (vgl. Anhang 3). Jeder Experte wurde aufgefordert, ein Szenario zu benennen, das am ehesten seiner Meinung entspricht. Auf der Grundlage der Expertenbefragung können fundierte Aussagen zur zukünftigen Entwicklung des TV-Reiseshopping gemacht werden (vgl. Kap. 5.3).

Die Auswertung der geschlossenen Fragen erfolgte, wie auch bei der Passanten- und Kundenbefragung, computergestützt mit der Software SPSS für Windows. Die Antworten zu den offenen Fragen werden im weiteren Verlauf der Arbeit zumeist als Zitate in die Auswertung eingearbeitet.

Abb. 49: Themenbereiche der Expertenbefragung

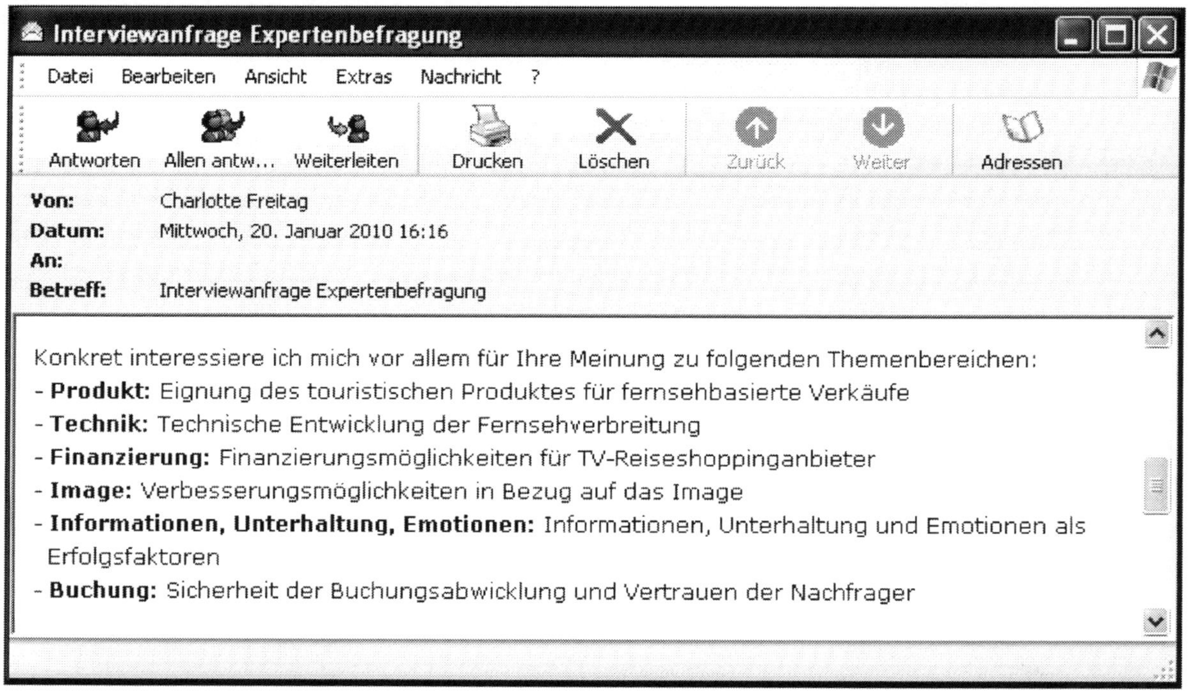
Interviewanfrage Expertenbefragung

Datei Bearbeiten Ansicht Extras Nachricht ?

Antworten Allen antw... Weiterleiten Drucken Löschen Zurück Weiter Adressen

Von: Charlotte Freitag
Datum: Mittwoch, 20. Januar 2010 16:16
An:
Betreff: Interviewanfrage Expertenbefragung

Konkret interessiere ich mich vor allem für Ihre Meinung zu folgenden Themenbereichen:
- **Produkt:** Eignung des touristischen Produktes für fernsehbasierte Verkäufe
- **Technik:** Technische Entwicklung der Fernsehverbreitung
- **Finanzierung:** Finanzierungsmöglichkeiten für TV-Reiseshoppinganbieter
- **Image:** Verbesserungsmöglichkeiten in Bezug auf das Image
- **Informationen, Unterhaltung, Emotionen:** Informationen, Unterhaltung und Emotionen als Erfolgsfaktoren
- **Buchung:** Sicherheit der Buchungsabwicklung und Vertrauen der Nachfrager

Quelle: Eigene E-Mail

5.2 Beurteilung des TV-Reiseshopping aus Expertensicht

Die Eignung des touristischen Produktes

Vor dem Hintergrund, dass über TV-Reiseshopping hauptsächlich Pauschalreisen abgesetzt, andere Produkte jedoch weitaus weniger von Kunden nachgefragt werden (vgl. Kap. 3.2.3 und Kap. 4.3), wurden die Experten gefragt, wie sie die Eignung von fernsehbasierten Reiseverkäufen, auch im Vergleich zum Internet und stationärem Reisebüro, einschätzen (vgl. Abb. 50). Außerdem wurden sie um eine Begründung ihrer Aussage bzw. Angabe gebeten.

Abb. 50: Die Eignung des touristischen Produktes aus Sicht der Experten

Fragen: Wie schätzen Sie die generelle Eignung von touristischen Produkten für fernsehbasierte Verkäufe ein? Und wie schätzen Sie die Eignung von touristischen Produkten für internetbasierte Verkäufe und Verkäufe über stationäre Reisebüros ein? (Skala von 1= „vollkommen ungeeignet" bis 10= „hervorragend geeignet")

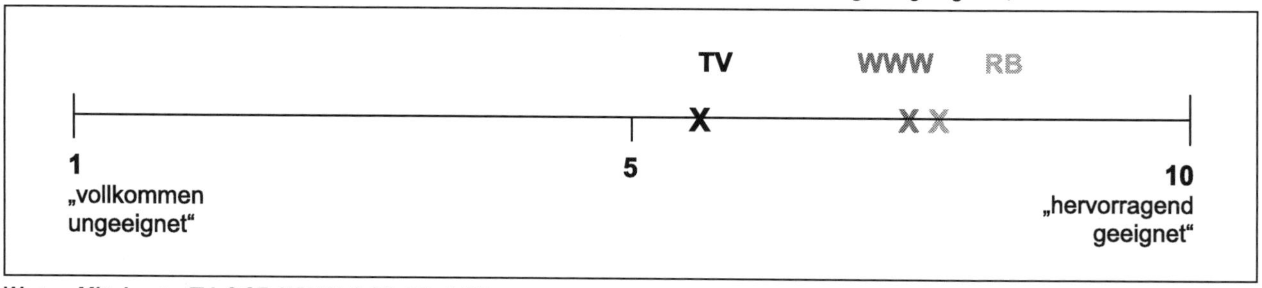

Werte= Mittelwerte: TV: 6,05; WWW: 8,05; RB: 8,37 *n = 19*

Quelle: Eigene Erhebung

Die Experten bewerten das Fernsehen generell als weniger gut geeignet für touristische Produktverkäufe als das Internet oder stationäre Reisebüros (vgl. Abb. 50). Jedoch wird die durchschnittliche Eignung deshalb nicht als schlecht eingestuft. Mit einem Wert von 6,05 (TV) im Gegensatz zu 8,05 (WWW) und 8,37 (RB)[24] bewegen sich alle drei Vertriebswege im „positiven Bereich" von „mittelmäßig geeignet" bis „hervorragend geeignet".

[24] Erläuterung der Abkürzungen: TV: TV-Reiseshopping; WWW: Online-Reiseportale; RB: stationäre Reisebüros

Hinsichtlich der Begründungen der Experten werden jedoch deutliche Unterschiede erkennbar: So spricht sich mancher ausdrücklich für TV-Reiseshopping aus, ein anderer steht diesem Vertriebsweg bezüglich touristischer Produktverkäufe negativ gegenüber.

Pro: *„Es gibt kein Produkt, über das man in der audiovisuellen Form besser Informationen verbreiten kann. Schriftliche Reisebeschreibungen benötigen seitenlange Ausführungen, im Fernsehen erledigen das Bild und Ton viel präziser. Für die Darstellung des Produktes eignet sich das Fernsehen also am besten."* (M. S-R.)

Contra: *„Das Problem sind die derzeit fehlenden Interaktionsmöglichkeiten. Im Fernsehen sind die Produkte nicht individualisiert. Das Programm ist sehr konsumorientiert."* (R. E.)

„TV-Reiseshopping schafft höchstens eine Nachfrage, aber als Verkaufsmedium ist es nicht geeignet." (J. Va.)

Die aufgeführten Zitate stehen beispielhaft für die unterschiedlichen Meinungen der Experten über touristische Produktverkäufe im Fernsehen. So war ein großer Teil der befragten Personen der Auffassung, dass sich die verschiedenen Produkte im Fernsehen sehr gut darstellen lassen. Positiv hervorgehoben wurde zudem die Tatsache, dass Reisen emotionale Produkte sind und deshalb bewegte Bilder eine große Rolle bei der Reisebeschreibung spielen. Dabei wurde jedoch auch bemerkt, dass sich das Fernsehen als Vertriebsmedium insbesondere für Pauschalreisen eignet, die Eignung also generell stark mit dem standardisierten Produkt zusammenhängt. Bei Individualreisen, so meinten viele Experten, gerate das Medium an seine Grenzen. Ein Grund hierfür ist z. B., dass Kunden davor zurückschrecken, tatsächlich eine komplexe Buchung abzuschließen, ohne persönlich beraten zu werden (N. J.). Außerdem kommt es öfter zu Buchungen von Pauschalreisen, da sie aus wirtschaftlichen Gründen von den Anbietern verstärkt in das Programm integriert werden. Bei allen anderen Produkten fällt die Rendite zu gering aus, um die hohen Aufwendungen zahlen zu können (T. W.).

Während sich die Experten also zu großen Teilen einig waren, dass das Fernsehen zur Darstellung von Produkten, insbesondere Pauschalreisen, durchaus gut geeignet ist, halten einige dieses Medium dennoch für keinen sinnvollen Vertriebsweg. Das Fernsehen, so sagen viele Experten, bietet nicht genügend Interaktionsmöglichkeiten. Hinzu kommen fehlende Vergleichsmöglichkeiten oder Alternativangebote. Das jeweilige Reisenangebot kann vom Kunden nicht nach eigenen Wünschen verändert werden; außerdem besteht keine Möglichkeit, sich für eine andere Destination zu entscheiden (A. E.). Alternative Produkte oder Leistungskomponenten können nur gebucht werden, wenn der jeweilige TV-Reiseshoppingsender seine Angebote noch einmal im Internet darstellt oder kompetentes Service-Center-Personal dazu angehalten ist, auch andere Produkte anstelle der im Fernsehen gezeigten anzubieten. Deutlich wird hier noch einmal, dass TV-Reiseshopping aufgrund seiner Strukturen kaum in der Lage ist, andere Produkte als die fordistisch geprägten, wenig individuellen Pauschalreisen anzubieten, die allerdings nicht mehr den allgemeinen Kundenpräferenzen entsprechen. Insgesamt ist die Nachfrage nach Pauschalreisen beim TV-Reiseshopping zwar hoch (vgl. Kap. 4.2) – verantwortlich hierfür ist jedoch auch die Tatsache, dass die Angebotsvielfalt ansonsten gering ist.

Insgesamt werden über das Fernsehen jedoch weitaus weniger Reisen verkauft, als dies im Internet oder stationärem Handel der Fall ist. Aus Expertensicht gibt es insbesondere zwei Gründe, die für diesen Sachverhalt verantwortlich sind (vgl. Abb. 51).

Viele Experten stimmten mit den Aussagen „es ist keine individuelle Produktgestaltung möglich" und „die Vergleichsmöglichkeiten zwischen den Produkten sind zu gering" überein und beurteilten diese Aspekte als hinderlich für den Verkauf von Reisen über das Fernsehen. Bereits bei der Frage nach der generellen Produkteignung wurden diese Aspekte von manchen Experten genannt. Die fehlende Individualität gilt also auch hier als hinderlich für Reisebuchungen im Fernsehen. Als weniger ausschlaggebend wurde hingegen die Aussage beurteilt, das wahrgenommene Buchungsrisiko sei zu hoch – auch wenn der angegebene Durchschnittswert mit 5,4 noch immer als Zustimmung gewertet werden kann.

Ob das Fernsehen also ein geeigneter Vertriebsweg für die Produkte der Tourismusindustrie sein kann, wird von den Experten unterschiedlich eingeschätzt. Viele sind jedoch der Meinung, dass die Unterstützung durch andere Vertriebskanäle wie das Internet unbedingt notwendig ist, um mehr Individualität und Interaktivität zu gewährleisten und mögliche Hinderungsgründe zu minimieren.

Abb. 51: Hinderungsgründe für TV-Reiseshopping aus Expertensicht

Frage: In welchem Maße sind die folgenden Aspekte dafür verantwortlich, dass sich Reisen über das Fernsehen weniger gut verkaufen als dies im Internet oder in stationären Reisebüros der Fall ist? (Skala von 1= „auf keinen Fall zutreffend“ bis 10= „vollkommen zutreffend“)

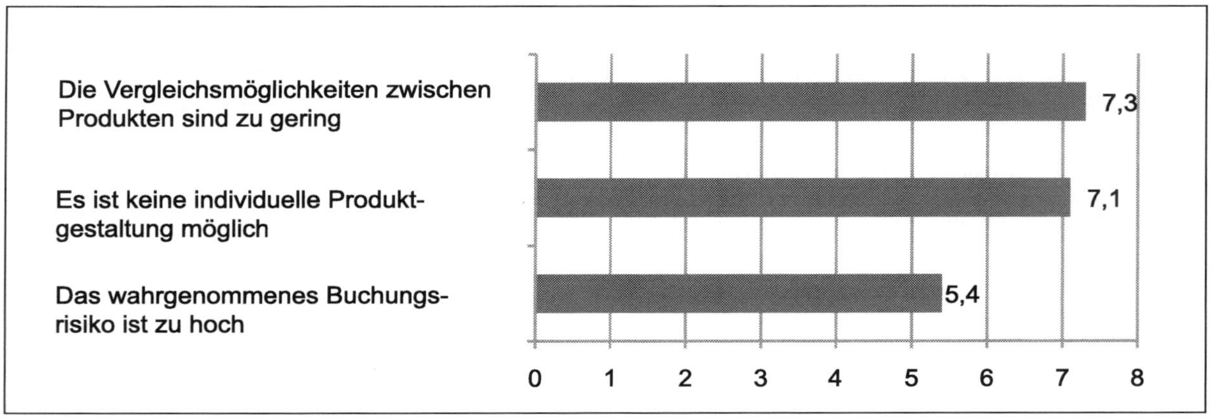

Werte= Mittelwerte *n = 20*

Quelle: Eigene Erhebung

Auswirkungen der Digitalisierung auf TV-Reiseshopping

In hohem Maße ausschlaggebend für den Erfolg des TV-Reiseshopping sind auch die technischen Gegebenheiten und die Verbreitung des Fernsehens (vgl. Kap. 3.2.2). Die Konzentration auf das (teure) Kabelnetz und eine bislang wenig fortgeschrittene Digitalisierung hemmen die Verbreitung kleinerer Spartensender wie auch TV-Reiseshoppingsender. Es stellt sich die Frage, ob im Zuge einer fortschreitenden Digitalisierung (und der damit verbundenen Möglichkeit, Reichweiten und Zuschauerzahlen zu erhöhen) das TV-Reiseshopping tatsächlich auf eine größere Akzeptanz stoßen würde oder ob auch das aufgrund anderer hemmender Faktoren eher unwahrscheinlich wäre. Daher wurden die Experten auch zum Thema „Technik“ um eine Einschätzung gebeten (vgl. Abb. 52).

Abb. 52: Auswirkung der Digitalisierung auf den Erfolg des TV-Reiseshopping

Frage: Wie schätzen Sie die Wahrscheinlichkeit ein, dass TV-Reiseshoppingsender durch den zukünftigen Ausbau der Satellitenverbreitung und Digitalisierung der Fernsehlandschaft ihre Reichweiten und in diesem Zusammenhang auch ihre Zuschauerzahlen erhöhen können? (Skala von 1= „sehr gering“ bis 10= „sehr hoch“)

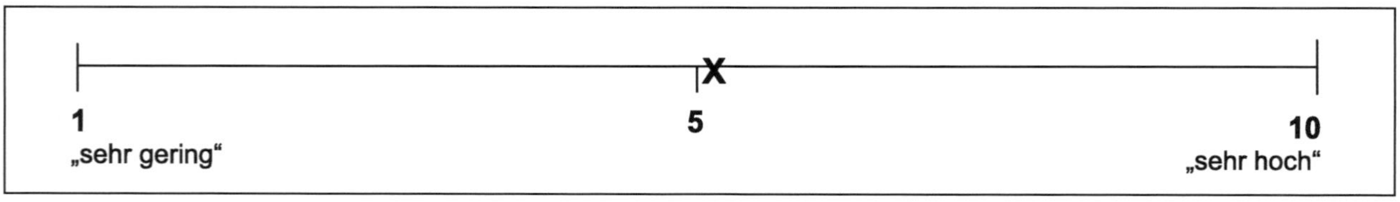

Wert= Mittelwert: 5,4 *n = 20*

Quelle: Eigene Erhebung

Hinsichtlich der Frage, ob ein zukünftiger Ausbau der Satellitenverbreitung und eine zunehmende Digitalisierung der Fernsehlandschaft die Reichweiten und Zuschauerzahlen des TV-Reiseshopping steigern können, herrscht Uneinigkeit (vgl. Abb. 52). Mit einem Wert von 5,4 kann keine eindeutige Tendenz der Expertenmeinungen festgestellt werden, in welchem Ausmaß eine technische Weiterentwicklung positive Effekte haben würde. Da einige Experten den Sachverhalt jedoch zusätzlich kommentiert haben, können an dieser Stelle einige Meinungen zu diesem Thema wiedergegeben werden:

„Mehr Verbreitung bringt auch immer Interesse.“ (G. L.)

„Digitalisierung hat zwei Effekte: Zum einen bringt sie eine Vielzahl an Sendern, zum anderen wird es durch diese Vielzahl für den einzelnen Sender schwierig, Zuschauer zu erreichen. Dadurch, dass digitale

Sendeplätze deutlich günstiger sind als analoge Verbreitung, was die reinen Verbreitungskosten angeht, können auch kleinere Sender theoretisch in den Markt kommen, ohne dass man gleich Millionenbudgets für Verbreitungskosten braucht. Dennoch kostet auch die digitale Verbreitung momentan noch etwas. Wenn es in Deutschland soweit kommt, dass eine kostenlose Einspeisung im digitalen Bereich möglich ist – was in den nächsten fünf Jahren der Fall sein wird – haben meiner Meinung nach auch Reiseshoppingsender wieder eine Existenzberechtigung – denn die Klientel hierfür gibt es bereits." (V. K.)

„Ich denke, dass sich die Reichweite erhöht, aber nicht die Zuschauerzahlen." (T. W.)

Auch hinsichtlich der Auswirkungen der technischen Entwicklung auf das TV-Reiseshopping sind sich die Experten uneinig. Einige bezweifeln, dass eine höhere Reichweite auch mehr Zuschauer zur Folge hat, andere bewerten diesen Sachverhalt ganz anders (diese Meinungsvielfalt spiegelt sich auch in dem mittleren Wert wider). Einigkeit besteht hingegen in dem Punkt, dass eine (kostenlose) digitale Verbreitung das Erfolgspotential für TV-Reiseshopping merklich erhöhen kann – sowohl in Bezug auf die Reichweite als auch die Zuschauerzahlen.

Das Finanzierungsproblem: Alternative und zusätzliche Finanzierungswege

Der finanzielle Aspekt spielt eine wichtige Rolle für TV-Reiseshoppinganbieter, da die Sendetätigkeit mit hohen Ausgaben verbunden ist. Die Verbreitungskosten und Ausgaben für Video-, Filmproduktionen etc. sind hoch, die Einnahmen durch Provisionen vergleichsweise gering (vgl. Kap. 3.3.4). Somit scheint es für TV-Reiseshoppingsender sinnvoll, auch andere, ergänzende Finanzierungsmöglichkeiten in Betracht zu ziehen (Frage: „Welche zusätzlichen Einnahmequellen bzw. alternativen Finanzierungswege wären für TV-Reiseshoppingsender Ihrer Meinung nach geeignet?")

Insgesamt gibt es aus Sicht der Experten viele Möglichkeiten für TV-Reiseshoppinganbieter, zusätzliche Einnahmen zu generieren:

- Schaltung klassischer Fernsehwerbung, insbesondere für touristische Randindustrien (z. B. Reiseversicherungen) oder für reiseaffine Produkte (z. B. Koffer oder Kosmetik),
- Verkauf von Sendezeiten, z. B. an Fremdenverkehrsämter oder Reiseveranstalter,
- Verkauf der nächtlichen Sendezeit (Nachtschiene) an Fremdanbieter,
- Product-Placement durch andere touristische Anbieter,
- Sendungssponsoring durch Leistungsträger,
- Subventionierung von Filmarbeiten durch Hoteliers, Reiseveranstalter, Destinationen oder Fremdenverkehrsämter,
- Verkauf von anderen, reisenahen Produkten (z. B. Sonnencreme oder Reiseführer) und Merchandising-Artikeln,
- Integration anderer Medien zur Verkaufsunterstützung (Internet etc.),
- Kostenpflichtige Gewinnhotlines und Quizsendungen zum Thema „Urlaub",
- CPO-Deals (Cost-per-Order). Das heißt: Pro Buchung zahlen Hotels, Reiseveranstalter oder andere Leistungsträger eine Vergütung,
- Produktverkauf auf Basis von Ratenzahlungen.

Insbesondere der Verkauf von Werbezeiten, Sendungssponsoring durch Leistungsträger und Fremdenverkehrsämter sowie der Verkauf anderer, reiseaffiner Produkte kommen als weitere Verdienstquellen in Frage. Allerdings sind die zahlreichen Vorschläge der Experten nicht einfach in die Tat umzusetzen. Problematisch beim Verkauf von Sendezeiten ist beispielsweise, dass es sich bei dem Format TV-Reiseshopping bereits um Werbesendungen handelt und das Sendeumfeld für Werbekunden somit weniger attraktiv ist. Preise für Werbezeiten fallen aus diesem Grund nicht so hoch aus wie bei Vollprogrammen (z. B. bei ProSieben); deshalb können kaum nennenswerte Einnahmen erzielt werden (M. Sa.). Zudem sind die Zuschauerzahlen der meisten TV-Reiseshoppingsender oftmals gering, so dass die Programme von Werbekunden weniger berücksichtigt werden (S. G.). Insbesondere im Zuge einer vorherrschenden Werbezeitenkrise (vgl. Kap. 3.3.4), die auch den

Preis von Werbezeit bei großen, etablierten Sendern drückt, sehen die werbetreibenden Unternehmen zudem keine Notwendigkeit, auf kleine Sender auszuweichen (V. K.).

Das Image des TV-Reiseshopping aus Expertensicht

Ausschlaggebend für die Attraktivität des Sende- und Werbeumfelds der TV-Reiseshoppingsender für Leistungsträger und andere mögliche Werbekunden ist vor allem das Image des TV-Reiseshopping (vgl. Kap. 3.2.4). Die Passantenbefragung hat ergeben, dass das Image des TV-Reiseshopping gegenwärtig negativ ist (im Vergleich zu den touristischen Vertriebswegen „online“ und „stationär“). Zu einem ähnlichen Ergebnis kommen auch die Experten der vorliegenden Erhebung (vgl. Abb. 53).

Abb. 53: Das Image des TV-Reiseshopping aus Expertensicht im Vergleich

Frage: Wie beurteilen Sie die Images von TV-Reiseshopping, Internet-Reisebüros und stationären Reisebüros auf einer Skala von 1= „sehr schlecht“ bis 10= „hervorragend“?

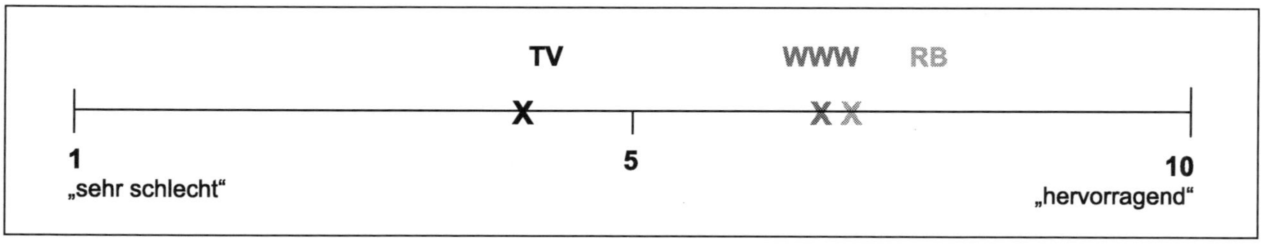

Werte= Mittelwerte: TV: 4,3; WWW: 7,2; RB: 7,55 *n = 20*

Quelle: Eigene Erhebung

Das Image des TV-Reiseshopping als Buchungsstelle wird von den Experten deutlich schlechter eingeschätzt als das Image der stationären und Internet-Reisebüros: Mit einem Wert von 4,3 bewegt sich TV-Reiseshopping im negativen Bereich zwischen 1 und 5, während die Images der anderen beiden Vertriebswege positiv bewertet werden.

Wie dieses schlechtere Image zustande kommt, wird von den Experten unterschiedlich begründet (Frage: „Was sind Ihrer Meinung nach Ursachen für dieses schlechte Image?“). Nach Ansicht vieler Experten sind der Sendungsaufbau der TV-Reiseshoppingsendungen und die Art der Produktpräsentation verantwortlich dafür, wobei das Produkt „Reise“ im Bewusstsein der Menschen doch einen anderen, höheren Stellenwert als klassische Teleshoppingartikel einnimmt (z. B. Elektro- oder Küchengeräte) .

„Das Hauptproblem ist, dass sich die TV-Reiseshoppingsendungen sehr stark an herkömmlichen Teleshoppingsendungen orientieren. Die Vorstellung der Preise, Leistungen etc. hebt sich nur gering von Messersetverkäufen etc. ab.“ (M. Sch.)

„Das liegt am Aufbau der TV-Reiseshoppingsendungen. Andere Reisesendungen sind sehr hochwertig produziert – von der Kameraführung über die Bilder bis hin zu den Reisezielen. Keine dieser Sendungen will jedoch etwas verkaufen. Da TV-Reiseshopping dies aber tut, wirken die Sendungen wie 9 Live oder HSE 24. Wenn ich nur ein Mikrofasertuch für 12,- Euro kaufen will, ist der Sendungsaufbau verkraftbar. Für die Buchung eines Familienurlaubs für 2.000,- Euro wirkt das Ganze jedoch zu unseriös.“ (M. G.)

Hinzu kommt, dass die Fokussierung auf den Preis als Hauptverkaufsargument oftmals dazu führt, dass die Sendungen einen zweifelhaften Ruf haben und nicht vertrauenswürdig erscheinen – denn Reisen verkaufen sich zwar auch gut über Preisargumente, viel Wert muss jedoch ebenso auf eine hohe Qualität aller Programmelemente gelegt werden. Die Experten bemängeln zudem, dass offensive Aufrufe zum Kauf das Image beeinträchtigen.

„Ich glaube, dass das schlechte Image daher kommt, dass die Produkte nur über den Preis verkauft werden. Natürlich, wenn man auf Massenabverkauf abzielt, muss man einen Preiskampf betreiben. Darunter leidet aber auch die Qualität der Angebote." (G. C.)

„Der Moderator und die Produzenten müssen ihre Produkte ja an den Mann bringen – das wirkt zu marktschreierisch." (G. L.)

Hier befinden sich die TV-Reiseshoppinganbieter jedoch in einer schwierigen Situation. Dadurch, dass ihr Programm als Dauerwerbung gekennzeichnet ist (vgl. Kap. 3.2), werden sie dazu veranlasst, den Verkaufsaspekt in den Vordergrund zu stellen. Qualität, Unterhaltung und Informationen geraten dabei in den Hintergrund.

„Ich glaube, das schlechte Image liegt daran, dass diese Sender gezwungen sind, den Verkaufsaspekt eindeutig in den Vordergrund zu stellen. So kommen der eigentliche Reiseverkauf und das Anpreisen der Reisen dem Verkauf von diesen Gemüsehobeln gleich. [...] Das ist meines Erachtens der Hauptgrund, dass es eigentlich keinen richtigen Spaß macht, die Sendungen zu gucken – zumindest nicht über längere Zeit. Der Unterhaltungsaspekt ist zu gering." (A. S.)

„TV-Reiseshopping und andere TV-Shoppingformate sehen für den Kunden immer mehr nach Werbung als nach Beratung aus." (T. W.)

Ein weiterer Grund für das schlechtere Image ist aus Expertensicht ein zu geringer Bekanntheitsgrad des TV-Reiseshopping. Während insbesondere stationäre Reisebüros auf eine lange Geschichte zurückblicken und viele Personen mittlerweile auch Erfahrungen mit dem Internet als Buchungsstelle gemacht haben, leidet der Fernsehvertrieb unter einer geringeren Popularität und Akzeptanz. Eine Ursache hierfür ist auch, dass von Seiten der Anbieter zu wenig Eigenwerbung und Kundenbindungsmaßnahmen betrieben werden.

„Das schlechtere Image hängt allgemein mit dem Direktvertrieb zusammen. Dabei ist es unerheblich, ob es sich um Lidl, Aldi oder einen Shoppingsender handelt – Direktvertrieb hat immer ein schlechteres Image. Das wird uns schon mit der Muttermilch eingegeben. Wenn man eine Reise buchen will, heißt es: Geh ins Reisebüro. Bist du krank: Geh zum Arzt. Da kommt keiner auf die Idee, zum Heilpraktiker zu gehen. Die allgemeine Meinung ist einfach die, dass ein Reisebüro fundierteres und vor allem besseres Fachwissen hat als ein TV-Reiseshoppingsender." (J. Vo.)

„Es wird zu wenig Geld für Marketing, Kundenbindung und andere vertrauensbildende Maßnahmen ausgegeben." (M. M.)

„Ich denke das liegt auch daran, dass TV-Reiseshopping zu wenig bekannt und akzeptiert ist, da die Sender nicht ausreichend in Eigenwerbung investieren." (S. St.)

Um Zuschauer und Kunden zu gewinnen, ist es für TV-Reiseshoppinganbieter besonders wichtig, dieses negative Image zu korrigieren und die Ursachen dafür schnellstmöglich zu beseitigen (Frage: „Und wie kann das Image von TV-Reiseshopping möglicherweise verbessert werden?"). Grundsätzlich gibt es viele Möglichkeiten, Images zu korrigieren. In Bezug auf TV-Reiseshopping lassen sich (laut Expertenmeinungen) insbesondere vier Punkte hervorheben:

- Steigerung der Qualität,
- Integration bekannter Marken,
- Erhöhung der Glaubwürdigkeit,
- Weiterentwicklung des digitalen Fernsehens.

Zur Imageverbesserung des TV-Reiseshopping ist es wichtig, die Sendungen anspruchsvoller zu gestalten und weniger den reinen Verkauf als viel mehr die Qualität in den Vordergrund zu stellen. Eine Qualitätssteigerung kann z. B. durch seriösere Informationen, mehr Hintergrundberichte oder qualitativ hochwertigere Filmbeiträge erfolgen. Außerdem sollten derartige Reiseshoppingformate in einem ganz speziellen Kontext präsentiert werden, also z. B. im Anschluss an anspruchsvolle Reisedokumentationen (R. E.).

„*Man kann das Image meiner Meinung nach verbessern, indem man die Sendungen nicht so verkäuferisch aufzieht und mehr in die Qualität der Programme investiert. Das heißt: Mehr Hintergrundberichte etc. [...] Man sollte vielleicht auch nicht immer nur versuchen, über den Preis zu gehen, sondern mehr in Richtung Preis-Leistung.*" (M. Sch.)

„*Sicherlich muss man versuchen, das Thema Seriosität zu verbessern. Erreicht werden kann dies z. B. durch kostenlose Anrufmöglichkeiten, mehr und bessere Beratung oder qualitativ hochwertigere Produkte.*" (N. J.)

Ein weiterer Punkt, der nach Meinung der Experten zu einer Imageverbesserung beitragen könnte, ist die Integration namhafter Marken und Partner in die Sendungen. So ist es zum einen möglich, externe Programmfenster bei etablierten und bekannten Sendern für die Reiseshoppingsendungen zu buchen. Zum anderen könnten bekannte Hotelketten, Destinationen oder Reiseveranstalter als Paten und Sponsoren für Sendungen oder ganze Sender auftreten – das positive Image der prominenten Marke würde sich dann im günstigen Fall auf den jeweiligen TV-Reiseshoppingsender und TV-Reiseshopping im Allgemeinen übertragen.

„*Was man unter Umständen machen könnte, wäre Folgendes: Ein seriöser Anbieter, wie z. B. die TUI als Reiseveranstalter, müsste ihren Namen bzw. ihre Marke einem Sender zur Verfügung stellen (oder einen Sender selbst betreiben, sponsern etc.), so dass es beispielsweise einen TUI-Reisesender gäbe. So würde der Kunde mit einem Reiseshoppingkanal sofort einen namhaften Veranstalter in Verbindung bringen.*" (A. E.)

„*Man könnte das Image durch entsprechende Programmfenster auf anderen Fernsehkanälen mit breiterer Reichweite und durch Einbringung von Reisenden in Form von Erlebnisberichten, die bereits eine Reise über den Kanal gebucht haben, verbessern.*" (M. S-R.)

Wichtig ist in diesem Zusammenhang auch die Erhöhung der Glaubwürdigkeit. Sowohl durch die Integration von Erlebnisberichten (vgl. Zitat M. S-R.) als auch den Auftritt von „Testimonials" können Werte wie Authentizität und Zuverlässigkeit vermittelt werden – denn unabhängige Personen gelten aus Sicht der Kunden generell als besonders vertrauenswürdige Berichterstatter. Für eine Imageverbesserung scheint zudem eine authentischere Präsentation und eine eigene Produktion des Filmmaterials erfolgversprechend.

„*Man kann das Image nur verbessern, indem man den Kunden immer wieder zeigt, dass man wirklich unterwegs ist und selber das Filmmaterial produziert. Man sollte auch ab und zu Roadshows machen, damit der TV-Sender für den Kunden ein Gesicht bekommt und der Kunde merkt, dass tatsächlich Personen dahinter stehen. So kann man mit den Moderatoren bei Außendrehs und Vor-Ort-Terminen arbeiten. Wichtig ist in diesem Sinne: Immer raus aus dem Studio. Die Kunden müssen merken: Die gibt's ja wirklich. Das kann man aber nur über Kontinuität, sehr viel harte Arbeit und leider auch sehr viel Geld realisieren.*" (J. Vo.)

Auch die technische Weiterentwicklung des Fernsehens kann nach Expertenmeinung das Image des TV-Reiseshopping verbessern. Dabei ist diese Entwicklung nicht als direkte Maßnahme zur Aufwertung des Images zu verstehen – sie bildet hierfür jedoch eine entscheidende Grundlage. Insbesondere die Weiterentwicklung des digitalen Fernsehens und IPTV nehmen hier eine Schlüsselfunktion ein (vgl. Kap. 3.1.1). Durch IPTV könnten Kunden Internet und Fernsehen als eine Einheit nutzen. Dann wäre es beispielsweise möglich, sich über Fernsehen und Internet gezielt ein Hotel oder eine Destination nach den eigenen Wünschen auszusuchen, sich dazu Filme anzuschauen und eine Buchung direkt über das kombinierte Medium „Fernsehen und Internet" abzuschließen. Auf diesem Weg könnte auch das fordistisch geprägte Produktsortiment erweitert werden – der geforderten Individualität würde auf diesem Weg Rechnung getragen. Außerdem könnten weitere Nachfragetrends wie Multioptionalität, Flexibilität und Zeiteffizienz berücksichtigt werden (vgl. Kap. 2.4.3).

Generell sind viele Experten in diesem Sinne der Meinung, dass das Vertriebsmodell TV-Reiseshopping ohne die Unterstützung durch das Internet nicht profitabel sein kann und ohne dessen Einbindung auch keine Imageverbesserung möglich ist. Eine Form von IPTV würde eine Unterscheidung zwischen Internet und Fernsehen jedoch weitestgehend obsolet machen, weshalb diese Technik auch als förderlich für den Fernsehvertrieb von Reisen angesehen wird (wobei das TV-Reiseshopping in seiner jetzigen Form dann nicht mehr existieren würde).

„So lang es keine Konvergenz zwischen Fernseher und Internet gibt, die lange beschworen schon in im Jahr 2000 kommen sollte, ist TV-Reiseshopping zu passiv, zu wenig interaktiv und einfach nur langweilig." (D. R.)

„Eine crossmediale Vermarktung, insbesondere in Verbindung zum Internet, könnte zu einer Imageverbesserung beitragen." (M. Sch.)

Trotz dieser zahlreichen Vorschläge und Möglichkeiten, wie das Image verbessert werden könnte, halten manche Experten die konkrete Umsetzung für problematisch:

„Ich glaube, es gibt keine Möglichkeit, die sich letztendlich in den Kosten trägt. Zudem muss man beachten, dass das Fernsehen nicht unbedingt das Medium ist, was in Zukunft wächst. Natürlich könnte man das Image über hochwertigere Sendungen, über hochwertigeres Material und hochwertige Reisen, die man versucht zu verkaufen, verbessern. Nur wird es letztendlich nicht funktionieren." (J. Va.)

„Man müsste ein neues Sendungsformat erfinden, das beim Kunden ankommt. Eine Orientierung in Richtung Dokumentationen wäre besser, jedoch gibt es natürlich bereits unzählige gute Dokumentationssendungen, auch auf den öffentlich-rechtlichen Sendern. Der Fernsehsender, der verkaufen möchte, lebt eben auch davon und von den Provisionen. Ansonsten kann er die hohen Gebühren nicht tragen – und da geht die Schere dann auseinander. Da muss man den goldenen Weg finden." (S. G.)

Dieser goldene Weg, von dem hier gesprochen wird, ist bislang noch nicht gefunden worden. Eine technische Weiterentwicklung, kombiniert mit einer Erhöhung der Qualität und Glaubwürdigkeit sowie der Integration namhafter Marken könnte jedoch dazu führen, dass TV-Reiseshopping positiver bewertet wird und die Akzeptanz gegenüber diesem Vertriebsweg deutlich steigt – vorausgesetzt, man findet adäquate Wege, diese neu gestalteten Sendungen zu finanzieren. Das Finanzierungsproblem würde jedoch bereits mit einer fortschreitenden Digitalisierung zum Teil abgebaut, während die Einnahmen durch mehr Buchungen bei erhöhter Akzeptanz und verbessertem Image steigen könnten.

Die Bedeutung von Emotionen, Informationen und Unterhaltung für TV-Reiseshopping

Trotz eines schlechteren Images und der Schwierigkeiten, dieses Image zu verbessern, weist TV-Reiseshopping auch deutliche Erfolgspotenziale auf. Als Erfolg versprechend gelten vor allem die Fähigkeiten des Fernsehens, Emotionen zu wecken, die Übermittlung von Informationen und ein hoher Unterhaltungswert der Sendungen.

Abb. 54: Die Bedeutung von Emotionen, Informationen und Unterhaltung

Frage: Als wie relevant stufen Sie die Aspekte Emotionen, Unterhaltung und Informationen für den Erfolg von TV-Reiseshopping ein? (Skala von 1= „überhaupt nicht relevant" bis 10= „absolut relevant")

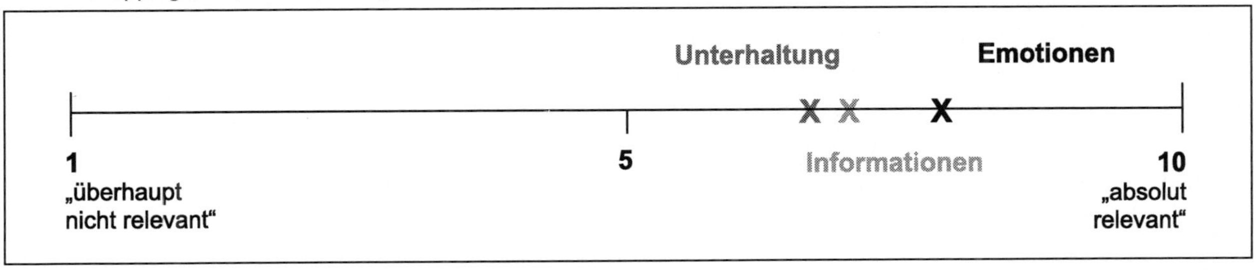

Werte= Mittelwerte: Emotionen: 8,5; Informationen: 7,65: Unterhaltung: 7,2 *n = 20*

Quelle: Eigene Erhebung

Aus Sicht der Experten können die Aspekte Emotionen, Informationen und Unterhaltung maßgeblich zum Erfolg des TV-Reiseshopping beitragen (vgl. Abb. 54). Trotz ihrer Relevanz werden diese drei wichtigen Faktoren allerdings in der Praxis der TV-Reiseshoppingsendungen nicht hinreichend berücksichtigt.

> *„Emotionalität ist sehr wichtig für den Reisevertrieb. Aber im Fernsehen wird keine Emotionalität ausgestrahlt, weil das Setting einfach schlecht ist."* (D. R.)

> *„Ich halte die Punkte für sehr wichtig, aber es wird nicht richtig umgesetzt. Es ist zu sehr gegen die Verkaufsinteressen."* (T. W.)

> *„Der Direktvertrieb und das TV-Shopping funktionieren immer nach den gleichen Maßstäben: Wenn man ein uninteressantes Produkt hat, kann man Emotionen, Unterhaltung und Informationen reinbringen, wie man will – aber das Produkt wird nie funktionieren. Der wichtigste Faktor beim TV-Shopping ist, dass man ein Produkt hat, welches unverwechselbar ist, welches einzigartig ist und welches zu einem Zeitpunkt angeboten wird, zu dem es möglichst keine Konkurrenz auf dem Markt gibt. Emotionen dann, wenn das Produkt passt. Das ist eigentlich die Abfolge."* (J. Vo.)

Deutlich wird, dass TV-Reiseshoppinganbieter vor allem an der Umsetzung der genannten potentiellen Erfolgsfaktoren arbeiten sollten. Es reicht nicht, sich darauf zu verlassen, dass durch Filme generell Emotionen vermittelt werden. Vielmehr sollten Emotionalität, Informationen und der Unterhaltungswert der Sendungen in Hinblick auf mehr Produktqualität und Glaubwürdigkeit aktiv gesteuert und verbessert werden. Außerdem wird erneut der Produktaspekt betont: Ohne ein unverwechselbares Produkt, dass ein direktes Interesse hervorruft, kann den aktuellen Nachfragetrends nicht entsprochen werden. Auch Pauschalreisen können zweifellos besondere Merkmale aufweisen, die sie von der Masse abheben – ihre Einzelleistungen oder Zusatzkomponenten müssen jedoch den Kundenwünschen entsprechen und individuelle statt standardisierte Strukturen aufweisen, um einen Buchungswunsch auszulösen.

TV-Reiseshopping als Buchungs- oder Informationsmedium

Die Kundenbefragung in Kap. 4.2 hat ergeben, dass TV-Reiseshopping insbesondere für Informationszwecke genutzt wird (Informationen sind offenbar tatsächlich ein wichtiger Erfolgsfaktor). Der Abschluss von Buchungen ist hingegen zweitrangig. Da geringe Buchungszahlen für TV-Reiseshoppinganbieter, deren primäres Ziel der Absatz von Reisen ist, ein großes Problem darstellen, wurden die Experten zum einen um eine Einschätzung der Ursachen für dieses Phänomen gebeten, zum anderen wurden sie nach Lösungsvorschlägen gefragt (vgl. Abb. 55).

Nach Meinung der Experten tragen im Prinzip alle aufgeführten Ursachen dazu bei, dass das Fernsehen in geringem Maße als Buchungsstelle genutzt wird. Am schwerwiegendsten wird jedoch der Grund beurteilt, dass die Bundesbürger zu wenig Erfahrung mit dieser Buchungsstelle haben. Im Zusammenhang mit der Frage nach Ursachen für ein schlechteres Image des TV-Reiseshoppings hatte eine Expertin (S. St.) bereits auf den geringen Bekanntheitsgrad hingewiesen.

Dieser niedrige Bekanntheitsgrad wirkt sich auch negativ auf das Buchungsverhalten aus. Wenn mehr Personen Erfahrungen mit TV-Reiseshopping als Vertriebsmedium sammeln und diese Erfahrungen im Verwandten-, Bekannten- und Kollegenkreis kommunizieren würden, hätte das mit großer Wahrscheinlichkeit positive Auswirkungen sowohl auf das Image als auch auf die Anzahl der Buchungen. So haben die Ergebnisse der Kunden- und Passantenbefragung bereits gezeigt, dass die Beurteilung des TV-Reiseshopping umso positiver ausfällt, desto mehr und bessere Erfahrungen Personen mit diesem Vertriebsweg gemacht haben (vgl. Kap. 4.4). Außerdem würde das Problem „look, not book" durch den höheren Bekanntheitsgrad entschärft.

Abb. 55: Gründe für die Hauptnutzung des TV-Reiseshopping als Informationsmedium

Frage: Was sind Ihrer Meinung nach Gründe dafür, dass das Fernsehen hauptsächlich als Informationsmedium, nicht jedoch als Buchungsstätte genutzt wird? (Skala von 1= „auf keinen Fall zutreffend" bis 10= „vollkommen zutreffend")

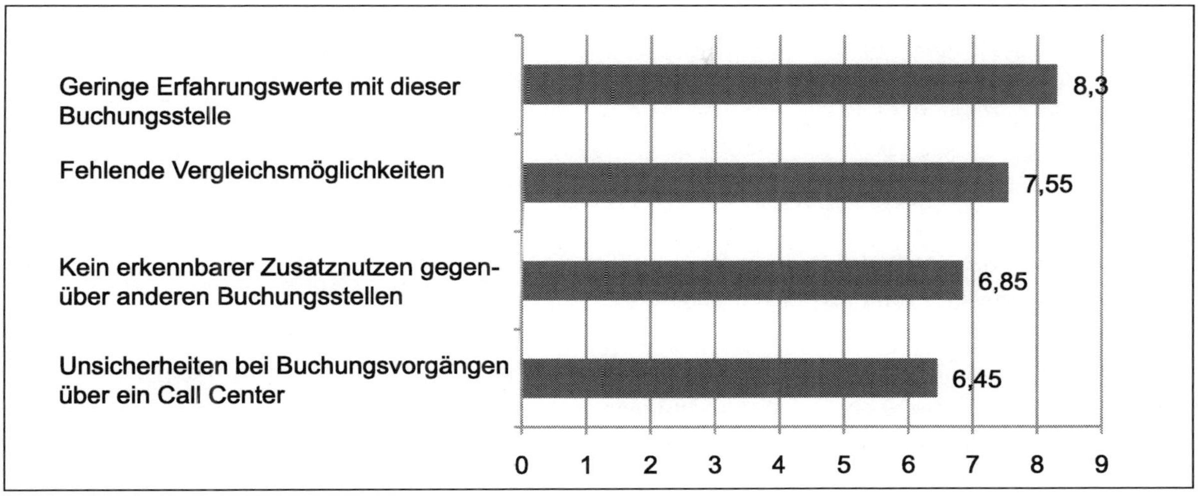

Werte= Mittelwerte *n = 20*

Quelle: Eigene Erhebung

Nach Expertenmeinung spielt allerdings auch die fortschreitende technische Entwicklung, in deren Zusammenhang das Internet mit dem bestehenden Vertriebsmodell kombiniert werden könnte, eine wichtige Rolle bei der Lösung des Problems, dass das Fernsehen vor allem für Informationszwecke genutzt wird (Frage: „Wie kann man diesem Phänomen Ihrer Meinung nach entgegenwirken?"). Durch das Zusammenwirken beider Medien würden dann auch die Interaktivität und das bedarfsgerechte Angebot von Produkten und Informationen erreicht.

„Der interaktive Aspekt und die technischen Möglichkeiten müssten verbessert werden, sodass Beiträge bedarfsgerechter konzipiert werden können." (A. S.)

„Interaktivität erhöhen, Gewinnspiele, direkte Rückkopplung, einen Dialog aufbauen, Integration von Telefonaten." (D. R.)

„Vielleicht werden sich da Möglichkeiten durch eine fortschreitende Digitalisierung ergeben – indem man TV und Internet kombiniert. Das Problem von TV-Reiseshopping ist doch, dass sich Personen vor der Buchung absprechen wollen. Ich glaube, da wird es außer der Unterstützung durch das Internet nicht viele Möglichkeiten geben." (G. C.)

„Die Buchungsabwicklung sollte auf das Internet beschränkt werden. Man müsste deutlich machen: Filme und Informationen im TV, buchen auf der Homepage. Nur so geht's." (G. L.)

„Ich glaube, das ist im Wesentlichen eine technische Geschichte. Es wurde ja schon sehr viel über das interaktive Fernsehen geredet. Wenn man dadurch die Möglichkeit bekommt, sich auch über das Fernsehen mit Personen auszutauschen – dann glaube ich, ist das auch auf der emotionalen Ebene eine sehr wichtige Sache für den TV-Vertrieb. Momentan habe ich die Anonymität eines Call-Centers oder einer Website und keinen konkreten Ansprechpartner, den ich mir vor Augen führen und dem ich auch Lob oder Kritik antragen kann – und das schreckt doch noch viele Kunden ab." (N. J.)

Ein Vorschlag der Experten ist also, einen so genannten Medienbruch[25] zu forcieren. So würde das Fernsehen die Rolle des Informations- und Werbemediums übernehmen, während das Internet und die Call-Center (und möglicherweise auch stationäre Reisebüros) die Vertriebsaufgaben erfüllen könnten.

---

[25] Medienbruch: Wenn bei der Übertragung von Informationen innerhalb der Übertragungskette ein Wechsel des Mediums erfolgt (vgl. www.wirtschaftslexikon.gabler.de/Definition/medienbruch.html, 03/2010).

„Ich glaube nicht, dass man über das Fernsehen an sich mehr Buchungen generieren kann. Dafür gibt es zu viele Barrieren. So lange der TV-Kanal jedoch die Aufgabe erfüllt, die Anregung zu optimieren, kann er einen wichtigen Beitrag leisten. Ich glaube nicht, dass die Aufmerksamkeitsphase und die Informations- und Buchungsphase zwingend über ein Medium, also über TV, laufen müssen. Die Verknüpfung verschiedener Medien bringt mehr Nutzen als der Versuch, alleine über dieses eine Medium zu vermarkten." (R. E.)

Andere Experten plädieren hingegen dafür, den Medienbruch zu vermeiden. Sie halten es für problematisch, dass die Kunden im Fall des TV-Reiseshopping nicht über das gleiche Medium buchen können:

„Das Problem ist: Ich gehe ins Reisebüro und buche im Reisebüro, ich gehe ins Internet und buche im Internet, ich schaue Fernsehen und buche am Telefon – ich kann also das, was ich gerade sehe, nicht zwangsläufig auch buchen – jedenfalls nicht über das gleiche Medium." (T. W.)

Abhilfe könnte hier jedoch die fortschreitende Digitalisierung schaffen, in deren Zusammenhang eine neuartige Medienintegration stattfinden kann. So lange keine Konvergenz zwischen Internet und Fernsehen besteht, sehen viele Experten die einzige Möglichkeit zur Verbesserung der Buchungszahlen von TV-Reiseshoppingunternehmen darin, das Internet unterstützend zum Fernsehvertrieb hinzuzuziehen.

Ein weiterer Ansatz der Experten zur Verbesserung der Buchungslage bezieht sich wiederum auf das im Fernsehen zu verkaufende Produkt:

„Man muss immer wieder so genannte Einstiegsdrogen produzieren, also ein Produkt, das so unvergleichbar und so billig ist, dass der Kunde das Gefühl hat, damit nichts verkehrt zu machen. Man muss ein Produkt schaffen, mit dem man alle Zweifler dazu kriegt zu sagen: Das ist super, das nehme ich einfach mit." (J. Vo.)

Dieser Ansatz zielt darauf ab, die Kunden durch ein besonderes Angebot vom Fernsehvertrieb bzw. dem jeweiligen Anbieter zu überzeugen, um die Hemmschwelle gegenüber TV-Reiseshopping zu verringern. Ist der Kunde dann mit seiner Buchung zufrieden, wird er diesen Vorgang eventuell wiederholen. Zu beachten ist jedoch, dass diese Art von Überzeugungsarbeit nicht von heute auf morgen vonstatten gehen kann. Wichtig ist in diesem Zusammenhang auch, Vertrauen zu schaffen (J. Vo.). Durch mehr Transparenz sowie mehr Informationen und Zusatzleistungen kann dem Kunden zudem vermittelt werden, dass er tatsächlich ein gutes Produkt zu einem fairen Preis-Leistungsverhältnis bekommt.

„Das Produkt muss sehr präzise beschrieben werden. Ich darf nicht nur eine Reise nach Mallorca anbieten, sondern muss diese exakt beschreiben." (M. S-R.)

Ein gutes Produkt, dessen Vorteile klar kommuniziert werden, ist also auch immer ein wichtiges Verkaufsargument. Gelingt es, dies mit den weiteren genannten Erfolgsfaktoren und Verbesserungsmaßnahmen stärker in das Verkaufskonzept der TV-Reiseshoppinganbieter zu integrieren, scheint zukünftig eine Imageverbesserung und eine Verbesserung der Buchungslage möglich zu sein.

Im Mittelpunkt des folgenden Kap. 5.3 steht die Einschätzung der künftigen Entwicklung des TV-Reiseshopping aus Sicht der Experten.

5.3 Prognosen zur Zukunft des TV-Reiseshopping

Ein zentrales Thema der vorliegenden Arbeit ist neben der Untersuchung der Eignung des TV-Reiseshopping auch die Einschätzung der Zukunft des Reisevertriebs im Fernsehen. Daher wurden die Experten auch gebeten, drei Zukunftsszenarien bezüglich ihrer Eintrittswahrscheinlichkeit zu bewerten (wobei sie nur eines der Szenarien wählen konnten).

- Szenario 1:
  In zehn Jahren wird Reiseshopping im Fernsehen in Deutschland nicht mehr existieren. Aufgrund von ineffektiven Kostenstrukturen, einer zu geringen Nachfrage und der Konkurrenz durch andere Vertriebswege

konnte sich kein Anbieter am Markt halten. Die meisten Reisen werden im Internet gebucht, das mittlerweile Reisevideos in Fernsehqualität zeigt.

- Szenario 2:
  In zehn Jahren boomt TV-Reiseshopping wie nie zu vor. Die Fernsehverbreitung ist fast flächendeckend digitalisiert, und Internet und Fernsehen sind zu einem flexiblen Medium verschmolzen. Buchungen über das Fernsehen sind keine Seltenheit mehr, das Image ist positiv, und Nachfrager werten diese Buchungsstätte als vollkommen alltäglich.

- Szenario 3:
  Auch in zehn Jahren wird es noch vereinzelt, ähnlich wie heute, TV-Reiseshoppingsender geben. Sie dienen jedoch hauptsächlich dem Zweck, den Vertrieb im Sinne einer Multi-Channel-Strategie zu unterstützen. Obgleich das Fernsehen noch immer das meistgenutzte Medium ist, konnte der Fernsehvertrieb von Reisen nicht zu den großen Konkurrenten „online" und „stationär" aufschließen.

Jedes der drei Szenarien beinhaltet eine andere Zukunftsprognose: Szenario 1 zeichnet ein besonders negatives Zukunftsbild, bei dem das TV-Reiseshopping in zehn Jahren nicht mehr existiert. Szenario 2 sagt TV-Reiseshopping hingegen eine positive Zukunft voraus – hier wird das Internet mit dem Medium Fernsehen kombiniert und das TV-Reiseshopping wird somit zum Vertriebsmedium Nummer Eins. Szenario 3 beschreibt ein moderates Bild, in dem die Zukunft ähnlich aussieht wie heute: Es gibt zwar weiterhin ein TV-Reiseshopping, das aber weder sehr erfolgreich noch besonders bekannt ist.

Abb. 56: Die Zukunft des TV-Reiseshopping aus Expertensicht

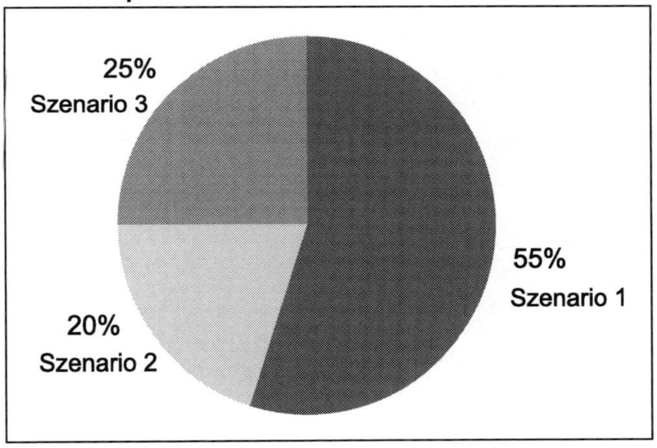

Quelle: Eigene Erhebung *n = 20*

Mit 55% hat sich die Mehrzahl der Experten für Szenario 1 entschieden; 25% waren hingegen der Auffassung, Szenario 3 gäbe die Zukunft des TV-Reiseshopping am treffendsten wieder. Nur 20% der Experten haben das zweite Szenario gewählt.

Als generelle Antwort auf die Frage, wie TV-Reiseshopping sich zukünftig wohl am ehesten entwickeln wird, kann also festgehalten werden, dass ein Großteil der Experten der Meinung ist, dass das TV-Reiseshopping in seiner heutigen Form in zehn Jahren nicht mehr existieren wird. Viele Experten begründeten ihre Wahl für Szenario 1 damit, dass sich ihrer Meinung nach zukünftig eher das Internet als Medium durchsetzen wird, nicht jedoch das Fernsehen. Sie sind außerdem der Auffassung, dass in zehn Jahren kaum ein Unterschied mehr zwischen Fernsehen und Internet besteht. Aus diesem Grund wird es auch das TV-Reiseshopping in der bisherigen Art nicht mehr geben, da sich die Kernkompetenz dieses Vertriebsweges, Reisen und Destinationen mit Hilfe von Filmen anschaulich darzustellen, komplett auf das Internet verlagern wird. Das Internet ist bereits heute in der Lage, bewegte Bilder darzustellen – wenn auch noch nicht in Fernsehqualität.

> *„Das Internet wird über kurz oder lang alle Vorteile von TV-Reiseshopping übernehmen."* (M. Sch.)

> *„Ich denke, dass es in zehn Jahren kein Fernsehen in dieser Form mehr gibt. Es wird alles im Web passieren, wobei es das Internet in der heutigen Form auch nicht mehr geben wird. Ob TV oder Internet: es wird alles ineinander überfließen."* (M. G.)

> *„Das Fernsehen wird sich ans Internet anschließen, nicht umgekehrt."* (W. K.)

Somit sehen die Experten vor allem in der fortschreitenden technischen Entwicklung eine Ursache für die Umstrukturierung des TV-Reiseshoppingmarktes.

„Ich vermute, dass sich in Zukunft der Computer durchsetzen wird, nicht das Fernsehen. Als unterstützende Funktion, im Bereich von qualitativ hochwertigem Kontext, kann ich mir TV-Reiseshopping aber durchaus vorstellen. Jedes Medium sollte generell in dem Bereich genutzt werden, wo seine Stärken liegen. Das Internet hat die Interaktionsfähigkeit, das Fernsehen die Emotionalität." (R. E.)

In Zukunft wird es also zu einer Synthese der beiden Vertriebskanäle Internet und Fernsehen kommen, bei der die Vorteile beider Medien miteinander verknüpft werden.

Fazit: Prinzipiell halten viele der Experten das TV-Reiseshopping für einen geeigneten touristischen Vertriebsweg. Dabei heben sie vor allem die guten Möglichkeiten zur emotionalen und audiovisuellen Reisebeschreibung positiv hervor, die das Fernsehen bietet.

In der Praxis werden jedoch deutliche Einschränkungen hinsichtlich der Eignung des TV-Reiseshopping als Vertriebsmedium gemacht. Das negative Image, eine unzureichende Digitalisierung der Fernsehübertragungswege sowie die Finanzierungsprobleme wurden unter anderem als zentrale Faktoren genannt, die eine Eignung ungünstig beeinflussen. Außerdem ist die Produktauswahl zu einseitig. Sie entspricht nicht den aktuellen Nachfragetrends und ist Ausdruck einer fordistisch geprägten Produktionsweise in einem mittlerweile differenzierten und spezialisierten Markt. Vor diesem Hintergrund ist es verständlich, dass auch die Prognosen über die zukünftige Entwicklung von TV-Reiseshopping gegenwärtig eher negativ ausfallen.

Das folgende Kap. 6 fasst die wichtigsten Ergebnisse der Arbeit noch einmal zusammen. Besonders aus den Ergebnissen der drei empirischen Untersuchungen können zudem Handlungsoptionen abgeleitet werden. In einem Ausblick wird noch einmal auf die Zukunft des TV-Reiseshopping eingegangen, bevor ein abschließendes Fazit die Kernaussage der vorliegenden Arbeit wiedergibt.

6 Eignung und Zukunft des TV-Reiseshopping – Ausblick und Fazit

Zentrale Ziele dieser Arbeit waren es, die Eignung des TV-Reiseshopping für den touristischen Vertrieb und die zukünftigen Marktchancen dieses Vertriebskanals zu untersuchen sowie Handlungsperspektiven für TV-Reiseshoppinganbieter abzuleiten.

Die Beschreibung sozioökonomischer und technologischer Entwicklungen sowie Vergleiche mit den Vertriebswegen „stationär" und „online" dienten dazu, zunächst die gegenwärtige Bedeutung des TV-Reiseshopping innerhalb des touristischen Vertriebs zu bestimmen und deren Ursachen zu beleuchten.

Angesichts einer generell unbefriedigenden Forschungslage wurden – neben einer Darstellung und Analyse der Fachliteratur – drei eigene empirische Untersuchungen durchgeführt, um über aktuelle Daten verfügen zu können; dabei standen folgende Gesichtspunkte im Mittelpunkt:

- die Anreize und Hinderungsgründe für das TV-Reiseshopping,
- die Nutzung des Fernsehens als Buchungsstelle,
- die Beurteilung im Vergleich zu anderen touristischen Vertriebswegen (aus Sicht der Bevölkerung, der Kunden sowie ausgewählter Experten),
- die Zukunft dieses Vertriebskanals.

Vor dem Hintergrund eines gesellschaftlichen, ökonomischen und technologischen Wandels haben sich die Strukturen des touristischen Vertriebs geändert. Die gestiegene Nachfrage nach individualisierten Angeboten, eine zunehmende Preissensibilität bei gleichzeitig hoher Qualitätsorientierung, neue technische Möglichkeiten und eine wachsende Zahl von Anbietern haben dazu geführt, dass der traditionelle Vertriebsweg des stationären Reisebüros starke Konkurrenz erfahren hat. Besonders hervorzuheben ist hier das Internet.

Das Internet bietet (ohne dass ein Medienbruch erforderlich ist) in einem postmodernen Reisemarkt einen bislang unerreichten Grad an Buchungsflexibilität – also eine Fülle von Individualisierungsmöglichkeiten bei der persönlichen Zusammenstellung eines Reiseprodukts durch den Verbraucher. Damit trägt es den veränderten Nachfragestrukturen des Reisemarktes Rechnung: Individualität, Interaktivität, Multimedialität, Informationsbeschaffung und Zeitersparnis. Aufgrund dieser Möglichkeiten hat das Internet auch andere Vertriebsformen zu wettbewerblichen Anpassungsmaßnahmen gezwungen bzw. stellt sie weiterhin vor entsprechende Anforderungen.

Im Verlauf der touristischen Entwicklung konnte sich bislang die fordistisch geprägte Pauschalreise – wenn auch mit sinkenden Anteilen – auf dem Markt der Veranstalterreisen als häufig nachgefragte Reiseform behaupten. Diese Produkte lassen sich auf allen Vertriebskanälen am leichtesten vermarkten. Allerdings ist die Tendenz zur Individualisierung und Flexibilisierung des Reisemarktes im Zuge neuer Kundenbedürfnisse und damit abnehmender Nachfrage nach fordistischen Produkten unübersehbar („Dynamic Packaging").

Für das TV-Reiseshopping stellt sich die Frage, ob es in diesem sich rasch verändernden Markt überhaupt eine Perspektive hat. Der zunächst prognostizierte Erfolg des Vertriebswegs ist jedenfalls nicht eingetreten, obwohl dem Fernsehen grundsätzlich eine hervorragende Eignung zur Darstellung von Reisen und einzelnen Reiseleistungen zugestanden wird. Besonders die eigenen Passanten-, Kunden- und Expertenbefragungen haben jedoch vielfältige Gründe dafür aufgezeigt, warum der Reisevertrieb über das Fernsehen als wenig aussichtsreich erscheint.

Ein Teil dieser Gründe ist in einem negativen Image sowie in einer schlechteren Qualität der Sendungen zu finden. Diese Qualitätsmängel, deren Beseitigung Kosten verursachen wird, sind durch absatzpolitische Maßnahmen und ergänzende Finanzierungsmöglichkeiten durchaus zu beheben und könnten zu Imageverbesserung und höherer Nachfrage führen. Weitere Wege zur Imageverbesserung sind die Steigerung des Bekanntheitsgrades und der Erfahrungswerte, die Erhöhung der Glaubwürdigkeit sowie die Verbesserung des Werbeumfelds.

Andere Gründe sind technischer und administrativer Natur: Der geringe Digitalisierungsgrad im deutschen Fernsehnetz sowie einschränkende Bestimmungen (Beschränkungen für Dauerwerbesendungen etc.) erschweren bislang den Marktauftritt von Spartensendern, die zum Geschäftsfeld des T-Commerce gehören.

Die größte Schwierigkeit für einen erfolgreichen TV-Reisevertrieb ist jedoch struktureller Art: Beim Fernsehen handelt es sich nicht um ein interaktives Medium. Eine eingeschränkte Interaktivität kann nur durch einen Medienbruch – über ein Call-Center – erreicht werden. Insofern besteht hier eine hybride[26] Vertriebsstruktur, bei der teilweise auch noch das Internet als ergänzende Plattform verwendet wird.

Um den Fernsehvertrieb durch andere Medien zu unterstützen, bietet sich momentan am ehesten eine Multi-Channel-Strategie an. Dass dieses Vertriebsmodell erfolgreich sein kann, beweist der Sender SONNENKLAR TV. Er setzt nicht nur auf die Ergänzung des Fernsehvertriebs durch Call-Center und Internet, sondern unterhält auch stationäre Reisebüros: Anfang des Jahres 2011 zählte das Franchisesystem von SONNENKLAR 70 Agenturen – bis Ende 2013 sollen es bereits 250 sein (vgl. FVW 2011, S. 157). Allerdings ist SONNENKLAR TV der einzige erfolgreiche Anbieter auf dem Markt.

Mit einer Multi-Channel-Strategie wird aber das generelle Problem des TV-Reiseshopping allerdings nicht gelöst, denn über diesen Vertriebskanal können nur standardisierte Produkte präsentiert und verkauft werden, auf deren Gestaltung die Kunden keinerlei Einfluss haben. Angesichts der geringen Möglichkeiten von Flexibilität und Individualisierung wird sich das TV-Reiseshopping im postfordistischen Markt nicht behaupten können – speziell nicht im harten Wettbewerb mit dem boomenden Internet.

Als fordistisches Relikt der Tourismusbranche kann das TV-Reiseshopping allenfalls eine Marktnische besetzen – durch den Absatz klassischer, preisgünstiger Pauschalreisen; angesichts der hohen Betriebskosten und der niedrigen Provisionen für Reisemittler erweist sich ein erfolgreicher Marktauftritt allerdings als schwierig.

Eine Perspektive für die Lösung des Problems bietet sich mit der Möglichkeit, IPTV als technischen Standard einzuführen. Gegenwärtig ist noch nicht abzusehen, wann diese Technik in breiter Form zum Einsatz kommt. In jedem Fall wird sie aber die Chance bieten, dass Internet und Fernsehen zu einem neuen Medium verschmelzen (damit würde es allerdings das TV-Reiseshopping in seiner bisherigen Form nicht mehr geben).

Herausforderungen, Handlungsperspektiven und zukünftige Forschungsbereiche

Aus den identifizierten Problembereichen des TV-Reiseshopping ergeben sich sowohl verschiedene Herausforderungen für das TV-Reiseshopping als auch Handlungsperspektiven für unterschiedliche Akteure und Anspruchsgruppen innerhalb der Tourismuswirtschaft. Außerdem werden zukünftige Forschungsbereiche deutlich.

Als Herausforderungen für die Zukunft des TV-Reiseshopping sind insbesondere folgende Aspekte zu nennen:

- *Image:* Eine Imageverbesserung ist nur mit erheblichem Aufwand zu erreichen. Aus diesem Grund wäre in Betracht zu ziehen, eine Neupositionierung anstelle einer Imagekorrektur anzustreben. Unter der Prämisse, die Vorteile des TV-Reiseshopping auf das Internet zu übertragen und beide Medien in einem neuen Sendeformat zu kombinieren, könnte auch ein positiver Imagetransfer – mit Hilfe des Internets – erreicht werden.

- *Digitalisierung:* Bei der Digitalisierung besteht die Herausforderung vor allem darin, weitere Entwicklungsmöglichkeiten dieser Technik rechtzeitig zu erkennen und zu nutzen. TV-Reiseshoppinganbieter sollten es nicht versäumen, attraktive digitale Sendeplätze im Vorfeld zu reservieren und Finanzierungsmodelle für die sich bereits abzeichnenden neuen Strukturen der Fernsehlandschaft zu entwerfen.

- *Nachfrage:* Die Nachfrage nach TV-Reiseshoppingsendungen und -produkten blieb in der Vergangenheit in Deutschland aus vielerlei Gründen hinter den Erwartungen zurück. Als besonders ausschlaggebend hierfür erwies sich jedoch das negative Image. Auch um die Nachfragestruktur zu verbessern, muss also eine Neuausrichtung des Images angestrebt werden – eine Herausforderung, die neben den genannten Möglichkeiten auch mit Hilfe massiver Werbung bewältigt werden könnte. Selbst wenn Werbemaßnahmen kurzfristig finanziell belasten, sind sie langfristig unverzichtbar, um die Nachfrage zu steigern.

[26] hybridia (hibridia): Mischling, von zweierlei Abkunft (vgl. MENGE/GÜTHLING 1963, S. 340)

- *Produkte:* Eine weitere Herausforderung des TV-Reiseshopping ist es, die angebotenen Produkte den veränderten Nachfragestrukturen anzupassen. Zu diesem Zweck bietet sich ebenfalls eine Zusammenarbeit mit dem Internet an, mit dessen Hilfe die stark standardisierten Angebote flexibler gestaltet werden können (z. B. Informationen im Fernsehen einholen, Buchungen im Internet tätigen; vgl. Kap. 5). Im Rahmen einer technischen Weiterentwicklung und einer Medienkonvergenz wäre auf diese Weise eventuell auch ein Dynamic Packaging für TV-Reiseshopping möglich. Außerdem haben TV-Reiseshoppinganbieter die Möglichkeit, den Anteil von Livesendungen zu erhöhen. Auf diese Weise kann ein Medienbruch vermieden und dennoch flexibler auf die Produkt- und Buchungswünsche der Kunden reagiert werden, da weniger nachgefragte Reisen bei Livesendungen schneller aus dem Programm entfernt und gut gebuchte Produkte entsprechend länger beworben werden können (vgl. FVW 2011, S. 158).

Die Ausführungen zu zentralen Herausforderungen für die Zukunft des TV-Reiseshopping machen deutlich, dass es nicht genügen wird, einzelne Verbesserungen vorzunehmen – denn alle Problembereiche bedingen sich gegenseitig und sind nicht isoliert voneinander zu betrachten. Als Beispiel kann die Digitalisierung dienen: Sollte es zu einer verstärkten Digitalisierung kommen, kann dies zu einer Steigerung der Nachfrage führen. Die Nachfrage wird jedoch nicht steigen, wenn das Image nach wie vor schlecht ist und die Produkte nicht der Nachfrage entsprechen etc. Wichtig ist dementsprechend eine Verbesserung aller als problematisch identifizierten Bereiche, wobei die technische Entwicklung sicherlich eine zentrale Rolle spielt.

Aus den Ergebnissen der vorliegenden Arbeit lassen sich außerdem konkrete Handlungsperspektiven auf drei Ebenen ableiten:

1. *Politische Ebene/Verbandsebene:* Um TV-Reiseshopping als konkurrenzfähigen Vertriebsweg in Deutschland zu etablieren, wäre es wichtig, administrative Beschränkungen zu lockern bzw. auf lange Sicht abzubauen. Diese Forderung richtet sich an die politische Ebene der Tourismuswirtschaft und deren Verbände. Zusätzlich könnten auf diesen Ebenen Lobbyarbeit betrieben und Imagekampagnen entworfen werden, um TV-Reiseshopping sowohl bekannter als auch beliebter zu machen.

2. *Anbieterebene:* Für die Anbieterseite des TV-Reiseshopping ergeben sich konkrete Handlungsperspektiven vor allem aus den Stärken und Schwächen, welche in den vorherigen Kapiteln identifiziert wurden. Insbesondere bei der täglichen Arbeit oder beim Aufbau neuer Sender sollte auf die Besonderheiten des TV-Reiseshopping Rücksicht genommen werden: Ressourcen wie die Emotionalität müssen demnach stärker dafür genutzt werden, Schwächen wie die fehlende Flexibilität auszugleichen.

3. *Kundenebene:* In Richtung der (potenziellen) Kunden ist es vor allem relevant, vertrauensbildende Maßnahmen vorzunehmen und zu kommunizieren. Zu diesem Zweck bietet es sich an, auch für den TV-Reiseshoppingmarkt Marketinginstrumente aus dem Social Media-Bereich zu nutzen: Bewertungsplattformen, Communities und Erfahrungsberichte anderer Kunden können TV-Reiseshopping zum einen bekannter machen, zum anderen wirken die Meinungen anderer Kunden – auch im Sinne einer persönlicheren Informationsübermittlung – auf zukünftiger Nachfrager oftmals überzeugender als die Behauptungen von Mitarbeitern oder Experten.

Zusätzlich zu diesen Handlungsmöglichkeiten lassen sich aus den Ergebnissen der vorliegenden Arbeit auch zukünftige Forschungsbereiche identifizieren:

- Zum einen muss die Eignung des TV-Reiseshopping als Vertriebsweg vor dem Hintergrund der technologischen Entwicklung in einigen Jahren erneut untersucht werden. In diesem Zusammenhang sind auch die Prognosen zu überprüfen, die im Rahmen dieser Arbeit formuliert worden sind.

- Eine weitere Forschungsaufgabe besteht in der Durchführung internationaler Untersuchungen, in denen die Ursachen für die unterschiedliche Popularität und Akzeptanz des TV-Reiseshopping in Ländern wie den USA, Großbritannien und Deutschland vergleichend analysiert werden. In diesem Zusammenhang würde es sich zum einen anbieten, Untersuchungen bezüglich der technischen Ausstattung in verschiedenen Ländern durchzuführen. Zum anderen wäre es sicherlich interessant zu erfahren, inwiefern unterschiedliche gesellschaftliche Gegebenheiten und Präferenzen das Image andernorts begünstigen sowie das Buchungsverhalten und die Produktauswahl beeinflussen.

Fazit: *Beim TV-Reiseshopping handelt es sich um den typischen Vertriebsweg einer ehemals fordistisch strukturierten Branche, wobei klassische Pauschalreisen die charakteristischen Produkte darstellen. Angesichts der zunehmenden Individualisierung der Nachfrage in einem Reisemarkt der Postmoderne und der wachsenden Konkurrenz durch das Internet stehen die Anbieter des TV-Reiseshopping vor der Herausforderung, zukünftig flexiblere Buchungsmöglichkeiten und Produkte für ihre Kunden zu entwickeln und zu versuchen, die bestehende hybride Vertriebsstruktur weitestgehend auszugleichen.*

Literaturverzeichnis

ADAC Verlag (2009): ADAC-Reisemonitor: Trendforschung im Tourismusmarkt. Eine ADAC-Verlag-Studie, München

ADM (Arbeitskreis Deutscher Markt- und Sozialforschungsinstitute e. V.) u. a. (2001): Standards zur Qualitätssicherung für Online-Befragungen, Ausgabe Mai 2001

AGOF (Arbeitsgemeinschaft Online Forschung) (Hrsg.; 2009): Internet facts 2009-I, Frankfurt am Main

AGOF (Arbeitsgemeinschaft Online Forschung) (Hrsg.; 2008a): Internet facts 2008-III, Frankfurt am Main

AGOF (Arbeitsgemeinschaft Online Forschung) (Hrsg.; 2008b): Internet facts 2007-IV, Frankfurt am Main

AGOF (Arbeitsgemeinschaft Online Forschung) (Hrsg.; 2008c): Sonderauswertung Reise und Touristik zur Internet facts 2007-IV, Frankfurt am Main

AGOF (Arbeitsgemeinschaft Online Forschung) (Hrsg.; 2006): Sonderauswertung Reise und Touristik zur Internet facts 2005-III, Frankfurt am Main

ALM (Arbeitsgemeinschaft der Landesmedienanstalten in der Bundesrepublik Deutschland)/GSDZ (Gemeinsame Stelle Digitaler Zugang) (Hrsg.; 2008): Digitalisierungsbericht 2008. Daten und Fakten, http://www.alm.de/126.html (Stand 03/2010)

ALM (Arbeitsgemeinschaft der Landesmedienanstalten in der Bundesrepublik Deutschland)/ZAK (Kommission für Zulassung und Aufsicht der Landesmedienanstalten) (Hrsg.; 2009): Digitalisierungsbericht 2009: Daten und Fakten, http://www.alm.de/126.html (Stand 03/2010)

Andres, M-S. (2003): Verkaufsprogramm. – In: brandeins Online, 06/2003, www.brandeins.de/archiv/magazin/die-kunst-der-beziehung/artikel/verkaufsprogramm.html (Stand 05/2009)

ARD/ZDF Medienkommission (Hrsg.; 2009): Ergebnisse der ARD/ZDF-Onlinestudien von 1997 bis 2009, www.ard-zdf-onlinestudie.de (Stand 04/2009)

Armbruster Reif, K. (2005): E-Commerce in Multikanalunternehmen. Eine ökonomische Analyse von Hybridstrategien im Business-to-Consumer-Bereich, Frankfurt am Main (Informationsmanagement und strategische Unternehmensführung; 8)

Aschenbeck, A. (2008): Online schauen, im Reisebüro buchen. – In: FVW (Fremdenverkehrswirtschaft International), 19/2008, S. 52-53

Baecker, D. (2007): Die Zukunft der Form. Vortrag auf dem 2. Symposium für angewandte Kulturreflexion „Zukunftsmusik: Was bleibt vom Hype?“, Witten/Herdecke

Bänsch, A. (1996): Käuferverhalten, 7., vollständig überarbeitete und erweiterte Auflage, München/Wien, S. 1-179 und S. 225-247

Bentele, G. (1992): Images und Medien-Images. – In: Faulstich, W. (Hrsg.): Image – Imageanalyse – Imagegestaltung. 2. Lüneburger Kolloquium zur Medienwissenschaft, Bardowick, S. 152-173

Bieger, T. (2006): Tourismuslehre – ein Grundriss, 2. überarbeitete Auflage, Bern/Stuttgart/Wien

Bierle, A./Meyer, N. (1999): TV-Reisemagazine im Test. – In: Hörzu, 7/o. Jg., S. 8-10

Born, K. E. (1963): Von der Reichsgründung bis zum ersten Weltkrieg. – In: Grundmann, H. (Hrsg.): Bruno Gebhardt: Handbuch der Deutschen Geschichte. Band 3: Von der Französischen Revolution bis zum ersten Weltkrieg, 8., neu bearbeitete Auflage 1960, verbesserter Nachdruck 1963, Stuttgart, S. 194-314

Braun, O. L./Lohmann, M. (1989): Die Reiseentscheidung, Starnberg

Breidenbach, R. (2002): Freizeitwirtschaft und Tourismus, Wiesbaden, S. 214-216

Brettschneider, F./Stark, S. (2006): Palmen und Strand aus dem Fernsehen: Die Zukunft des TV-Reiseshoppings in Deutschland. – In: Günther, A./ Hopfinger, H./Kagelmann, H.J./ Kiefl, W. (Hrsg.): Tourismusforschung in Bayern. Aktuelle sozialwissenschaftliche Beiträge, München, S. 400-405

Brockhaus (2002): Die Enzyklopädie in fünfzehn Bänden, 2., durchgesehene und aktualisierte Auflage, Leipzig/Mannheim (4/EIS-FRA)

Brockhaus (2002): Die Enzyklopädie in fünfzehn Bänden, 2., durchgesehene und aktualisierte Auflage, Leipzig/Mannheim (14/TAN-VIR)

Bücken, R. (2008): Internet, Fernsehen und Handy kommen zusammen. – In: Frankfurter Allgemeine Zeitung, 07.10.2008, S. T2

Dach, C. (2002): Internet Shopping versus stationärer Handel: Zum Einkaufsstättenwahlverhalten von Online-Shoppern, Stuttgart (Schriften zur Handelsforschung; 98)

Demm, S. (2006): Doppelt verkauft besser. – In: Travel Talk, 21/2006, Hamburg, S. 4-5

DETTMER, H. u. a. (1999): Tourismus-Marketing Management, München

DRV (Deutscher ReiseVerband) (Hrsg.; 2008): Fakten und Zahlen zum deutschen Reisemarkt, Berlin

DRV (Deutscher ReiseVerband) (Hrsg.; 2007): Fakten und Zahlen zum deutschen Reisemarkt, Berlin

DRV (Deutscher ReiseVerband) (Hrsg.; 2004): Fakten und Zahlen zum deutschen Reisemarkt, Berlin

DEINLEIN, J. (2003): Tragfähigkeit von Geschäftsmodellen der New Economy. Das Beispiel elektronischer B-to-B-Märkte, Wiesbaden (Schriftenreihe der European Business School; 47)

DONNER, R./ROSSMANN, D. (Hrsg.; 2006): ULYSSES Web-Tourismus 2006: Erfolg im Tourismus durch das Internet, München

DÖRING, T./SPEYER, P. (2006): Forschungsfall: Zukunftsperspektiven für Reisebüros am Fallbeispiel Deutschland – Szenarienstudie. – In: BIEGER, T: Tourismuslehre – ein Grundriss, 2., überarbeitete Auflage, Bern/Stuttgart/Wien, S. 207-211

ECHTERMEYER, M. (1998): Elektronisches Tourismus-Marketing. Globale CRS-Netze und neue Informationstechnologien, Berlin/New York

EGGER, R. (2005): Grundlagen des eTourism. Informations- und Kommunikationstechnologien im Tourismus, Aachen

EICHHORN, W. (2008): Agenda-Setting. – In: HACHTMEISTER, L. (Hrsg.): Grundlagen der Medienpolitik, München

VAN EIMEREN, B./FREES, B. (2009): Der Internetnutzer 2009 – multimedial und total vernetzt? Ergebnisse der ARD/ZDF-Onlinestudie 2009. – In: Media Perspektiven (Hrsg.), 7/2009, http://www.media-perspektiven.de/4586.html (Stand 03/2010)

F. U. R. (Forschungsgemeinschaft Urlaub und Reisen) (Hrsg.; 2010): Die Reiseanalyse 2010. Erste Ergebnisse, Berlin ITB 2010

F. U. R. (Forschungsgemeinschaft Urlaub und Reisen) (2009a): F. U. R. Newsletter September 2009: Das Internet auf dem Weg zur wichtigsten Urlaubs-Informationsquelle, http://www.fur.de/index.php?id=newsletter_informationsquelle0 (Stand 03/2010)

F. U. R. (Forschungsgemeinschaft Urlaub und Reisen) (Hrsg.; 2009b): Die Reiseanalyse 2009. Erste Ergebnisse, Berlin ITB 2009

F. U. R. (Forschungsgemeinschaft Urlaub und Reisen) (Hrsg.; 2009c): Die Urlaubsreisen der Deutschen. Kurzfassung der Reiseanalyse 2009, Kiel

F. U. R. (Forschungsgemeinschaft Urlaub und Reisen) (Hrsg.; 2006): Informationsquellen und Internetnutzung bei Urlaubsreisen, Kiel

FREYER, W. (2009): Tourismus-Marketing: Marktorientiertes Management im Mikro- und Makrobereich der Tourismuswirtschaft, 6., überarbeitete und ergänzte Auflage, München/Wien

FREYER, W. (2004): Tourismus-Marketing: Marktorientiertes Management im Mikro- und Makrobereich der Tourismuswirtschaft, 4., überarbeitete Auflage, München/Wien

FREYER, W. (2001): Tourismus: Einführung in die Fremdenverkehrsökonomie, 7., überarbeitete und aktualisierte Auflage, München/Wien

FREYER, W./POMPL, W. (Hrsg.; 1999): Reisebüro-Management, München/Wien

FRIESE, U. (2009): Reise ins Ungewisse. – In: Frankfurter Allgemeine Zeitung, 06.11.2009, S. 21

FRITZ, W. (2000): Internet-Marketing und Electronic Commerce. Grundlagen – Rahmenbedingungen – Instrumente, Wiesbaden

FUCHS, G. (2006): Reisemarkt im Internet: Höhenflug durch Kundenorientierung. – In: Wirtschaft Digital, 1/2006, Hochheim, S. 8-11

FVW (Fremdenverkehrswirtschaft) (2009): FVW Dossier. Ketten und Kooperationen, Beilage zu 12/09

GOLDHAMMER, K. (2009): Erholung für Fernsehen und Radio erst 2011? http://www.goldmedia.com/blog/2009/12/erholung-fur-radio-und-fernsehen-erst-2011 (Stand 02/2010)

GOLDHAMMER, K./LESSIG, M. (2005): Teleshopping in Deutschland, Berlin

GOLDHAMMER, K./SCHMID, M./ STOCKBRÜGGER, C. (2007): Zukunft der TV-Übertragung, Berlin

GOLDMEDIA GmbH (Hrsg.; 2008): Pressemitteilung zum Thema „Teleshopping in Europa wächst bis 2012 um mehr als 50 Prozent", 20.11.2008

GOLDMEDIA GmbH (Hrsg.; 2005): Pressemitteilung zum Thema „TV-Sender generieren immer mehr Umsätze außerhalb des traditionellen Werbegeschäfts", 04.01.2005

GOLDMEDIA GmbH/HSE 24 (Hrsg.; 2005): Pressemitteilung zum Thema „Teleshopping: Wachsende Akzeptanz, zunehmende Vielfalt, steigende Umsätze", 27.11.2005

GRIMM, S./RÖHRICHT, J. (2003): Die Multichannel Company, Bonn

GRUNINGER-HERMANN, C. (1999): Teleshopping: Absatz- und Programmplanung eines TV-Shoppingsenders, Stuttgart (Schriften zur Handelsforschung; 94)

HACHTMANN, R. (2007): Tourismus-Geschichte, Göttingen

HAEDRICH, G. (1998): Kommunikationspolitik. – In: HAEDRICH, G. u. a. (Hrsg.): Tourismus-Management. Tourismus-Marketing und Fremdenverkehrsplanung, 3., völlig neu bearbeitete und wesentlich erweiterte Auflage, Berlin/New York, S. 279-286

HALLERBACH, B. (2004): Marktsegmentierung und der Trend zum hybriden Urlauber. – In: BECKER, C./HOPFINGER, H./STEINECKE, A. (Hrsg.): Geographie der Freizeit und des Tourismus: Bilanz und Ausblick, 2. Auflage, München, S. 171-180

HEINE, G. (1998): Reiseveranstalter – Funktion im Tourismusmarkt. – In: HAEDRICH, G. u. a. (Hrsg.): Tourismus-Management: Tourismus-Marketing und Fremdenverkehrsplanung, 3., völlig neu bearbeitete und wesentlich erweiterte Auflage, Berlin/New York, S. 615-628

HEINRICH, J. (2001): Medienökonomie. Band 1: Mediensystem, Zeitung, Zeitschrift, Anzeigenblatt, 2., überarbeitete und aktualisierte Auflage, Opladen/Wiesbaden

HEINRICH, J. (1999): Medienökonomie. Band 2: Hörfunk und Fernsehen, Opladen/Wiesbaden

HEINRITZ, G./KLEIN, E./POPP, M. (2003): Geographische Handelsforschung, Berlin/Stuttgart, S. 123-166 (Studienbücher der Geographie)

HELLER, M. (1996): Dienstleistungsqualität in der touristischen Reisevermittlung: Ein Leitfaden zur Verbesserung der Wettbewerbsfähigkeit kleiner und mittlerer Reisebüros, Bern/Stuttgart/ Wien (St. Galler Beiträge zum Tourismus und zur Verkehrswirtschaft; Reihe Tourismus; 31)

HIRCHE, T./MARBACH, J. (2004): Erfolgreicher Vertrieb über Multi-Channel: Wie sieht eine moderne Vertriebsphilosophie aus? – In: BASTIAN, H./BORN, K. (Hrsg.): Der integrierte Touristik-Konzern. Strategien, Erfolgsfaktoren und Aufgaben, München/Wien, S. 461-473

HOLFELDER, C. (2004): Corporate Identity Management. Aufbau einer ganzheitlichen Unternehmensidentität, Norderstedt, S. 19-21

HOLLOWAY, J. C. (1998): The Business of Tourism, Fifth Edition, New York

HSE 24 (Hrsg.; 2005): Pressemitteilung zum Thema „Teleshopping – Umsatz statt Quote", 27.10.2005 (www.presseportal.de/meldung/742129)

HUNZIKER, P. (1982): Wirkungen und Nutzen. – In: Kagelmann, H. J./Wenninger, G. (Hrsg.): Medienpsychologie. Ein Handbuch in Schlüsselbegriffen, München/Wien/Baltimore, S. 247-252

HÜNING, C./MORATH, J. (2003): T-Commerce und iTV – Multi-Channel-Commerce als Chance. – In: KEUPER, F. (Hrsg.): E-Business, M-Business und T-Business. Digitale Erlebniswelten aus Sicht von Consulting-Unternehmen, Wiesbaden, S. 171-199

JACOB, R./EIRMBTER, W. H. (2000): Allgemeine Bevölkerungsumfragen. Einführung in die Methoden der Umfrageforschung mit Hilfen zur Erstellung von Fragebögen, München/Wien, S. 74-278

JUNGHÄNEL, S./PRECHT, B. (2001): Veranstalter wollen die Wohnzimmer erobern. – In: FVW (Fremdenverkehrswirtschaft International), 05/2001, S. 50-57

JÜRS, M. (2011): Aktionsware Reisen. – In: FVW (Fremdenverkehrswirtschaft International), 03/2011, S. 154 158

KARABDIC, Z. (2002): Individuum, Tourismus und Internet in der entwickelten Industriegesellschaft – eine theoretische Studie mit empirischer Untersuchung. Dissertation, Universität Osnabrück

KARSTENS, E./SCHÜTTE, J. (2005): Praxishandbuch Fernsehen. Wie TV-Sender arbeiten, Wiesbaden

KEK (Kommission zur Ermittlung der Konzentration im Medienbereich) (2009): Programmliste 2009 (www.alm.de/fileadmin/ProgrammlisteKEK/Programmliste_2009.pdf, Stand 03/ 2010)

KLEIN, P. (1998): Strukturwandel im Tourismus. Eine betriebswirtschaftliche Analyse unter besonderer Berücksichtigung der Einflüsse der neuen Informations- und Kommunikationstechnologien, Dissertation, Universität-Gesamthochschule Siegen

KLODT, H. u. a. (2003): Die neue Ökonomie: Erscheinungsformen, Ursachen und Auswirkungen, Berlin/ Heidelberg/New York

KLOSS, I. (2007): Werbung. Handbuch für Studium und Praxis, 4., vollständig überarbeitete Auflage, München

KLOUBERT, T./PICHLER, S. (2004): Expansion und Integration – Erfolgsrezepte eines internationalen Touristik-Konzerns. – In: BASTIAN, H./BORN, K. (Hrsg.): Der integrierte Touristik-Konzern. Strategien, Erfolgsfaktoren und Aufgaben, München/Wien, S. 69-80

KOCH-GOMBERT, D. (2005): Fernsehformate und Formatfernsehen. TV-Angebotsentwicklung in Deutschland zwischen Programmgeschichte und Marketingstrategie, München, S. 89-107

KOLLAND, F. (2006): Tourismus im gesellschaftlichen Wandel. Entwicklungslinien und Erklärungsversuche. – In: SWS-Rundschau (46. Jg.), 3/2006, Wien, S. 245 – 270

KÖNIG, W. (2000): Geschichte der Konsumgesellschaft, Stuttgart, S. 265-333

KÖSTLIN, K. (1995): Wir sind alle Touristen – Gegenwelten als Alltag. – In: CANTAUW, C. (Hrsg.): Arbeit, Freizeit, Reisen. Die feinen Unterschiede im Alltag, Münster/New York, S. 1-12 (Beiträge zur Volkskultur in Nordwestdeutschland; 88)

KREILKAMP, E. (1993): Produkt- und Preispolitik. – In: HAEDRICH, G. u. a. (Hrsg.): Tourismus-Management. Tourismus-Marketing und Fremdenverkehrsplanung, 2., völlig neu bearbeitete und wesentlich erweiterte Auflage, Berlin/New York, S. 283-305

KREISEL, W. (2004): Trends in der Entwicklung von Freizeit und Tourismus. – In: BECKER, C./HOPFINGER, H./ STEINECKE, A. (Hrsg.): Geographie der Freizeit und des Tourismus: Bilanz und Ausblick, 2. Auflage, München, S. 74-85

KROEBER-RIEL, W./WEINBERG, P. (1996): Konsumentenverhalten, 6., völlig überarbeitete Auflage, München

KRONE, J. (Hrsg.) (2009): Fernsehen im Wandel. Mobile TV & IPTV in Deutschland und Österreich, Baden-Baden, S. 11-29

KRUSE, A. H. (1993): Teleshopping in Deutschland: Eine neue mediale Vertriebs- und Einkaufsform. – In: GREFF, G./TÖPFER, A. (Hrsg.): Direktmarketing mit neuen Medien, 3., völlig überarbeitete und erweiterte Auflage, Landsberg/Lech, S. 301-319

KUBINA, E. M. (1990): Irrwege – Fluchtburgen. Modelle und Dimensionen zur soziologischen Analyse des Phänomens Massentourismus, Frankfurt am Main, S. 1-86 (Europäische Hochschulschriften Reihe XXII Soziologie; 197)

KULINAT, K. (2004): Tourismusnachfrage: Motive und Theorien. – In: BECKER, C./HOPFINGER, H./STEINECKE, A. (Hrsg.): Geographie der Freizeit und des Tourismus: Bilanz und Ausblick, 2. Auflage, München, S. 97-111

LANZ, I. (2009): Es geht ans Eingemachte. – In: FVW (Fremdenverkehrswirtschaft International), 18/2009, S. 26-28

LEIBETSEDER, M. (2004): Die Kavalierstour. Adlige Erziehungsreisen im 17. und 18. Jahrhundert, Köln/Weimar/ Wien (Beihefte zum Archiv für Kulturgeschichte; 56)

LESER, H. (Hrsg.; 1998): DIERCKE-Wörterbuch Allgemeine Geographie, 10. Auflage, Braunschweig

LUFT, H. (1996): Grundlegende Tourismusbetriebslehre, Limburgerhof

NAUMANN, T. M. (2000): Das umkämpfte Subjekt. Subjektivität, Hegemonie und Emanzipation im Postfordismus, Tübingen, S. 120-137

NIESCHLAG, R./DICHTL, E./HÖRSCHGEN, H. (1994): Marketing, 17., neu bearbeitete Auflage, Berlin

MEDIENBOARD Gmbh (Hrsg.; 2006): Quo Vadis TV? Entwicklungen im digitalen Fernsehmarkt, http://www.medienboard.de/WebObjects/Medienboard.woa/media/2481 (Stand 09/2009)

MEFFERT, H. (1992): Marketingforschung und Käuferverhalten, 2., vollständig überarbeitete und erweiterte Auflage, Wiesbaden

MENGE, H./GÜTHLING, O. (1963): Enzyklopädisches Wörterbuch der lateinischen und deutschen Sprache. Erster Teil: Lateinisch-Deutsch, 14. Auflage, Berlin, S. 340

MEYER, S. (1995): Kommunikation im Tourismus, Trier (Trierer Tourismus Bibliographien; 8)

MILLIES, S. (1998): Reisemagazine im Test. – In: TV Today, 13/o. Jg., S. 18-21

MÜLLER-HAGEDORN, L. (1993): Handelsmarketing, 2., überarbeitete und erweiterte Auflage, Stuttgart, S. 22-75

MÜNZER, U. (1998): Internationale Computer-Reservierungssysteme. – In: HAEDRICH, G. u. a. (Hrsg.): Tourismus-Management: Tourismus-Marketing und Fremdenverkehrsplanung, 3. völlig neu bearbeitete und wesentlich erweiterte Auflage, Berlin/New York, S. 699-711

OBELGÖNNER, L. (2006): Beim Online-Verkauf fehlt die Reiseberatung. – In: Buchreport Magazin, 11/2006, Dortmund, S. 64-67

OTTLER, S. (1998): Zapping: Zum selektiven Umgang mit Fernsehwerbung und dessen Bedeutung für die Vermarktung von Fernsehwerbezeit, München (Reihe Medien Skripten; 31)

PEPELS, W. (2000): Produktmanagement. Produktinnovation, Markenpolitik, Programmplanung, Prozeßorganisation, 2., überarbeitete und erweiterte Auflage, München/Wien

PRACHT, S. (2008): Klasse für die Masse. – In: FVW (Fremdenverkehrswirtschaft International), 12/2008, S. 35

QUACK, H.-D. (2001): Freizeit und Konsum im inszenierten Raum. Eine Untersuchung räumlicher Implikationen neuer Orte des Konsums, dargestellt am Beispiel des CentrO Oberhausen, Paderborn (Paderborner Geographische Schriften, 14)

REGELE, U./SCHMÜCKER, D. J. (1998): Vertriebspolitik im Tourismus. – In: HAEDRICH, G. u. a. (Hrsg.): Tourismus-Management: Tourismus-Marketing und Fremdenverkehrsplanung, 3. völlig neu bearbeitete und wesentlich erweiterte Auflage, Berlin/New York, S. 405-445

REUBER, P./SCHNELL, P. (Hrsg.) (2006): Postmoderne Freizeitstile und Freizeiträume. Neue Angebote im Tourismus, Göttingen, S. 13-17

RIEDEL, H. (2008): Ein Click und ich bin dann mal weg. – In: Media Spectrum, 12/2008, S. 42-43

ROSENKRANZ, D. (1998): Konsummuster privater Lebensformen: Analysen zum Verhältnis von familiendemographischem Wandel und privater Nachfrage, Wiesbaden, S. 31-40

RÖPKE, W. (1961): Die Lehre von der Wirtschaft, 9., durchgesehene Auflage, Erlenbach/Zürich/Stuttgart

RUDOLPH, H. (2002): Tourismus-Betriebswirtschaftslehre, 2., aktualisierte und erweiterte Auflage, München/Wien

SANDER, K. (2000): Produkt-, Preis- und Distributionspolitik, Trier (Trierer Tourismus Bibliographien; 14)

SCHMALEN, H. (1992): Kommunikationspolitik: Werbeplanung, 2., überarbeitete und erweiterte Auflage, Stuttgart/Berlin/Köln, S. 1-47

SCHRÖDER, A. (2006): Postmoderne Unübersichtlichkeit der Freizeit- und Lebensstile. Versuche einer Einordnung in die umgebenden Rahmenbedingungen sowie Implikationen für den zukünftigen Tourismus. – In: REUBER, P./SCHNELL, P. (Hrsg.): Postmoderne Freizeitstile und Freizeiträume. Neue Angebote im Tourismus, Göttingen, S. 107-117

SCHRÖDER, A. (2001): Reisesendungen im Fernsehen. Inhalte – Wirkungen – Konzeptionen. – In: BECKER, C. (Hrsg.): Materialien zur Fremdenverkehrsgeographie, 55, Trier

SCHWARZ-SCHILLING, C. (1993): Grenzenlose Kommunikation. Bilanz und Perspektiven der Medienpolitik, Frankfurt am Main

SCHWEIGER, W. (2007): Theorien der Mediennutzung. Eine Einführung, Wiesbaden

SCHWOTZER, B./WEISS, H-J. (2006): Analog und digital: Fernsehen in Deutschland 2005/2006. – In: ALM (Arbeitsgemeinschaft der Landesmedienanstalten in der Bundesrepublik Deutschland) (Hrsg.): Programmbericht 2006. Programmforschung und Programmdiskurs, Berlin, S. 25-38

SEVENONE MEDIA GmbH (Hrsg.; 2005): TimeBudget 12: 1999–2005, München

SEVENONE MEDIA GmbH (Hrsg.; 2002): TV-Images 2002. Wie Seher ihre Sender sehen, München

SMERAL, E. (2009): Tourismus im Sog der Finanzmarkt- und Wirtschaftskrise. – In: WIFO (Österreichisches Institut für Wirtschaftsforschung) (Hrsg.): Monatsberichte, 3/82, Wien, S. 195-208

SPITZER, G. (1996): Sonderwerbeformen im TV. Kommunikations-Kooperationen zwischen Fernsehen und Wirtschaft, Wiesbaden

STARK, B. (2006): Fernsehen in digitalen Medienumgebungen. Eine empirische Analyse des Zuschauerverhaltens, München (Medien Skripten: Beiträge zur Medien- und Kommunikationswissenschaft, 46)

RStV (Staatsvertrag für Rundfunk und Telemedien) vom 31. August 1991, zuletzt geändert durch den zwölften Rundfunkänderungsstaatsvertrag vom 18. Dezember 2008, z. B. unter www.ard.de/intern/organisation/rechtsgrundlagen/rundfunkstaatsvertrag (Stand 03/2010)

STEINBACH, J. (2003): Tourismus. Einführung in das räumlich-zeitliche System, München, S. 194-210

STEINECKE, A. (2006): Tourismus. Eine geographische Einführung, Braunschweig

STEINECKE, A. (2000): Tourismus und neue Konsumkultur: Orientierungen – Schauplätze – Werthaltungen. – In: STEINECKE, A. (Hrsg.): Erlebnis- und Konsumwelten, München/Wien, S. 11-27

STEINECKE, A. (1999): Trends im Urlaubsreiseverhalten der Deutschen. – In: BRENNER, J./NEHRING, M./STEIERWALD, M. (Hrsg.): Tourismus – ein Beitrag zur wirtschaftlichen und strukturellen Entwicklung für Baden-Württemberg? Ergebnisse des Workshops Nr. IX der Reihe Kommunikation und Verkehr, S. 61-68

STENGEL, N. (2007): Vortrag zum Thema „Dynamic Packaging – Chance und Bedrohung für die Touristik" im Rahmen des 10. Salzburger Tourismusforums, 19.10.2007 (www.tourismus-herausforderung-zukunft.com/pdf/Stengel_Nico%20-%20Dynamic%20Packaging.pdf)

STIRM, P. (2008): Die große Online-Show. – In: FVW (Fremdenverkehrswirtschaft International), 12/2008, S. 30-34

SUEDDEUTSCHE.de (Hrsg.; 2007): Fast jeder fünfte Erdenbürger ist online, 23.5.2007, www.sueddeutsche.de/computer/54/323920/text (Stand 09/2009)

SÜLBERG, W. (1998): Reisevermittler. – In: HAEDRICH, G. u. a. (Hrsg.): Tourismus-Management: Tourismus-Marketing und Fremdenverkehrsplanung, 3., völlig neu bearbeitete und wesentlich erweiterte Auflage, Berlin/New York, S. 571-613

SÜLBERG, W. (1983): Aufgaben und Leistungen von Reisebüros, Reiseveranstaltern und Verkehrsträgern. – In: HAEDRICH, G. u. a. (Hrsg.): Tourismus-Management. Tourismus-Marketing und Fremdenverkehrsplanung, Berlin/New York, S. 95-113

TREUE, W. (1963): Wirtschafts- und Sozialgeschichte Deutschlands. – In: GRUNDMANN, H. (Hrsg.): Bruno Gebhardt: Handbuch der Deutschen Geschichte. Band 3: Von der Französischen Revolution bis zum ersten Weltkrieg, 8., neu bearbeitete Auflage 1960, verbesserter Nachdruck 1963, Stuttgart, S. 315-410

ULYSSES WEB-TOURISMUS (Hrsg.; 2008): Pressemitteilung zum Thema „Der Boom im Online-Tourismus setzt sich auch im Jahr 2007 fort", 13.10.2008

WEBER, W. (2001): Einführung in die Betriebswirtschaftslehre, 4., aktualisierte und überarbeitete Auflage, Wiesbaden, S. 85-102

WISSING, T. (2006): Die klassische Pauschalreise im Wandel: Steuerfaktoren – Trends – Perspektiven. – In: LEDER, S./STEINECKE, A. (Hrsg.): Aktuelle Themen der Tourismusforschung, Paderborn, S. 1-19 (Paderborner Geographische Studien; 19)

WÖHLER, K. (1997): Marktorientiertes Tourismusmanagement. Tourismusorte: Leitbild, Nachfrage- und Konkurrenzanalyse, Berlin/Heidelberg/New York

WÖHLER, K. (1993): Informationsverhalten. – In: HAHN, H./KAGELMANN, H. J. (Hrsg.): Tourismuspsychologie und Tourismussoziologie. Ein Handbuch zur Tourismuswissenschaft, München, S. 155-160

Internetquellen

http://travel.sky.com, Stand 05/2009

www.agf.de/daten/zuschauermarkt/marktanteile, Stand 09/2009

www.agf.de/daten/zuschauermarkt/sehdauer, Stand 04/2009

www.ard.de/intern/basisdaten/fernsehnutzung/fernsehnutzung_20im___23220_3Bberblick, Stand 03/2010

www.ard.de/intern/basisdaten/mediennutzung/mediennutzung_20und_20freizeitbesch_26_2328_3Bfti/-/id=54992/15w2mh, Stand 03/2010

www.brockhaus-enzyklopaedie.de/be21_article.php, Stand 01/2010

www.destatis.de/jetspeed/portal/cms/Sites/destatis/Internet/DE/Content/Statistiken/BildungForschungKultur/Bildungsstand/Tabellen/Content100/Bildungsabschluss, Stand 12/2009

www.de.wikipedia.org/wiki/Corporate_Image, Stand 06/2009

www.de.wikipedia.org/wiki/Transport_Layer_Security, Stand 07/2010

www.expedia.de, Stand 09/2009

www.fvw.de, Stand 04/2009

www.medialine.de/deutsch/wissen/medialexikon.php?snr=3780, Stand 06/2010

www.mediendaten.de/fernsehen-fernsehnutzung-d.html, Stand 04/2009

www.mediendaten.de/index.php?id=fernsehen-sehdauer-d0, Stand 03/2010

www.mediendaten.de/hoerfunk-hoerdauer-d0.html, Stand 04/2009

www.mediendaten.de/medienausstattung-geraete-d.html, Stand 04/2009

www.mediendaten.de/mediennutzung-medien-freizeit-d0.html, Stand 03/2009

www.mediendaten.de/print-pressenutzung-d0.html, Stand 04/2009

www.sonnenklar.tv/wir-ueber-uns/daten-fakten.html, Stand 12/2009

www.testberichte.de, Stand 07/2010

www.thomascook.com/tv, Stand 05/2009
www.thomsontv.com, Stand 05/2009
www.timewarnercable.com, Stand 05/2009
www.travelchannel.com, Stand 05/2009
www.travelchannel.co.uk, Stand 05/2009
www.wirtschaftslexikon.gabler.de/Definition/medienbruch.html, Stand 03/2010
www.wirtschaftslexikon24.net/d/arbeit-entfremdung-der/arbeit-entfremdung-der.htm, Stand 03/2010

Anhang 1: Fragebogen Passantenbefragung (Face-to-Face Befragung)

Sicher haben Sie schon davon gehört, dass man im Fernsehen, beim so genannten Teleshopping, einkaufen kann. Unabhängig davon, ob Sie im Fernsehen schon etwas gekauft haben oder nicht, beziehen sich die ersten Fragen auf dieses Thema.

1. Wie beurteilen Sie persönlich folgende Aspekte des Teleshopping?

	Trifft völlig zu	trifft zu	trifft weniger zu	trifft nicht zu	keine Angabe
sicher	☐	☐	☐	☐	☐
bequem	☐	☐	☐	☐	☐
anschaulich	☐	☐	☐	☐	☐
informativ	☐	☐	☐	☐	☐
nützlich	☐	☐	☐	☐	☐
preiswert	☐	☐	☐	☐	☐
unterhaltsam	☐	☐	☐	☐	☐

2. Kennen Sie einen oder mehrere Teleshoppingsender?

____

____

3. Ich nenne Ihnen nun einmal einige TV-Shoppingsender. Bitte sagen Sie mir, ob Sie schon einmal davon gehört haben.

	Bekannt	Nicht bekannt
QVC	☐	☐
HSE 24	☐	☐
RTL Shop	☐	☐
Channel 21	☐	☐
1-2-3.TV	☐	☐

4. Haben Sie in den letzten 12 Monaten etwas bei einem Teleshoppinganbieter gekauft?

☐ Ja
☐ Nein

5. Können Sie sich vorstellen, in den nächsten 12 Monaten etwas bei einem Teleshoppinganbieter zu kaufen?

☐ Ja, auf jeden Fall
☐ Ja, wahrscheinlich
☐ Nein, eher nicht
☐ Nein, auf keinen Fall

Vielleicht haben Sie außerdem schon davon gehört, dass man im Fernsehen auch Reisen buchen kann. Auf diese so genannten TV-Reiseshoppingsender beziehen sich die folgenden Fragen - unabhängig davon, ob Sie im Fernsehen bereits eine Reise gebucht haben oder nicht.

6. Wie beurteilen Sie persönlich folgende Aspekte des TV-Reiseshopping?

	Trifft voll zu	trifft zu	trifft weniger zu	trifft nicht zu	keine Angabe
sicher	☐	☐	☐	☐	☐
bequem	☐	☐	☐	☐	☐
anschaulich	☐	☐	☐	☐	☐
informativ	☐	☐	☐	☐	☐
nützlich	☐	☐	☐	☐	☐
preiswert	☐	☐	☐	☐	☐
unterhaltsam	☐	☐	☐	☐	☐

7. Kennen Sie einen oder mehrere TV-Reiseshoppingsender?

____

____

8. Ich nenne Ihnen nun einmal einige TV-Reiseshoppingsender. Bitte sagen Sie mir, ob Sie schon einmal davon gehört haben.

	Bekannt	Nicht bekannt
TV Travel Shop	☐	☐
Sonnenklar TV	☐	☐
Voyages	☐	☐
Travel Channel	☐	☐
VOX Reiseshop	☐	☐

9. Haben Sie in den letzten 12 Monaten etwas bei einem TV-Reiseshoppingsender gebucht?

☐ Ja (weiter mit Frage 10)
☐ Nein (weiter mit Frage 11)

10. Und wie zufrieden waren Sie mit folgenden Aspekten von TV-Reiseshopping?

	Sehr zufrieden	zufrieden	weniger zufrieden	nicht zufrieden
Vielfalt der Produktauswahl	☐	☐	☐	☐
Preisniveau der Produkte	☐	☐	☐	☐
Unterhaltungswert des Programms	☐	☐	☐	☐
Informationsgehalt des Programms	☐	☐	☐	☐
Qualität der Filmbeiträge	☐	☐	☐	☐
Bequemlichkeit der Reisebuchung	☐	☐	☐	☐
Sicherheit der Buchungsabwicklung	☐	☐	☐	☐
Qualität der Beratungsleistung	☐	☐	☐	☐

11. Können Sie sich vorstellen, in den nächsten 12 Monaten etwas bei einem TV-Reiseshoppingsender zu buchen?

	Ja, auf jeden Fall	Ja, wahrscheinlich	Nein, eher nicht	Nein, auf keinen Fall
Pauschalreise	☐	☐	☐	☐
Last-Minute Reise	☐	☐	☐	☐
Hotel	☐	☐	☐	☐
Städtereise	☐	☐	☐	☐
Familienurlaub	☐	☐	☐	☐

Sonstige: ______________________________

Sicher ist Ihnen bekannt, dass man Reisen auch im stationären Reisebüro und im Internet buchen kann.

12. Wie beurteilen Sie folgende Aspekte von Reisebüros?

	Trifft voll zu	trifft zu	trifft weniger zu	trifft nicht zu	keine Angabe
sicher	☐	☐	☐	☐	☐
bequem	☐	☐	☐	☐	☐
anschaulich	☐	☐	☐	☐	☐
informativ	☐	☐	☐	☐	☐
nützlich	☐	☐	☐	☐	☐
preiswert	☐	☐	☐	☐	☐
unterhaltsam	☐	☐	☐	☐	☐

13. Und wie beurteilen Sie folgende Aspekte von Online-Reisebüros?

	Trifft voll zu	trifft zu	trifft weniger zu	trifft nicht zu	keine Angabe
sicher	☐	☐	☐	☐	☐
bequem	☐	☐	☐	☐	☐
anschaulich	☐	☐	☐	☐	☐
informativ	☐	☐	☐	☐	☐
nützlich	☐	☐	☐	☐	☐
preiswert	☐	☐	☐	☐	☐
unterhaltsam	☐	☐	☐	☐	☐

Abschließend benötige ich noch ein paar generelle Angaben für meine Statistik:

Wie alt sind Sie?

________ Jahre

Geschlecht:

☐ männlich ☐ weiblich

Welches ist zurzeit Ihre höchste Schulbildung/Ausbildungsgrad?

☐ Hauptschulabschluss/Volkschule ☐ Abitur oder Fachabitur
☐ Universität/Fachhochschule ☐ Realschulabschluss/Mittlere Reife
☐ Keiner ☐ Sonstiges:______________________________

Vielen Dank für Ihre Unterstützung

Anhang 2: Fragebogen Kundenbefragung (Online-Befragung unter www.charlottefreitag.de)

UNIVERSITÄT PADERBORN
Die Universität der Informationsgesellschaft

UMFRAGE
Motive für Reisebuchungen im Fernsehen

Willkommen

Sehr geehrte Damen und Herren,

ich freue mich, dass Sie sich dazu entschlossen haben, an meiner Umfrage zum Thema "**Motive für Reisebuchungen im Fernsehen**" im Rahmen meiner Dissertation teilzunehmen.

Ich versichere Ihnen hiermit, dass Ihren Antworten **ausschließlich für meine Dissertation und nicht für kommerzielle Zwecke** verwendet werden, **Ihre Daten werden nicht an Dritte weitergegeben. Zu keinem Zeitpunkt der Umfrage werden von Ihnen persönliche Angaben wie Adresse, Name oder Telefonnummer abgefragt.**

Bitte achten Sie darauf, alle Fragen zu beantworten. Bitte brechen Sie die Befragung nicht ab, da ich Ihre Angaben sonst nicht verwerten kann. Das Feld "weiter" bringt Sie jeweils zur nächsten Frage, nach Beendigung der Umfrage übermitteln Sie Ihre Ergebnisse durch klicken auf "Absenden" an mich. Die Befragung wird nur einige Minuten in Anspruch nehmen.

Ich danke Ihnen herzlich für Ihre Unterstützung!

Mit besten Grüßen
Charlotte Freitag

UMFRAGE BEGINNEN

Impressum

UNIVERSITÄT PADERBORN
Die Universität der Informationsgesellschaft

UMFRAGE
Motive für Reisebuchungen im Fernsehen

Zu Anfang der Befragung möchte ich Ihnen einige Fragen stellen, die Ihre allgemeinen Sehgewohnheiten von TV-Reiseshopping betreffen.

1.Wenn Sie einmal zurückdenken, wie lange schauen Sie das Programm eines Reiseshoppingsenders in der Regel an?

(Bitte wählen Sie nur eine Möglichkeit)

- ○ Weniger als 15 Minuten
- ○ 15-30 Minuten
- ○ 30 bis 60 Minuten
- ○ 60-120 Minuten
- ○ 120 Minuten und länger

Weiter

Impressum

UNIVERSITÄT PADERBORN
Die Universität der Informationsgesellschaft

UMFRAGE
Motive für Reisebuchungen im Fernsehen

2.Schalten Sie das Programm gezielt ein, oder werden Sie beim Zappen auf das Programm aufmerksam?

(Bitte wählen Sie nur eine Möglichkeit)

○ Gezielt
○ Zapping

Weiter

Impressum

UNIVERSITÄT PADERBORN
Die Universität der Informationsgesellschaft

UMFRAGE
Motive für Reisebuchungen im Fernsehen

3.Schauen Sie eine TV-Reiseshoppingsendung vor allem an, um eine Reise zu buchen, um sich zu informieren oder aus Unterhaltungsgründen?

(Bitte wählen Sie Entsprechendes jeweils auf der Skala)

	trifft voll zu	trifft zu	trifft weniger zu	trifft nicht zu
Buchung	○	○	○	○
Information	○	○	○	○
Unterhaltung	○	○	○	○

Weiter

Impressum

UNIVERSITÄT PADERBORN
Die Universität der Informationsgesellschaft

UMFRAGE
Motive für Reisebuchungen im Fernsehen

Als nächstes stelle ich Ihnen Fragen, welche die beim TV-Reiseshopping angebotenen Produkte betreffen.

4.Wie interessant finden Sie die beim TV-Reiseshopping angebotenen Produkte?

(Bitte wählen Sie Entsprechendes jeweils auf der Skala. Im Feld "Sonstige" können Sie eigene Antworten eintragen.)

	sehr interessant	interessant	weniger interessant	nicht interessant
Pauschalreise	○	○	○	○
Last Minute Reise	○	○	○	○
Hotel	○	○	○	○
Städtereise	○	○	○	○
Familienreise	○	○	○	○
Kreuzfahrt	○	○	○	○
Wellnessurlaub	○	○	○	○
Sonstige Eingabe übernehmen	○	○	○	○

Weiter

Impressum

UNIVERSITÄT PADERBORN
Die Universität der Informationsgesellschaft

UMFRAGE
Motive für Reisebuchungen im Fernsehen

5. Welche Produkte haben Sie schon im Fernsehen gebucht?

(Mehrfachnennungen möglich. Im Feld "Sonstige" können Sie eigene Antworten eintragen.)

- ☐ Pauschalreise
- ☐ Last Minute Reise
- ☐ Hotel
- ☐ Städtereise
- ☐ Familienreise
- ☐ Kreuzfahrt
- ☐ Wellnessurlaub
- ☐ Sonstige

Weiter

Impressum

UNIVERSITÄT PADERBORN
Die Universität der Informationsgesellschaft

UMFRAGE
Motive für Reisebuchungen im Fernsehen

6. Welche Produkte würden Sie gerne im Fernsehen buchen?

(Mehrfachnennungen möglich. Im Feld "Sonstige" können Sie eigene Antworten eintragen.)

- ☐ Pauschalreise
- ☐ Last Minute Reise
- ☐ Hotel
- ☐ Städtereise
- ☐ Familienreise
- ☐ Kreuzfahrt
- ☐ Wellnessurlaub
- ☐ Studien-/Bildungsreise
- ☐ Luxusurlaub
- ☐ Campingurlaub
- ☐ Skiurlaub
- ☐ Sonstige

Weiter

Impressum

UNIVERSITÄT PADERBORN
Die Universität der Informationsgesellschaft

UMFRAGE
Motive für Reisebuchungen im Fernsehen

Die folgenden Fragen betreffen nun die Programm- und Sendeplanung der Anbieter von TV-Reiseshopping.

7.Als wie wichtig beurteilen Sie folgende Aspekte einer TV-Reiseshoppingsendung?

(Bitte wählen Sie Entsprechendes jeweils auf der Skala)

	sehr wichtig	wichtig	weniger wichtig	unwichtig
Abwechslungsreiche Produktauswahl	○	○	○	○
Faires Preis-Leistungsverhältnis	○	○	○	○
Sympathische Moderatoren	○	○	○	○
Ansprechende Gestaltung des Fernsehbildes	○	○	○	○
Ansprechende Studioeinrichtung	○	○	○	○
Ausreichend Produktinformationen	○	○	○	○
Ausreichend Informationen zur Buchungsabwicklung	○	○	○	○
Anschauliche Filmbeiträge	○	○	○	○
Gute Unterhaltung	○	○	○	○

Weiter

Impressum

UNIVERSITÄT PADERBORN
Die Universität der Informationsgesellschaft

UMFRAGE
Motive für Reisebuchungen im Fernsehen

8.Welche Bereiche einer Sendung könnte man Ihrer Meinung nach noch verbessern?

(Bitte tragen Sie Ihre Antwort in dem dafür vorgesehenen Kästchen ein)

Weiter

Impressum

UNIVERSITÄT PADERBORN
Die Universität der Informationsgesellschaft

UMFRAGE
Motive für Reisebuchungen im Fernsehen

Die Hälfte der Befragung haben Sie bereits geschafft! Für die Beantwortung der weiteren Fragen bin ich Ihnen sehr dankbar! Die nächsten Fragen betreffen nun Stärken und Schwächen des TV-Reiseshoppings.

9.Was sind bzw. waren für Sie ausschlaggebende Gründe, im Fernsehen zu buchen?

(Bitte wählen Sie Entsprechendes jeweils auf der Skala. Im Feld "Sonstige" können Sie eigene Antworten eintragen.)

	trifft voll zu	trifft zu	trifft weniger zu	trifft nicht zu
Preisgünstige Angebote	○	○	○	○
Ausführliche Produktinformationen	○	○	○	○
Ansprechende Filmbeiträge	○	○	○	○
Glaubwürdige Moderatoren	○	○	○	○
Flexible Buchungszeiten	○	○	○	○
Unkomplizierte Buchungsmöglichkeiten	○	○	○	○
Sicherer Buchungsvorgang	○	○	○	○
Große Angebotsauswahl	○	○	○	○
Sonstige Eingabe übernehmen	○	○	○	○

Weiter

Impressum

UNIVERSITÄT PADERBORN
Die Universität der Informationsgesellschaft

UMFRAGE
Motive für Reisebuchungen im Fernsehen

10.Und gibt es auch Gründe, die Sie von einer weiteren Buchung im Fernsehen abhalten würden?

(Bitte wählen Sie Entsprechendes jeweils auf der Skala. Im Feld "Sonstige" können Sie eigene Antworten eintragen.)

	trifft voll zu	trifft zu	trifft weniger zu	trifft nicht zu
Unsicherer Buchungsvorgang	○	○	○	○
Hohes Bezahlungsrisiko	○	○	○	○
Schlechtes Preis-Leistungsverhältnis	○	○	○	○
Keine Vergleichsmöglichkeiten	○	○	○	○
Unzureichende Informationen	○	○	○	○
Fehlende persönliche Beratung	○	○	○	○
Geringe Angebotsauswahl	○	○	○	○
Sonstige Eingabe übernehmen	○	○	○	○

Weiter

Impressum

UNIVERSITÄT PADERBORN
Die Universität der Informationsgesellschaft

UMFRAGE
Motive für Reisebuchungen im Fernsehen

Jetzt komme ich zu Fragen, die Ihre Buchungsgewohnheiten in der Vergangenheit betreffen.

11.Wenn Sie einmal zurückdenken, ist eine Buchung im Fernsehen bei Ihnen eher spontan oder geplant erfolgt?

(Bitte wählen Sie nur eine Möglichkeit)

○ Geplant
○ Spontan

Weiter

Impressum

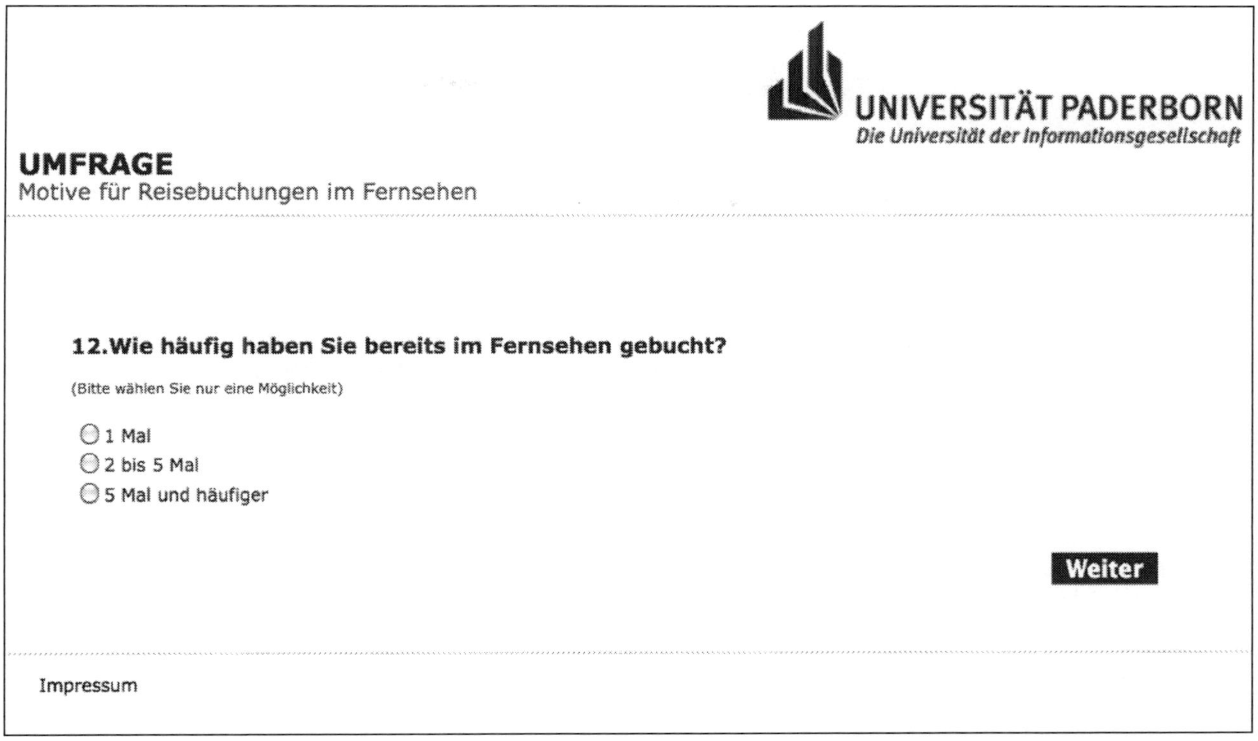

UNIVERSITÄT PADERBORN
Die Universität der Informationsgesellschaft

UMFRAGE
Motive für Reisebuchungen im Fernsehen

12.Wie häufig haben Sie bereits im Fernsehen gebucht?

(Bitte wählen Sie nur eine Möglichkeit)

- 1 Mal
- 2 bis 5 Mal
- 5 Mal und häufiger

Weiter

Impressum

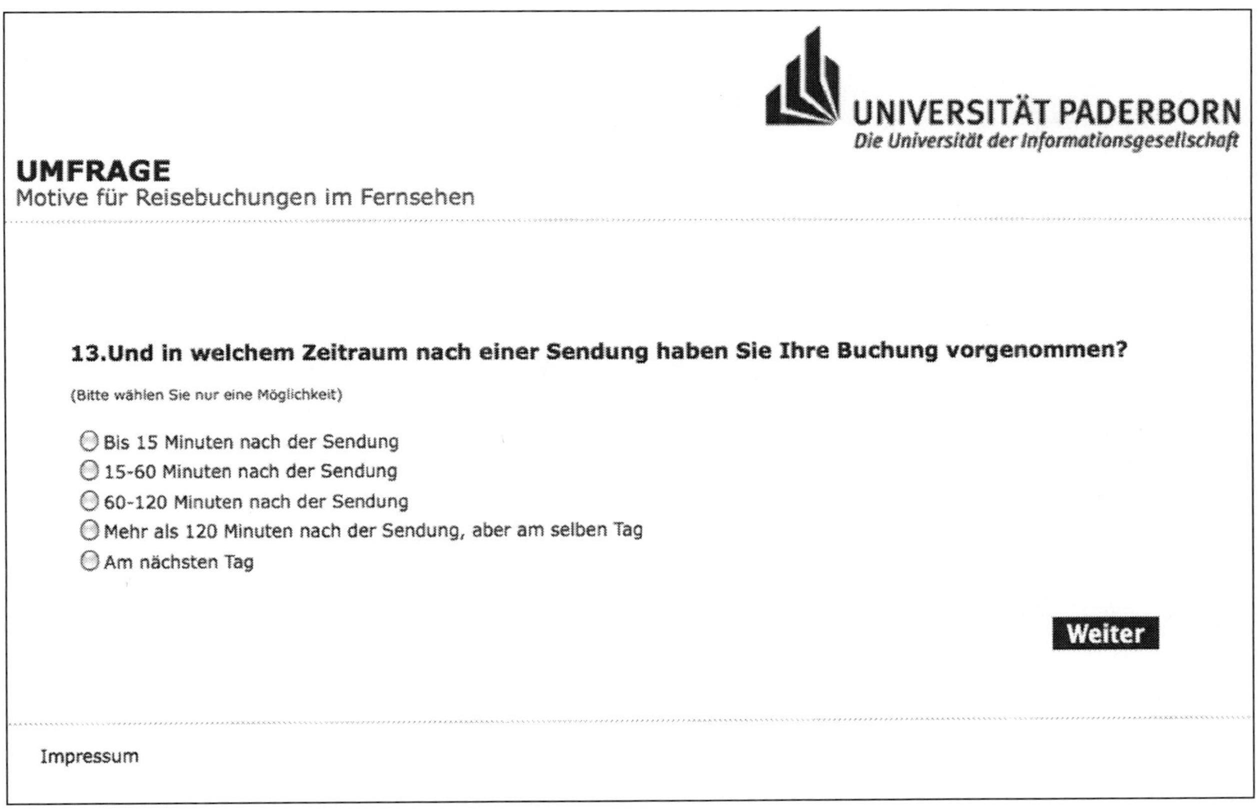

UNIVERSITÄT PADERBORN
Die Universität der Informationsgesellschaft

UMFRAGE
Motive für Reisebuchungen im Fernsehen

13.Und in welchem Zeitraum nach einer Sendung haben Sie Ihre Buchung vorgenommen?

(Bitte wählen Sie nur eine Möglichkeit)

- Bis 15 Minuten nach der Sendung
- 15-60 Minuten nach der Sendung
- 60-120 Minuten nach der Sendung
- Mehr als 120 Minuten nach der Sendung, aber am selben Tag
- Am nächsten Tag

Weiter

Impressum

UNIVERSITÄT PADERBORN
Die Universität der Informationsgesellschaft

UMFRAGE
Motive für Reisebuchungen im Fernsehen

Die nächsten drei Fragen beziehen sich nun auf Ihr Buchungsverhalten in der Zukunft.

14.Wenn Sie jetzt an Ihre nächste Reise denken, würden Sie gewisse Reisearten oder Teilleistung gerne im Reisebüro buchen?

(Bitte wählen Sie Entsprechendes jeweils auf der Skala. In den Feldern "Sonstige" können Sie eigene Antworten eintragen.)

REISEBÜRO

		sehr wahrscheinlich	wahrscheinlich	weniger wahrscheinlich	unwahrscheinlich
Pauschalreise		○	○	○	○
Last Minute Reise		○	○	○	○
Hotel		○	○	○	○
Flug		○	○	○	○
Städtereise		○	○	○	○
Kreuzfahrt		○	○	○	○
Wellnessurlaub		○	○	○	○
Mietwagen		○	○	○	○
Reiseversicherung		○	○	○	○
Sonstige	Eingabe übernehmen	○	○	○	○

15.Und was würden Sie gerne im Internet buchen?

INTERNET

		sehr wahrscheinlich	wahrscheinlich	weniger wahrscheinlich	unwahrscheinlich
Pauschalreise		○	○	○	○
Last Minute Reise		○	○	○	○
Hotel		○	○	○	○
Flug		○	○	○	○
Städtereise		○	○	○	○
Kreuzfahrt		○	○	○	○
Wellnessurlaub		○	○	○	○
Mietwagen		○	○	○	○
Reiseversicherung		○	○	○	○
Sonstige	Eingabe übernehmen	○	○	○	○

16.Gibt es auch Reisen, die Sie gerne im Fernsehen buchen würden?

FERNSEHEN

		sehr wahrscheinlich	wahrscheinlich	weniger wahrscheinlich	unwahrscheinlich
Pauschalreise		○	○	○	○
Last Minute Reise		○	○	○	○
Hotel		○	○	○	○
Flug		○	○	○	○
Städtereise		○	○	○	○
Kreuzfahrt		○	○	○	○
Wellnessurlaub		○	○	○	○
Mietwagen		○	○	○	○
Reiseversicherung		○	○	○	○
Sonstige	Eingabe übernehmen	○	○	○	○

Weiter

Impressum

UNIVERSITÄT PADERBORN
Die Universität der Informationsgesellschaft

UMFRAGE
Motive für Reisebuchungen im Fernsehen

Gleich haben Sie es geschafft! Abschließend benötige ich jetzt nur noch ein paar generelle Angaben für meine Statistik.

17.Wie alt sind Sie?

0

18.Ihr Geschlecht ist:

- ◯ Männlich
- ◯ Weiblich

19.Welches ist zurzeit Ihre höchste Schulbildung/Ausbildungsgrad?

- ◯ Hauptschulabschluss/Volkschule
- ◯ Realschulabschluss/Mittlere Reife
- ◯ Abitur oder Fachabitur
- ◯ Universität/Fachhochschule
- ◯ Keiner
- ◯ Sonstiges

Absenden

Impressum

UNIVERSITÄT PADERBORN
Die Universität der Informationsgesellschaft

UMFRAGE
Motive für Reisebuchungen im Fernsehen

Ich danke Ihnen herzlich für Ihre Unterstützung!!!

Sollten Sie noch **Fragen** oder **Interesse an den Ergebnissen** haben, können Sie sich gerne an mich wenden. Meine E-Mail Adresse finden Sie im Impressum.

Gerne weitersagen..!
Haben Ihre Freunde, Bekannten oder Familienmitglieder auch schon einmal eine Reise im Fernsehen gebucht? Dann wäre ich Ihnen sehr dankbar, wenn Sie sie auf meine Umfrage aufmerksam machen würden. Denn je mehr Personen mitmachen, desto aussagekräftiger das Ergebnis!

Charlotte Freitag

Zurück zur Startseite

Impressum

Anhang 3: Fragebogen Expertenbefragung (Telefoninterviews)

Gesprächsleitfaden

Titel der Arbeit: Urlaub aus dem Fernsehen: Eine Untersuchung über die Eignung und Zukunft von TV-Reiseshopping als touristisches Vertriebsmedium

Expertenbefragung: wie schätzen brancheninterne Personen die Zukunft von TV-Reiseshopping ein.

Themenschwerpunkte:
- **Produkt:** Eignung des touristischen Produktes für fernsehbasierte Verkäufe
- **Technik:** Technische Entwicklung der Fernsehverbreitung
- **Finanzierung:** Finanzierungsmöglichkeiten für TV-Reiseshoppinganbieter
- **Image:** Verbesserungsmöglichkeiten in Bezug auf das Image
- **Informationen, Unterhaltung, Emotionen:** Informationen, Unterhaltung und Emotionen als Erfolgsfaktoren
- **Buchung:** Sicherheit der Buchungsabwicklung und Vertrauen der Nachfrager

Produkt:

Über TV-Reiseshopping werden überwiegend leicht zu erklärende Produkte wie Pauschalreisen abgesetzt, andere Produkte werden von den Kunden wenig berücksichtigt (vorliegende Analyse).

1. **Wie schätzen Sie die generelle Eignung von touristischen Produkten für fernsehbasierte Verkäufe ein?** Bitte stufen Sie Ihre Aussage auf einer Skala von 1= „vollkommen ungeeignet" bis 10= „hervorragend geeignet" ein.

vollkommen ungeeignet hervorragend geeignet

1	2	3	4	5	6	7	8	9	10

Können Sie Ihre Aussage bzw. Einstufung kurz begründen?

____

____

2. **Und wie schätzen Sie die Eignung von touristischen Produkten für internetbasierte Verkäufe und Verkäufe über Reisebüros ein?**

vollkommen ungeeignet hervorragend geeignet

	1	2	3	4	5	6	7	8	9	10
Reisebüro										
Internet										

3. In welchem Maße sind die folgenden Aspekte dafür verantwortlich, dass sich Reisen über das Fernsehen weniger gut verkaufen als dies im Internet oder in stationären Reisebüros der Fall ist? Bitte nennen Sie jeweils einen Wert von 1= „auf keinen Fall zutreffend" bis 10= „vollkommen zutreffend

in sehr geringem Maße verantwortlich In sehr hohem Maße verantwortlich

	1	2	3	4	5	6	7	8	9	10
Das wahrgenommenes Buchungsrisiko ist zu hoch										
Die Vergleichsmöglichkeiten zwischen Produkten sind zu gering										
Es ist keine individuelle Produktgestaltung möglich										

Technik:

In Deutschland ist das Kabelnetz der Hauptverbreitungsweg des Fernsehens. TV-Reiseshoppingsender oder -sendungen sind jedoch oftmals über Satellit empfangbar.

4. Wie schätzen Sie die Wahrscheinlichkeit ein, dass TV-Reiseshoppingsender durch den zukünftigen Ausbau der Satellitenverbreitung und Digitalisierung der Fernsehlandschaft ihre Reichweiten und Zuschauerzahlen erhöhen können?
Bitte stufen Sie Ihre Aussage auf einer Skala von 1= „sehr gering" bis 10= „sehr hoch" ein.

Sehr gering sehr hoch

1	2	3	4	5	6	7	8	9	10

Finanzierung:

TV-Reiseshoppingsender finanzieren sich hauptsächlich durch Provisionszahlungen von Reiseveranstaltern und Leistungsträgern.

5. Welche zusätzlichen Einnahmequellen bzw. alternative Finanzierungswege wären für TV-Reiseshoppingsender Ihrer Meinung nach geeignet?

____

____

Image:

Das Image von TV-Reiseshopping ist eher schlecht (Passantenbefragung). Auch im Imagevergleich zu anderen touristischen Vertriebswegen schneidet TV-Reiseshopping deutlich schlechter ab.

6. Was sind Ihrer Meinung nach Ursachen für dieses schlechte Image?

____

____

7. Und wie kann das Image von TV-Reiseshopping möglicherweise verbessert werden?

____

____

8. Wie beurteilen Sie die Images von TV-Reiseshopping, Internet-Reisebüros und stationären Reisebüros auf einer Skala von 1= „sehr schlecht" bis 10=„hervorragend"?

sehr schlecht hervorragend

	1	2	3	4	5	6	7	8	9	10
Reisebüro										
Internet										
TV										

Informationen, Unterhaltung und Emotionen:

Umfassende Informationsübermittlung, ein hoher Unterhaltungswert der Sendung und das Wecken von Emotionen durch Filme und entsprechende Tonuntermalungen werden als Erfolgsfaktoren von TV-Reiseshoppingsendungen angesehen.

9. Als wie relevant stufen Sie die Aspekte Emotionen, Unterhaltung und Informationen für den Erfolg von TV-Reiseshopping auf einer Skala von 1= „überhaupt nicht relevant" bis 10= „absolut relevant" ein?

überhaupt nicht relevant absolut relevant

		1	2	3	4	5	6	7	8	9	10
TV	Emotionen										
	Unterhaltung										
	Informationen										

Buchungsverhalten:

Zuschauer nutzen T-Reiseshoppingsendungen vermehrt für Informationszwecke.

10. Was sind Ihrer Meinung nach Gründe dafür, dass das Fernsehen hauptsächlich als Informationsmedium, nicht jedoch als Buchungsstätte genutzt wird? Bitte bewerten Sie die folgenden Gründe jeweils auf einer Skala von 1= „auf keinen Fall zutreffend" bis 10= „vollkommen zutreffend".

auf keinen Fall zutreffend vollkommen zutreffend

	1	2	3	4	5	6	7	8	9	10
Fehlende Vergleichsmöglichkeiten										
Unsicherheiten bei Buchungsvorgängen über ein Call Center										
Geringe Erfahrungswerte mit dieser Buchungsstelle										
Kein erkennbarer Zusatznutzen gegenüber anderen Buchungsstellen										

11. Wie kann man diesem Phänomen Ihrer Meinung nach entgegenwirken?

____

____

Zukunft:

12. Um eine genauere Einschätzung über die Zukunft von TV-Reiseshopping aus Expertensicht zu erhalten, wurden drei verschiedene Szenarien entworfen. Bitte sagen Sie mir, welche Entwicklung Sie sich für TV-Reiseshopping zukünftig am ehesten vorstellen können.

Szenario 1:

In 10 Jahren wird Reiseshopping im Fernsehen in Deutschland nicht mehr existieren. Aufgrund von ineffektiven Kostenstrukturen, einer zu geringen Nachfrage und der Konkurrenz durch andere Vertriebswege konnte sich kein Anbieter am Markt halten. Die meisten Reisen werden im Internet gebucht, das mittlerweile Reisevideos in TV-Qualität zeigt.

Szenario 2:

In 10 Jahren boomt TV-Reiseshopping wie nie zu vor. Die Fernsehverbreitung ist fast flächendeckend digitalisiert, und Internet und Fernsehen sind zu einem flexiblen Medium verschmolzen. Buchungen via TV sind keine Seltenheit mehr, das Image ist positiv und Nachfrager werten diese Buchungsstätte als vollkommen alltäglich.

Szenario 3:

Auch in 10 Jahren wird es noch vereinzelt, ähnlich wie heute, TV-Reiseshoppingsender geben. Sie dienen jedoch hauptsächlich dem Zweck, den Vertrieb im Sinne einer Multi-Channel-Strategie zu unterstützen. Obgleich das Fernsehen noch immer das meistgenutzte Medium ist, konnte der TV-Vertrieb von Reisen nicht zu den großen Konkurrenten „online" und „stationär" aufschließen.

Herzlichen Dank für das Gespräch!

Kontaktdaten des interviewten Experten:

Name:

Berufsbezeichnung/Firma:

Telefonnummer:

E-Mail Adresse:

Anhang 4: Liste der interviewten Experten

A. E.: ANDREAS ENGELS
Managing Director Accolos GmbH, Meerbusch (www.accolos.de)

A. S.: ACHIM SCHRÖDER
Autor „Reisesendungen im Fernsehen" (vgl. Anhang Literatur)

D. R.: Dr. DOMINIK ROSSMANN
Geschäftsführer Ulysses Web-Tourismus, München (www.web-tourismus.de)

G. C.: Dr. GIOVANNI COCCO
Geschäftsleitung Falk Travel Italia Falk-Tours GmbH, Südtirol (www.falk-travel.it)

G. L.: GERHARD LEINAUER
Moderator, Producer und Redakteur (www.gerhardleinauer.de)

H. T.: HOLGER TEICHLER
Ehemaliger Teamleiter „New Media" bei voyages

J. Va.: JAN VALENTIN
Vorstand (CEO) TRAVEL24.COM AG, Leipzig (www.travel24.com)

J. Vo.: JENS VOH
Key Account Management BIGXTRA TOURISTIK GmbH, München (www.bigxtra-reise.de)
(zuvor Bereichsleitung Sendeplanung/Touristik/Quality Management bei Sonnenklar TV)

M. G.: MICHAEL GRILLHÖSL
Head of User Experience, Brand & Social Media, Swoodoo AG, München (www.swoodoo.com)

M. M.: MLADEN MAJMUNOVIC
Line Producer Channel 21 GmbH, Hannover (www.channel21.de)

M. Sa.: MAXIMILIAN SANCHEZ
Head of Tour Operator Supply EXPEDIA Germany, München (www.expedia.de)

M. Sch.: MARK SCHUMACHER
Projektleiter reise-top10.de, Frankfurt (www.reise-top10.de)

M. S-R.: Dr. MINA SCHACHTER-RADIG
u. a. ehemalige Geschäftsführerin von Arena TV (Auktionssender) und Beraterin bei voyages

N. J.: NILS JENSSEN
Leiter Vertrieb/Marketing Express Travel International, Frankfurt (www.expresstravelinternational.de)

R. E.: Prof. Dr. ROMAN EGGER
Leiter der Abteilung für Tourismusforschung der FH Salzburg (www.tourismusforschung.at)

S. G.: STEFAN GLAUCH
Geschäftsführer Glauch Reisen GmbH & Co. KG, Viersen (www.glauch.de)

S. St.: Simone Stark
Autorin „Palmen und Strand aus dem Fernsehen: Die Zukunft des TV-Reiseshoppings in Deutschland" (vgl. Literaturverzeichnis)

T. W.: Tobias Wolfshohl
Geschäftsführer Vtours GmbH, Aschaffenburg (www.vtours.de) und stellvertretender Vorsitzender des DRV-Ausschusses Onlinevertrieb

V. K.: Dr. Victor Kühne
Geschäftsführer Stratos Media GmbH, Hannover (www.stratosmedia.de) (ehemaliger Geschäftsführer von VOYAGES)

W. K.: Prof. Dr. Werner Kreisel
Leiter des Geographischen Instituts/Humangeographie der Georg-August-Universität Göttingen (www.uni-goettingen.de/de/24207.html)

Stand der Angaben: Februar 2010

Anhang 5: Definitionen Teleshopping und TV-Reiseshopping

Definition Teleshopping:
„Teleshopping ist die Sendung direkter Angebote an die Öffentlichkeit für den Absatz von Waren oder die Erbringung von Dienstleistungen, einschließlich unbeweglicher Sachen, Rechte und Verpflichtungen gegen Entgelt in Form von Teleshoppingkanälen, -fenstern und -spots." (Staatsvertrag für Rundfunk und Telemedien (Rundfunkstaatsvertrag RStV) vom 31. August 1991, zuletzt geändert durch den zwölften Rundfunkänderungsstaatsvertrag vom 18. Dezember 2008)

Definition TV-Reiseshopping:
„TV-Reiseshopping, also der Vertrieb von Reisen über das Fernsehen, ist eine Spezialform des TV- oder auch Teleshoppings. Im Sinne der Konzentration auf ein spezifisches Produktsegment werden beim TV-Reiseshopping Reisen (in der Hauptsache Pauschalreisen) oder einzelne Reiseleistungen verschiedener touristischer Anbieter den Zuschauern in moderierten Verkaufsshows präsentiert und direkt zum Kauf angeboten. Die Abwicklung des Verkaufsgesprächs und der möglichen Buchung erfolgen in der Regel über ein Call-Center, dessen Telefonnummer innerhalb der Sendungen dauerhaft eingeblendet ist. Des Weiteren kann der Verkauf durch das Internet (anbietereigene Homepages) unterstützt werden." (Eigene Definition in Anlehnung an GOLDHAMMER/LESSIG 2005, S. 31)

Anhang 6: Definition Tourismus

„Tourismus = das mit der modernen Industriegesellschaft verbundende, besonders durch den technischen Fortschritt der Verkehrsmittel geförderte und durch die Ausdehnung von Freizeit, Lebensalter, Bildung und Konsum ebenso ermöglichte wie durch organisierte Reiseangebote erleichterte, primär auf die Freizeit bezogene Reiseverhalten zunehmend größerer Bevölkerungsgruppen. Unterschieden werden u.a. nach der Entfernung Fern- und Nahtourismus bzw. Auslands- und Inlandstourismus, nach der Dauer Kurz- oder Wochenendurlaub und Langzeit- oder Ferienreise (ab vier Übernachtungen), nach der Teilnehmerzahl Gruppen- oder Einzeltourismus, nach dem Leistungsangebot Pauschal- und Individualreisen. Die Motive für den Tourismus sind physischer (Erholung, Entspannung, Fitness), psychischer (Zerstreuung, Entlastung, Selbstfindung, Abenteuer), interpersoneller (Geselligkeit, Gruppenerfahrungen) und kultureller (Interesse an anderen Gesellschaften, Bildung) sowie sozialpsychologischer Natur (Status- Prestigemotivation).

Wirtschaft: Die volkswirtschaftliche Bedeutung des Tourismus liegt in folgenden Bereichen:

1. *Der Ferntourismus wirkt sich auf die Zahlungsbilanz eines Landes aus; durch die Reisenden aus dem Ausland fließen Devisen zu, durch Auslandsreisen der Inländer fließen sie ab.*

2. *Der Tourismus schafft Arbeitsplätze (v. a. der Gastronomie, Erholung und Unterhaltung).*

3. *Es werden Einkommen geschaffen, die über Steuereinnahmen und den Multiplikatoreffekt positive wirtschaftliche Effekte auslösen können.*

4. *Durch den Tourismus wird eine nicht nur touristisch attraktive Infrastruktur hervorgebracht.*

5. *Struktur- und regionalpolitisch sorgt der Tourismus dafür, dass in Branchen und Landesteilen, die vom Strukturwandel negativ betroffen sind, neue Betätigungsfelder entstehen. Der Tourismus ist geprägt durch seinen Dienstleistungscharakter, die Kapitalintensität, hohe Fixkosten, die Konjunktur- und Saisonabhängigkeit und die Abhängigkeit von den natürlichen Gegebenheiten (Klima, Landschaft, die Umweltqualität und strukturelle Gegebenheiten (Beherbergungs- und Verpflegungsangebot, Einrichtungen für Sport und Freizeitgestaltung, Verkehrswege usw.) […].“* (Brockhaus 2004, Band 14)